杭州全书编纂指导委员会

杭州全书编辑委员会

王国平　总主编

推陈出新：
杭州历史文化的演绎

江　涛　杨　歌　著

杭州全书总序

城市是有生命的。每座城市，都有自己的成长史，有自己的个性和记忆。人类历史上，出现过不计其数的城市，大大小小，各具姿态。其中许多名城极一时之辉煌，但随着世易时移，渐入衰微，不复当年雄姿；有的甚至早已结束生命，只留下一片废墟供人凭吊。但有些名城，长盛不衰，有如千年古树，在古老的根系与树干上，生长的是一轮又一轮茂盛的枝叶和花果，绽放着恒久的美丽。杭州，无疑就是这样一座保持着恒久美丽的文化名城。

这是一座古老而常新的城市。杭州有8000年文明史、5000年建城史。在几千年历史长河中，杭州文化始终延绵不绝，光芒四射。8000年前，跨湖桥人凭着一叶小木舟、一双勤劳手，创造了辉煌的“跨湖桥文化”，浙江文明史因此上推了1000年；5000年前，良渚人在“美丽洲”繁衍生息，耕耘治玉，修建了“中华第一城”，创造了灿烂的“良渚文化”，被誉为“东方文明的曙光”。而隋开皇年间置杭州、依凤凰山建造州城，为杭州的繁荣奠定了基础。此后，从唐代“灯火家家市，笙歌处处楼”的东南名郡，吴越国时期“富庶盛于东南”的国都，北宋时即被誉为“上有天堂，下有苏杭”的“东南第一州”，南宋时全国的政治、经济、科教、文化中心，元代马可·波罗眼中的“世界上最美丽华贵之天城”，明代产品“备极精工”的全国纺织业中心，清代接待康熙、乾隆几度“南巡”的旅游胜地、人文渊薮，民国时期文化名人的集中诞生地，直到新中国成立后的湖山新貌，尤其是近年来为世人称羡不已的“最具幸福感城市”——杭州，不管在哪个历史阶段，都让世人感受到她的分量和魅力。

这是一座勾留人心的风景之城。“淡妆浓抹总相宜”的“西湖天下景”，“壮观天下无”的钱江潮，“至今千里赖通波”的京杭大运河（杭州段），蕴涵着“梵、隐、俗、闲、野”的西溪烟水，三秋桂子，十里荷花，杭州的一山一水、一草一木，都美不胜收，令人惊艳。今天的杭州，西湖成功申遗，中国最佳旅游城市、东方休闲之都、国际花园城市等一顶顶“桂冠”相继获得，杭州正成为世人向往之“人间天堂”、“品质之城”。

这是一座积淀深厚的人文之城。8000 年来，杭州“代有才人出”，文化名人灿若繁星，让每一段杭州历史都不缺少光华，而且辉映了整个华夏文明的星空；星罗棋布的文物古迹，为杭州文化添彩，也为中华文明增重。今天的杭州，文化春风扑面而来，经济“硬实力”与文化“软实力”相得益彰，文化事业与文化产业齐头并进，传统文化与现代文明完美融合，杭州不仅是“投资者的天堂”，更是“文化人的天堂”。

杭州，有太多的故事值得叙说，有太多的人物值得追忆，有太多的思考需要沉淀，有太多的梦想需要延续。面对这样一座历久弥新的城市，我们有传承文化基因、保护文化遗产、弘扬人文精神、探索发展路径的责任。今天，我们组织开展杭州学研究，其目的和意义也在于此。

杭州学是研究、发掘、整理和保护杭州传统文化和本土特色文化的综合性学科，包括西湖学、西溪学、运河（河道）学、钱塘江学、良渚学、湘湖（白马湖）学等重点分支学科。开展杭州学研究必须坚持“八个结合”：一是坚持规划、建设、管理、经营、研究相结合，研究先行；二是坚持理事会、研究院、研究会、博物馆、出版社、全书、专业相结合，形成“1＋6”的研究框架；三是坚持城市学、杭州学、西湖学、西溪学、运河（河道）学、钱塘江学、良渚学、湘湖（白马湖）学相结合，形成“1＋1＋6”的研究格局；四是坚持全书、丛书、文献集成、研究报告、通史、辞典相结合，形成“1＋5”的研究体系；五是坚持党政、企业、专家、媒体、市民相结合，形成“五位一体”的研究主体；六是坚持打好杭州牌、浙江牌、中华牌、国际牌相结合，形成“四牌共打”的运作方式；七是坚持权威性、学术性、普及性相结合，形成“专家叫好、百姓叫座”的研究效果；八是坚持有章办事、有人办事、有钱办事、有房办事相结合，形成良好的研究保障体系。

《杭州全书》是杭州学研究成果的载体，包括丛书、文献集成、研究报告、通史、辞典五大组成部分，定位各有侧重：丛书定位为通俗读物，突出“俗”字，做到有特色、有卖点、有市场；文献集成定位为史料集，突出“全”字，做到应收尽收；研究报告定位为论文集，突出“专”字，围绕重大工程实施、通史编纂、世界遗产申报等收集相关论文；通史定位为史书，突出“信”字，体现系统性、学术性、规律性、权威性；辞典定位为工具书，突出“简”字，做到简明扼要、准确权威、便于查询。我们希望通过编纂出版《杭州全书》，全方位、多角度地展示杭州的前世今生，发挥其“存史、释义、资政、育人”作用；希望人们能从《杭州全书》中各取所需，追寻、印证、借鉴、取资，让杭州不仅拥有辉煌的过去、璀璨的今天，还将拥有更加美好的明天！

是为序。

2012年10月

和谐与创造：杭州城乡一体化的文化研究丛书序

经过改革开放三十余年的发展，杭州取得了引人瞩目的成就，一个精致和谐、大气开放，追求生活品质的城市形象已经基本确立。但是，毋庸讳言，除了杭州主城区以外，由于杭州还下辖余杭、萧山、富阳、桐庐、建德、淳安、临安等市（区、县），虽然其中心城市也都取得了长足的建设成就，但是在乡村、在城乡结合部，乃至在城市本身，仍然存在着发展中的不平衡、差距，有些还是严重的。杭州的城市化仍然任重道远，城乡一体化仍然是当今与未来杭州发展的一个极其重要的路径，它不仅是推动杭州经济社会文化共同进步的基本道路，而且是在更高的层面上建构杭州文明的基本手段。

所谓在更高的层面上建构杭州文明，其根本的目标正如百余年前韦伯所言："当我们超越我们自己这一代人的墓地而思考时，激动我们的问题并不是未来的人类如何丰衣足食，而是他们将成为什么样的人。"（韦伯《民族国家与经济政策》，收入《韦伯政治著作选》，东方出版社 2009 年版，第 12 页）城市化作为现代社会的基本形态，为现代性的型塑，无论是经济、政治，还是社会、文化，以及生态，都提供了不容置疑的强有力支撑；但是，同样无须赘言的是，城市化所带来的城市病，诸如贫富人群的区域化、人的疏离感与无助感等等，以及伴随着城市化的新农村建设，都是必须直面的挑战。

本丛书以杭州城乡一体化的发展为研究对象，从文化的特殊视角来观察、分析哪些内容将构成城乡一体化的有机要素，以及这些要素将如何发挥它们的功能，以期帮助处于历史过程中的人们能够从自发的层面进入自觉的层面，从而真正成为杭州城乡一体化这一历史进程中的文化创造的主体。同时，杭州的城市建设处于中国的前沿，本课题的研究虽然完全是一个基于杭州的个案性地方研究，但我们希望对于处在城市化进程中、力求实现城乡一体化的整个中国，至少是对于东南沿海地区，能具有一定的普遍意义。

从杭州是一个城乡类型众多、族群复杂的大中型城市的现实出发，我们的研究主要采用基于文化结构与功能理论，以及其他文化理论的研究方法，通过个案分析与整体研究相结合，实地调查与文献解释相印证，从五个维度的具体研究内容实现整个课题所设定的研究目标：

1. 城乡互动的维度：城市生活对乡村生活的引动，以及乡村生活对于城市生活的回应，观察与分析这种城乡互动所形成的文化心理张力在城乡一体化中的功能。

2. 社会文化的维度：城乡一体化进程中的新社区、新族群等出现，对社会管理构成了新的挑战，观察与分析这一历史过程中的社会整合与制度文明的不断完善。

3. 公共文化的维度：城乡一体化并非是城乡居民的文化同质化，观察与探讨在城乡一体化的进程中不同阶层与不同族群的文化需求与供给。

4. 核心价值的维度：城乡一体化引动的社会整体转型必然带来社会价值观的多元，观察与凝炼多元社会价值观的共同诉求，从而发现核心价值的呈现。

5. 历史文化的维度：城乡一体化是完全在全球化浪潮下的中国社会转型，观察与探讨中国文化传统在这一转型中的可能性的创造性转化形式及其功能实现。

基于这样的研究，最终形成了《阳动阴随：杭州城乡互动的心曲》、《守正明诚：杭州社会文化的重构》、《抱一分殊：杭州公共文化的协奏》、《事功行德：杭州核心价值的实践》、《推陈出新：杭州历史文化的演绎》五本专著。

我们的研究虽然沿着不同的维度展开，但目光似乎都聚焦于杭州城乡一体化进程中的文化显象与理念：和谐与创造。因此，本丛书取名为《和谐与创造：杭州城乡一体化的文化研究》。

应该坦承，在我们的研究过程中，这样的反问是经常浮上心头的：我们的聚焦究竟是客观的现实，还是主观的愿景？唯唯否否。一方面，所有的分析都基于我们的观察，我们努力使自己的观察真实、完整、有效。这样的努力不仅一以贯之地落实在我们的工作过程中，而且更是基于我们的工作理念，即科学性的追求构成了我们工作存在的价值基石。但是另一方面，人文社会科学固然同样以追求客观认识为志，但它不同于自然科学的根本之处，在于人文社会科学融入了研究者的价值关怀，无论是自觉还是不自觉。事实上，从根源性的角度说，即便自然科学也同样隐藏着人的关怀。我们所面对的杭州城乡一体化进程中的文化现象，呈现出了超出我们想象的多样性与复杂性，大大溢出了现代性的范围，不仅前现代的因素还在传承或残留，不待细说，即便是后现代的许多要素，从技术到观念，如互联网、游戏、自我与他者，以及地方意识、身体意识、女性意识等等，都无不在当下的文化中涌动与产生影响。因此，和谐与创造，我们深信这是我们对城乡一体化中的杭州文化的客观认识，但也同样是我们对现在与未来的愿景。

本课题受托于杭州国际城市学研究中心，我非常感谢杭州城市学研究理事会王国平理事长对我们的信任与支持，并将这套小书纳入他主编的《杭州全书》。我到杭师大工作以后，有幸参与王主任领导的城市学研究，不仅学到许多东西，而且更是感佩他对学术的敬重与识见，他对杭州的情怀与梦想。

整个研究从2011年底启动，几年来课题组成员形成了集体研讨、分头研究的固定工作模式。我非常感谢各位学者的支持与相互配合，尤其是傅德田兄在研究之余还帮我处理本课题的大量事务性工作。

最后我必须郑重说明，虽然具体研究完全由每位学者独立完成，但由于整个框架与思路由我提出，因此对于这套丛书存在的任何不足，我都拥有不可推卸的责任，并诚请读者批评指正。

何 俊

2015年5月18日于杭师大恕园

目　录

绪 论

作为历史文化名城,杭州有着许多不可多得的历史文化资源。这对于一个耕地面积少、矿产资源缺乏的城市而言,无疑是一个不可多得的发展良机。提及杭州,我们首先就会想到西湖。西湖是杭州的一张名片,早已随着两千多年历史演进融进了杭州的文化性格里。每当人们提及西湖,唤响的便不只是一个大自然湖泊,更是一个个不尽相同的关于西湖的故事、回忆与梦想。在这些不同的西湖印象中,既有白居易初春踏青时刚刚没过马蹄的芳草,也有苏东坡悠闲赏玩中那不期而至的雨,还有林逋孤山隐居时种下的疏影横斜、暗香浮动的梅花……西湖的文化性格是那样的复杂多样、云谲波诡、难以捉摸,以至于每个人眼中的西湖都各不相同。

如果说,宋代之前的西湖仅仅是杭州的一个蓄水池,其最重要的作用在于给这个地下水斥卤不可饮的城市提供宝贵的生产生活用水的话,宋代之后的西湖已经变为一颗镶嵌在中国东南的明珠,吸引着全国人民的目光。在北宋中期,苏轼为了疏浚西湖,不得不将其称作是杭州的"眉眼",并列举出诸多理由才获得中央政府的首肯。而南宋的西湖治理已经成为一种考核当地官员的条目,得到南宋历代杭州官员的共同关注。西湖旅游的热情在那个全民娱乐的时代被全面调动起来,杭州与西湖的关系第一次变得这般难解难分。尽管宋亡之后有"西湖亡国"的论调,使得西湖一度得不到很好的疏浚,但是每一位能够担当起疏浚西湖责任的官员都会赢得民众最终的理解与爱戴。

作为风景旅游胜地的杭州西湖,自然地成为杭州市发展现代旅游文化产业的重点。因此,继新中国成立以来的几次浚湖行动之后,杭州在新世纪开始了新一轮的西湖综合治理工程,工程之规模、设计冠绝古今。新西湖不但在面积上恢复了唐宋时期的宏伟规模,还完成了环西湖旅游线路的设计建设,真正做到了还湖于民的设想。新建成的西湖景区特色分明,"东热南旺西幽北雅中靓",在不同的景区采用了不同的创意,在对西湖本身充分尊重与保护的前提下,完成了传统文化资源的现代演绎。

随着杭州城市现代化建设的全面展开,杭州的城市功能布局也不断做出新的调整。本书第二章将以杭州文教区为例展示这一历程。自1952年新中国首次院系大调整以来，杭州文教区经历了半个多世纪的沧桑历史。在20世纪90年代末高校陆续迁出时，该区域已经有近60所院校，毕业生累计也已超过百万。它们为杭州做出了不可磨灭的贡献，留下了令人难忘的回忆。然而，教育要发展、高校要成长，原有的文教区空间却不能容纳院校的这一诉求；加之市中心人口的持续增加、地价的迅速抬升，这些院校的陆续搬出几乎已是必然的趋势。这个人文荟萃的杭城文教区，终将被大片的商业区与住宅区所取代。在这种情形下，如何保存文教区已往的城市记忆，传承杭州悠久的文脉传统，就成为摆在我们面前的重要课题。杭州市因地制宜地将城市记忆工程与道路改造工程联系在一起，走出了一条值得借鉴的“拾捡城市历史文化碎片”的历史记忆保护与城市更新相结合的路子。那“百年树人”碑与“大学墙”所保留的，不仅仅是一段难忘的城市历史记忆，更是对历史文化的保护与尊重。

本书第三章和第四章分别选取大运河与南宋御街作为考察对象，探讨杭州历史文化的演绎。假如我们将古代杭州城市的地图看作一个人的身躯，那么便可以发现“天城御街”贯通南北，仿佛是挺直的脊梁；而大运河则是杭州的主动脉，河水滚滚流淌，连接钱塘江与城内各支流水网，福泽全城。

大运河又名京杭运河，以杭州为南端起点，沟通五大水系、六大省市，作为世界上规模最大、开凿时间最早、流域范围最广的人工运河之一，可谓是人类水利史上的一个里程碑。回眸过去，杭州这个地名随着隋代开凿南北运河与浙东运河的进程逐步走上历史舞台，杭州城亦由一个普通的江南郡县小城成为南北运河水陆交通的枢纽。直至吴越、南宋，杭州作为江南地区的王朝都城“水居江海之会，陆介江浙之间”①，物资流通，汇集财赋，联通内地外洋，尽仰赖于大运河这条人工开凿的生命线，原本不过处一州之重的杭州城，“财赋之汇，人文之薮”的全国性重要地位开始慢慢凸显，乃至影响到后来的元、明、清三朝，直至如今。可以说，没有在大运河存在的基础上带来的政治、经济、文化的繁荣发展，杭州就不可能成为传统中国中世时期的国际性大都市，马可·波罗笔下的“地上天城”亦将无从追寻。清末到新中国成立之后的很长一段时间，由于各种原因，大运河多段河段或淤积或干涸，无法承担起运输功能。运河杭州段虽仍可通航，但河道两岸基础设施落后的旧城区与旧厂房林立，不少河坝码头亦年久失修，使得杭州运河的水质与河段环境不容乐观。近年来，随着杭州整体城市改造的脚步，兼之为了运河申遗，政府对运河杭州段进行了水质、河道设施、河岸居民区及历史旅游街区等多方面的改造，使其不

① 王国平.城市怎么办：第1卷.北京：人民出版社，2010：109.

但继承了旧日辉煌，更焕发了新的生机。因此，若要谈一谈杭州的城市文化与城市发展，无论深入琢磨或浅尝辄止，运河必定是无法忽视的。

另一方面，当我们将视野从连通中国东部、浩浩汤汤的运河之波转向杭州城内，我们便可以从南宋以来不断变化扩展的城市地图中，找到一条相对稳定的南北纵贯线，这便是在南宋时期，有“御街”之名的中山路。从皇城天街到商业中心，又从普通坊巷到怀古名胜，千年来，御街与其邻近的清河坊经过几度沉浮兴衰与功能变迁，这些变化所留下的迹象仿佛化石一般，深深嵌在杭州人的记忆与生活之中。近年来，保护历史文化名城、开发城市历史名片的潮流席卷中国大陆，城市的建设者与研究者们不再满足于仅追求摩登的市容市貌，而开始着手挖掘埋藏在琐碎平凡的市井生活中趣致独特的民俗，与背负上历史尘埃的古老城市的遗产。在这样的风潮影响下，过去被视为亟待整治的“老城区”的中山路—清河坊一带，在改造与旅游开发的过程中产生了“古老的新变化”。近年来，御街与清河坊被开发成为历史民俗旅游街区之后的事实证明，这样的变化，毫无疑问将御街与清河坊打造成了一张杭州旅游新的金名片。然而在经济效益和旅游品牌口碑双丰收的情况下，如何深化、信化、优化街区从南宋至近代的民俗历史，使其更好地保留杭州城市文化历史与市民记忆，使其不仅仅是一条肤浅的仿古娱乐商业街，还有许多问题值得学者与建设者们加以讨论。

本书第一章“西湖的保护治理与功能定位变迁”与第二章“杭州文教区的变迁与城市记忆的重构”由江涛撰写，第三章“京杭大运河在杭州的变迁与功能变化”和第四章“中山中路‘南宋御街’与清河坊历史文化的继承与重构”由杨歌撰写，书中对杭州历史文化地标的研究和分析，众多前辈学者珠玉在前，后学积累尚浅，执笔难免惶恐，幸有丛书编纂团队中诸位师长前辈们的指导、帮助与启发，使得本书能够顺利完成。借此机会，向诸位师友，以及所有研究、保护、宣传杭州城市文化的前辈们表示感谢！

第一章　西湖的保护治理与功能定位变迁

康熙十年(1671)，张岱(1597—1689)完成了他的一部重要作品——《西湖梦寻》。在这部书的序文中，他深情地写道：

> 余生不辰，阔别西湖二十八载，然西湖无日不如吾梦中，而梦中之西湖，实未尝一日别余也。前甲午、丁酉，两至西湖，如涌金门商氏之楼外楼，祁氏之偶居，钱氏、余氏之别墅，及余家之寄园，一带湖庄，仅存瓦砾。则是余梦中所有者，反为西湖所无。及至断桥一望，凡昔日之弱柳夭桃、歌楼舞榭，如洪水淹没，百不存一矣。余乃急急走避，谓余为西湖而来，今所见若此，反不若保我梦中之西湖，尚得完全无恙也。[①]

这位曾在西湖流连忘返的才子心中，西湖是一个美丽的梦，梦境中不但有雅致精妙的庄园别馆，更有姿态绰约的弱柳夭桃、热闹非凡的歌楼舞榭……然而，这一切都已淹没在汹涌的洪水波涛中，湮没在无情的历史长河里，"百不存一"、一去不返，留下的只是文人的黍离之悲与遗老的沉痛回忆。年华易老，旧时景致已然不再;国破家亡，昔日繁华只存瓦砾。伤心之余，张岱只能匆匆走开，把西湖保留在他那清妙幽绝的梦境里。

西湖，每当我们轻唤她的芳名，唤响的便不只是一个大自然湖泊，更是一个个不尽相同的关于西湖的故事、回忆与梦想。在这些不同的西湖印象中，有白居易初春踏青时刚刚没过马蹄的芳草，有苏东坡悠闲赏玩中那不期而至的雨，还有林逋孤山隐居时种下的疏影横斜、暗香浮动的梅花……西湖的文化性格是那样的复杂多样、云谲波诡、难以捉摸，以至于每个人眼中的西湖都各不相同。每个人心中都有自己的"西湖梦"。

---

① 张岱.西湖梦寻.北京：北京出版社，2004：9.

正如张岱所回忆的，西湖在历史上几经兴废，正是靠着一代代"西湖人"的努力营建才得以保全至今，才会有关于她的一个个丰富多彩的美丽梦想。从唐朝李泌开六井到白居易经营白堤，从吴越王钱镠建立"撩湖兵"到北宋苏东坡"苏堤"的天才设计，从清朝康乾的苦心经营到新中国的西湖建设，人们用智慧与汗水重构着西湖往日的辉煌，谱写着一首首关于西湖梦的美妙乐章。而西湖本身的功能定位也随着一次次的治理，在建构与重构中悄然发生着变化。

第一节 西湖的历代治理与功能定位变化

近人秋雁曾在《武林纪游》中提及西湖治理的历史："西湖水利，自白乐天以后，二百年而得苏东坡，又四百年而得杨温甫，后二百年复有雍正朝之修治。若西湖非人工之浚掘，必受天然淘汰矣。"诚然，杭州西湖本是一个由浅海湾演变而来的潟湖，极易受到海水的冲击，也难以对抗自然湖泊常有的沼泽化厄运，她之所以能够保存至今，的确是一代代杭州人民辛勤维护的结果，是"人定胜天"的又一铁证。事实上，对于西湖的治理疏浚又何止白居易、苏轼、杨孟瑛、雍正，据光绪《杭州府志》记载，从北宋到清代光绪年间的西湖治理工程就已有 29 次之多。[①] 每次治理都是兴师动众、耗资巨大，而西湖在每次治理之后都难免再次长满葑草、重遭围垦。精心维护则杭州治、西湖兴，不闻不问则杭州衰、西湖废。因此可以说，一部西湖治理的历史，就是一部历代杭州人与西湖沼泽化过程不断抗争的历史，是一部充满创意与活力的营造杭州人民"西湖梦"的历史。西湖在杭州城市中的功能定位也逐渐从一个蓄水池变为杭城不可或缺的"眉眼"，不断将一种审美的期待融入下一次兴治工程之中。

一、从自然湖泊到"人工湖"

宝石山是紧邻西湖北岸的一座小山，它不但是连接西溪、黄龙洞与北山街历史文化街区的极佳"拱桥"，还是一个美丽绝伦的独特景观——"宝石流霞"。登上宝石山，在初阳台上便可一眺西湖全景，常年萦绕的云雾为西湖披上了一件轻盈的纱衣，而随风摇曳的各色树木则像是五彩斑斓的细滑丝巾，遮掩着西子湖的美艳。这时，游客的视野中自然有正对面的雷峰塔，经过重建的他像一位矫健的战士，"满身

① 郑瑾.西湖治理史研究.杭州：浙江大学出版社，2010：133.

图 1－1　宝石山风光

尽带黄金甲”，威武矗立在西湖之南；侧对面的小山丘则在一片翠绿的掩映下分外喜人，若隐若现的是山顶的城隍庙，那便是吴山一带了。

沧海桑田，在如是美丽的景色中流连的游客自然不会想到，千万年之前这里竟是一片汪洋，而脚下的宝石山和对面那隐藏在密林中不大容易辨认的吴山就是天目山脉向浅海中伸出的两个半岛。在那个宇宙洪荒的时代，宝石山、吴山南北相望，合抱着一个小小的海湾，它便是今天西湖的前身。在海湾的北面，长江气吞万里，一路咆哮而来，注入东海，除了大量的淡水之外，泥沙也是它那万里征程的忠实追随者。逝者如斯，昼夜不停，泥沙也越堆越多，逐渐形成了一小片沉积带，慢慢向南方推移着。在海湾的南部不远处，钱塘江东流入海，虽然水量不像长江一般丰沛，但是每月一次的江潮气魄宏阔，不逊长江半点。正是这钱塘江潮加速了海湾一带泥沙的沉积，最终使得这个浅浅的水湾与大海隔绝，变成了一个内陆的咸水湖。据竺可桢先生说，这一关键性演变至少发生在 12000 年之前。

这个刚刚形成的内陆湖泊，像一个被陆地夺走的海洋的孩子，时刻都有可能被海潮重新带回海洋母亲的怀抱。然而，这时的海平面不断下降，陆地又不停抬升。进退失据之间，湖泊与海洋终于隔绝。与海洋的决裂使得这个湖泊更多地从雨水和周边的山间溪水中获得滋养，水质逐渐淡化，最终成为了一个淡水湖，她就是今天的西湖。

杭州宝石山上有一个著名景观——大佛头。据《史记》记载，始皇帝三十七年(前 210)，秦始皇最后一次巡行天下，乘舟沿着长江东进，“过丹阳，至钱唐，临浙江”，去会稽郡祭祀大禹。传说这位“千古一帝”还曾乘船进入西湖，在这块形如佛头的大石头上系舟停留，赏玩周围的自然风光。如果这一传说是真实的，那么很可能当时的西湖与江海尚且有相通之处，那个时代的西湖可能时常处在海洋和陆地的反复争夺之中，不断地遭到海潮的冲击和海水的倒灌。另外，那时候的宝石山很可能比今天更加矮小哩！

图 1-2　大佛头（老照片）

由秦皇揽船的故事，我们更能够理解，作为一个东临海洋、北望长江、南临钱塘的淡水湖泊，西湖似乎难以逃脱两种这类自然湖泊的“宿命”：其一是不断受到海潮的威胁，既难以保证自身的独立性，也难以为人类提供优质的淡水资源；其二是受到邻近河流带来的泥沙的常年冲积，慢慢淤浅，杂草丛生，变为沼泽，最后干涸，化作葑草桑田。萧山的临浦、绍兴的鉴湖、宁波的广德湖等湖泊，与西湖的情形类似，甚至有的大西湖几十倍之多，但仍然未能免遭这种厄运，经过沼泽化和人类开垦，最终完全消失，只停留在泛黄的纸堆中、人们的记忆里。西湖之所以能绵延数千年，存留至今，完全是人类精心保护的结果。

西湖能够摆脱沼泽化的湖泊宿命，不被海潮所侵蚀，主要是因为人类的精心维护，而这种精心维护的初衷便是保护这一带的居民安全并为之提供甘美可饮的淡水资源。离开杭州这座城市的发展来理解西湖的兴废命运几乎是不可能的，还是先让我们回忆一下杭州这座城市的形成、变迁历史吧。

杭州正式建立行政区划是在秦代，钱唐、富春、余杭都是会稽郡的下辖县；西汉时，杭州为会稽郡和丹阳郡地，钱唐、富春、余杭、余暨属会稽郡，於潜县属于丹阳郡，钱唐由会稽郡西部都尉治理；东汉时，吴郡下辖余杭、临水、富春、钱唐侯国，会稽郡下辖余暨县，丹阳郡下辖於潜县，新都郡下辖始新、新定两县。直到西晋时，今天所谓的杭州地区实际上不过是一些分散而弱小的县镇，自然谈不上有多大的重要性。

随着晋室南渡，整个江南地区经济有了较大的发展，杭州的地位也随之越来越重要。公元589年，隋文帝正式将钱唐郡改为“杭州”，下辖钱唐、余杭、富阳、於潜、盐官、武康六个县。由于当时南方尚不平静，杭州的州治最早在余杭，后来随着隋朝朝廷对江南流寇平剿的胜利，州治迁到了钱唐，继而又迁至柳浦西（今江干一带）。这一次变迁的重大意义在于，杭州彻底摆脱了山中小城的地理因素制约，南面大江、北靠山麓，取得了成为一个大都市的优越自然地理条件。也就是在这一片开阔地带，隋朝重臣杨素修建了“周围三十六里九十步”的巨大城郭，正式为唐宋时代杭州中心区域奠基。稍后，隋炀帝开凿了大运河，北起东都洛阳，南至余杭，由中原到杭州的水上通道终于被打通。大运河的修建使得杭州与中原地区的来往更加方便，黄河文明也与长江文明交流更加频繁、日益不可分割，血脉畅通的古代中国从此进入了一个开发南方、繁荣南方、南北并重、南北共荣的新时代。

杭州地位的不断抬升，使得城市迅速发展，与之同时出现的是各种各样的城市问题。其中之一便是：如何为城市居民提供洁净可饮用的淡水资源？针对这个难题，杭州的先贤们不约而同地想到了她——西湖。

西湖的维护、治理工程，最早或许可以追溯至东汉。据南朝宋时的钱唐县令刘道真所撰《钱唐记》记载，“钱唐”的名称来源于东汉时的一次海塘工程建设。[①] 那时的地方长官名叫华信，他想在县东一里的地方修建一条防海大塘，于是招募民工运土筑塘，并许诺，每运土一斛便付一千钱。于是旬日之间，大批的民工将土石运到这里，以求资财，却发现这位狡黠的官员不肯如约给付工钱，于是只好将这些土石原地卸下，土石之多竟然堆成了海塘。百姓们白白忙活了一场，心中自然不快，

---

① 叶光庭.西湖史话.杭州：杭州出版社，2006.

念念不忘地将这座海塘称为“钱塘”。“钱唐”的名称，自古有之，唐朝时为了避讳才将其改称“钱塘”。可见，这个故事本身就经不起推敲。然而，它却暗示了一次规模不小的筑塘事件的存在。正是这个略带玩笑意味和戏谑色彩的工程，不但保护了一里之外的城中百姓，还使处于城市西方的西湖免于海潮侵扰，为西湖保存了相对洁净的淡水资源。

唐德宗建中二年(781)，杭州迎来了一位身份特殊的新刺史——李泌(722—789)，正是他开凿了“六井”，创造性地解决了杭州城的饮水问题，使得杭州与西湖的关系在此后变得不可分离。李泌在儿时便被看作是神童，文学造诣极高。天宝年间被唐玄宗命为待诏翰林，与太子李亨亦师亦友、交游甚密。他有着敏锐的政治嗅觉，察觉到了当时唐朝在政治上内忧外患的不利处境。因为忤逆杨国忠、安禄山等人，李泌第一次被逐出政治中心。随后，安史之乱爆发，太子李亨即位，是为唐肃宗，这为李泌提供了新的施展政治抱负的机会。李泌以其远见卓识对国家形势做了这样的判断：叛军猖獗只在一时而已，因为参与叛乱的多是异族人，得不到中原人的认同与支持；叛军把掠夺到的财物全部送回自己偏居一隅的老巢范阳，可见叛军根本没有一统天下的雄心，其势必定难以长久。据此，李泌为肃宗制定了详尽平叛的方略，希望一举消灭河北藩镇的割据势力，重建唐王朝的中央权威。可惜的是，肃宗急功近利，坚持先收复长安，结果是叛军被赶回河北，割据局面由此被固化，遗患无穷。李泌虽然有经世治国之才，却最终不能施展，屡次被排挤离京。德宗建中二年(781)，李泌第四次被排挤出中央政权，出任杭州刺史。虽然远离了王朝的中心，李泌并没有因此而消沉，处江湖之远的他，怎能忘记忧国忧君的儒家伦理？又怎会对他深爱的一方百姓置之不理？

图 1－3　李泌像

李泌对杭州水利工程建设最大的功劳在于开通了六个蓄水池，即相国井、成化井、金牛池、四眼井、白龟池、小方井，这六口井统称为“六井”。六井并不只是六口深挖的水井，而是一项十分烦琐的大水利工程。它不但要求开挖饮水渠道，将西湖的水引过来，还对渠道的深度有着很高的要求，只有渠道深度低于西湖湖底才能维

图 1-4　相国井

持水泉来源的稳定性；另外，还需要将蓄水池挖得足够大以积蓄能够满足城市用量的丰沛水源。六井渠道内设有石槽，槽内使用竹管作为输水管道。所以在今天西湖之滨新景区的“唐李泌引水纪念标志”塑像中，除了有周围象征六井的六个石井塑像之外，中间还设有若干竹筒塑像，以说明当时所使用引水管道的材质。直到南宋末期，“六井”都一直是杭州人民生活用水的重要来源之一，对它的疏浚与扩展也一直是历代西湖治理者的重要课题。直到元明时杭州地区的地下水质量改善，“六井”才逐渐淡出人们的视线，成为一种宝贵的城市记忆。“喝水不忘挖井人”，杭州人民自然不会忘记李泌的功劳。

除此之外，李泌还修建了石函三闸，即圣塘闸、涧水闸、石函闸，用以蓄积和宣泄湖水。春夏杭州降水较多，湖中水位上升时，则开闸放水；秋冬湖中水位降低时，则关闭闸门以蓄积湖水，以便民用。这样的设计平衡了湖中水位，使得西湖在丰水期不至于泛滥成灾，枯水期不至于干涸无所用，自然又是一项便民利民的好工程。

图 1-5　白居易像

40 余年后，白居易的马蹄轻踏白沙堤上的浅草而过，杭州迎来了她的另一位贤明刺史。这位官场失意、壮志难酬的诗文大家一到杭州，便被当地的美丽风光所深深吸引。娇人湖光一洗个人的得失荣辱，烂漫山色一扫贬谪的苦痛风尘。当天，白居易便写下了《杭州刺史谢上表》，开始了他与西湖的共同创作之路。在白居易上任时，“六井”已然年久失修，基本失去了引水供水的作用，而一场长达两年有余的大旱灾更是给杭州的农业生产带来了巨大的困难。叫天不应、祈雨不成，自然灾害的威胁当然不能寄希望于鬼神流俗，这位极具胆识的新刺史开始构想一项规模浩大的西湖治理工程。与李泌不同的是，亲眼目睹了天地不仁的白居易不只希望西湖为人们贡献饮用水，还希望西湖成为濒湖千顷稻田旱涝保收的保护者，成为杭州人民安居乐业的守护神。从白居易离任时所写的《钱塘湖石记》中，我们大抵可以了解这项工程的梗概。

一是从根本着眼，修筑白公堤，提升西湖的蓄水能力。白居易认为，杭州地区的气候是“春多雨，夏秋多旱”，一年中降水的季节性变化很大。而降水的多少直接影响了西湖水位，进而影响到了杭州居民的生产生活用水。因此，城市生产生活用水问题的根本性解决，需要一种可以平衡自然补给水量差异的人工机制。这种机制便是强化西湖的蓄水能力。于是，白居易修筑了白公堤，从石函桥一直到余杭门（今天的武林门）。白公堤的堤坝较原来湖岸高数尺之多，从而提升了西湖的深度，加强了西湖的蓄水能力。这条堤坝将西湖分隔为两部分：一部分是上湖，即今天的西湖；另一部分为下湖，由于没有山中水泉的不断补给，该湖区已经淤积干涸，化为平地。今天我们说的“白堤”，并不是当年白居易修建的“白公堤”，它的原名叫作“白沙堤”。今天，我们已经很难考证这种讹传始于何时，作为一种很可能源于民众的称呼，它或许应该早于官方修纂的方志中正式出现这一名称的明代万历年间吧。

二是多措并举，有效利用西湖水资源。白居易十分推崇李泌修建的“六井”，认为它们“甚利于人，与湖相通”，但是因为年久失修，输水管道“中有阴窦，往往堙塞”。于是，他重新疏浚了六井管道，并且告诫后来官员要“数察而通理之”，保证六井与西湖的连通，为城内百姓提供清洁可饮的生活用水。另外，据清雍正时《西湖志》记载，白居易还将湖水引入运河，维持运河水位以助漕运，并借用运河这一“管道”将湖水送至沿岸农田以利灌溉。这一工程在当时受到了很大阻力：有的人认为“决放湖水不利钱塘县官”，害怕湖神怪罪；有的人认为“鱼龙无所托”、“菱茭失其利”，算计着蝇头小利；有的人担心“放湖即郭内六井无水”，怀疑工程会影响城内水源的供应。面对种种质疑，白居易或揭穿其用心（“县官多假他词以惑刺史”），或晓之以利害（“鱼龙与生民之命孰急？菱茭与稻粱之利孰多？”），或辨明其物理（“湖底高，井管低，湖中又有泉数十眼，湖耗则泉涌，虽尽竭湖水，而泉用有余；况前后放湖，终不致竭，而云井无水，谬矣！”），从而保证了工程的正常进行。从此，西湖拥有了对自身水位收放自如的控制能力，以六井管道向城区输送着清洁水源，以运河为媒介不断扩展着自身对于农业灌溉的重要意义。西湖用自己的血液滋育着杭州，杭州也用自身的发展维护着西湖，杭州与西湖水乳交融，再难分离。

长庆四年(824)，白居易离开杭州，百姓扶老携幼、箪食壶浆地立于道边为之送行，他当即吟诗一首以作答谢：

税重多贫户，农饥足旱田。
惟留一湖水，与汝救凶年。(白居易《别州民》)

图 1-6　父老送别白居易群塑

其实，白居易为杭州所创造的，岂唯一湖清水，又何止一条长堤和六井泉源，他在杭时所创作的200多首诗歌早已成为一张张"诗中有画"的西湖明信片与导游图，它们在每位读者心中泛起层层涟漪，撩人构想着一个个关于西湖的梦想与传奇。

李泌的四度归隐、五次离京与白居易的壮志难酬、谪居贬地，其实是唐朝中叶之后政治斗争日趋激烈、国家命运日益衰竭的一种表现。就在白居易离开杭州83年后，朱温建立的梁朝取代了名存实亡的唐王朝，中国历史的车轮正式驶入了又一个乱世——五代十国。五代时期虽说是有名的乱世，但乱世未必便无善治。这时吴越国统治下的杭州，便因为历代统治者保境安民的国策得以免遭战火摧残，得到了较好的治理。而这一切还有赖于吴越国的第一代国王——钱镠。这位农民出身的一代英主身上几乎聚集着一系列令人津津乐道的品质与故事：他既是身经百战、勇冠三军的将帅，又是擅长诗文、草隶双绝的才子；他既是义薄云天、自比仲谋的霸主，又是审时度势、称臣纳贡的顺臣；他既因为集聚国力发展经济、保境安民，赢得一片赞誉，又因为课税繁重、工程不断，招致无数质疑。

图 1－7　钱镠像

就杭州及西湖建设而言，钱镠开井“九百九十眼”，用来供应城市居民用水；修筑从六和塔到艮山门一线的钱塘江大堤，用竹笼、石头、巨木保证了工程的持久性，有效捍卫了杭州及西湖的安全；建立“撩湖兵”用以疏浚西湖中淤泥沉积，保证西湖的蓄水量，使得西湖治理常规化、制度化；等等。钱镠的一系列工程虽然在今人看来功在千秋、立意深远，但在当时却引起了一部分人的不满，以至于“士卒怨嗟”，后世史家更是从多角度展开了对其的非议与质疑。或许钱镠自己的说法最能让我们理解这位为杭州及西湖做出许多重要贡献的霸王的真实心声：“千百年后，知我者以此城，罪我者亦以此城。苟得之于人而损之己者，吾无愧欤！”

二、从“蓄水池”到杭城“眉眼”

公元 978 年，吴越国王钱弘俶纳土归宋，杭州正式回到了中原王朝的统治体系中。北宋时期对西湖产生过较重要影响的地方官员有王济、王钦若、郑戬等人，其中对西湖治理贡献最大、最为人乐道的当属苏轼。这位命运多舛的伟大文人曾经两次来到杭州为官，第一次是在神宗熙宁四年（1071），第二次是在哲宗元祐四年（1089）。由于第一次时对杭州的了解尚且不深，对西湖的治理还未形成成熟意见，加之所任官位只是知州的副官——通判，东坡先生与杭州西湖只是一次美丽的邂逅，其关于西湖治理的政绩也仅仅止于协助知州陈襄疏通六井、保护水源。不过，正是这次邂逅使得他加深了对杭州、西湖的了解，为之后书写“新西湖”的鸿篇巨制埋下了伏笔。

图 1－8　苏轼像

元祐四年（1089），不愿意与朝中群小为伍的苏轼主动要求外放，于是以龙图阁学士左朝奉郎的身份出任杭州知州。与白居易相似，苏轼上任时杭州同样也遭遇了一场罕见的旱涝灾害。先是前一年冬天的持续降水使得内涝严重，以至于农民未能及时播种早稻，等到灾情过后农民们抢种晚稻时，又一连数月无雨，种下的稻谷竟然颗粒无收。飞涨的粮价，失控的疫情，在杭州引起了极大的恐慌。苏轼一边筹款买粮，平抑物价，以赈济灾民；一边煮药治病，建“安乐坊”，以控制瘟疫。终于渡过了难关，留养了一州百姓的性命。或许是英雄所见略同，苏轼与白居易一样把目光放在了西湖的治理上，只不过这时西湖的整治已然具有多重意义了。就在他到任的第二年，苏东坡写下了《杭州乞度牒开西湖状》，其文略曰：

> 杭州之有西湖，如人之有眉目，盖不可废也。唐长庆中，白居易为刺史。方是时，湖溉田千余顷。及钱氏有国，置撩湖兵士千人，日夜开浚，自国初以来，稍废不治，水涸草生，渐成葑田。熙宁中，臣通判本州，则湖之葑合盖十二三耳。至今才十六七年之间，遂堙塞其半。父老皆言十年以来，水浅葑横，如云翳空，倏忽便满。更二十年，无西湖矣。使杭州而无西湖，如人去其眉目，岂复为人乎？
>
> 臣愚无知，窃谓西湖有不可废者五。天禧中，故相王钦若，始奏以西湖为放生池，禁捕鱼鸟，为人主祈福。自是以来，每岁四月八日，郡人数万，会于湖上，所活羽毛鳞介以百万数，皆西北向稽首仰祝千万岁寿。若一旦堙塞，使蛟龙鱼鳖，同为涸辙之鲋。臣子坐观，亦何心哉！此西湖之不可废者一也。杭之为州，本江海故地，水泉咸苦，居民零落，自唐李泌始引湖水作六井，然后民足于水，井邑日富，百万生聚，待此而后食。今湖狭水浅，六井渐坏，若二十年之后，尽为葑田，则举城之人，复饮咸苦，其势必自耗散。此西湖之不可废者二也。白居易作《西湖石函记》云：“放水溉田，每减一寸，可溉十五顷；每一伏时，可溉五十顷，若蓄泄及时，则濒河千顷，可无凶岁。”今虽不及千顷，而下湖数十里间，茭菱谷米，所获不赀。此西湖之不可废者三也。西湖深阔，则运河可以取足于湖水。若湖水不足，则必取足于江潮，潮之所过，泥沙浑浊，一石五斗。不出三岁，辄调兵夫十余万功开浚，而河行市井中，盖十余里，吏卒骚扰，泥水狼藉，为居民莫大之患。此西湖之不可废者四也。天下酒官之盛，未有如杭者也，岁课二十余万缗。而水泉之用，仰给于湖，若湖渐浅狭，水不应沟，则当劳人远取山泉，岁不下二十万功。此西湖之不可废者五也。（苏轼《杭州乞度牒开西湖状》）

苏轼将西湖比作杭州的眉目，不但道出了西湖对于杭州的重要意义，还用一种审美的眼光向宫阙中垂帘听政的哲宗太后形容着杭州城的娇羞美丽，希望以此唤起“两位美人”的相怜相惜之情。然而，就是这样美丽的眸子，却有着失明的危险，日益沼泽化的湖面如不拯救，终将葑草丛生、化为平地。我们怎能忍心这位鲛人泪流成血、双目失明，又怎能想象一个没有西湖装点的杭州，一个失去灵魂的城市？“使杭州而无西湖，如人去其眉目，岂复为人乎？”除此之外，杭州需要西湖的原因尚有五点可以陈说：西湖已被故相王钦若奏请辟为皇帝祈福的放生池，一鸿一鹤、一鳖一鲋都是皇朝的恩典与功德，臣子怎能不精心维护、北面遥祝？西湖是一城百姓的饮水源泉、衣食父母，为人民输送着自己的血液与营养，失去水源供应的杭州怎能继续存留发展？西湖是杭州农业生产的灌溉源泉和重要基地，为千顷良田提供灌溉用水，为菱角莲子提供生长环境，失去重要经济来源的杭州怎能为中央政权提供钱米保障？西湖是运河通畅的重要水源保证，如果舍弃她的清澈水源而用钱塘江的浑浊沙水，又如何保证帝国经济血脉的健康通畅？西湖是杭州酿酒业的水源地，为中央缴纳的酒税就高达二十余万缗，若是湖水干涸不能为用，巨大的生产成本怎能不影响酒课税收？无论从哪一点着眼，西湖都必须得到很好的治理修浚，一项浩大的工程势在必行。

在疏导运河、浚通六井之后，苏东坡开始筹划疏浚西湖的大工程。据苏轼的弟弟苏辙为兄长所写的《墓志铭》记载，苏轼在工程进行中遇到了一个难题：

> 公间至湖上，周视良久，曰：“今欲去葑田，葑田如云，将安所置之？湖南北三十里，环湖往来，终日不达。”（苏辙《子瞻墓志铭》）

如需疏浚西湖，势必要深挖池塘，清理湖底淤泥，而清理工作的难题之一就是如何将这么多的淤泥运走。一个伟大的创意正在他天才的头脑中酝酿：何不索性把这些淤泥堆积成一条横贯西湖南北的湖中走廊？这样，不但外运淤泥的问题迎刃而解，城市南北的交通也可以实现直达，不必再绕湖而行。这条用淤泥堆积而成的湖中长堤便是有名的“苏堤”。

图 1－9　苏堤之晨（韩志雅摄）

在苏轼看来，淤泥的清理，湖泊的疏浚只是西湖治理的一部分，一旦工程告罄，西湖又免不了继续沼泽化，期待着下一次的治理、疏浚。因此，要想真正治理好西湖，还需要有更为长远的眼光与持久的努力。西湖治理不但要治标，更要治本。如何才能永远使得西湖免遭沼泽化的厄运呢？当时的钱塘县尉许敦仁发表了自己的见解。他向苏轼进言：

> 议者欲开西湖久矣，自太守郑公戬以来，苟有志于民者，莫不以此为急，然皆用工灭裂，又无以善其后。盖西湖水浅，茭葑壮猛，虽尽力开撩，而三二年间，人工不继，则随手葑合，与不开同。窃见吴人种菱每岁之春，芟除涝漉，寸草不遗，然后下种。若将葑田变为菱荡，永无茭草湮塞之患。（苏轼《杭州乞度牒开西湖状》）

西湖的沼泽化是自然湖泊的必然趋势，如果想要遏制这种趋势，必然需要长期的努力，这种努力越是和周边居民的利益联系得紧密就越有生命力。具体的办法就是将湖面租给农民种植菱角类的水生经济作物，出于耕耘的需要，葑草自然会得到有效的清理，这样也就保护了西湖。显然，许敦仁的想法是很有见地的，这一意见最终也被苏轼所采纳。今天"西湖十景"之一的"三潭印月"中的那三个冒出湖面的小小塔尖，最初便是苏轼所建用来分隔种植区与湖中水面的界线。

如果说白居易的西湖治理使得西湖由一个自然湖泊变成了一个人工湖泊的话，苏轼则更进一步地创造了一种新的西湖印象。在中国人对西湖集体记忆的历史变迁中，苏轼与他的时代似乎站在了这样一个转折点上：在他之前，西湖是杭州民众赖以生存的饮水源泉与千顷良田的灌溉水源；在他之后，西湖是江南女子清秀明澈的美丽双眸与情意缠绵的脉脉秋波。在他之前，西湖治理的中心议题是引水井泉的开凿通浚与灌溉渠道的整修维护；在他之后，西湖治理的另一目标是潋滟湖光的精心维护与周边景观的营修守望。在苏轼与那个时代的杭州人民的共同努力下，西湖开始超越它原有的饮水、灌溉意义，从"蓄水池"、"人工湖"逐渐化身为杭州城不可或缺的"眉眼"、镶嵌在中国东南的一颗宝石、西方探险家故事中的明珠，成为无数人心中萦绕徘徊的江南梦境、相看不厌的第二故乡、在水一方的人间天堂。让我们再重读一遍那首脍炙人口的西湖诗：

> 水光潋滟晴方好，山色空蒙雨亦奇。
> 欲把西湖比西子，淡妆浓抹总相宜。（苏轼《饮湖上初晴后雨》）

苏轼之所以请求外放，来到杭州，是因为当时的北宋政治已然坏蠹到了极点。本来是以富国强兵、救国救民为目的而掀起的"熙宁变法"在北宋朝廷内部带来了前所未有的巨大争论，进而演化为一种士大夫之间的意气之争，最后蜕变为一场疾风骤雨般的党派斗争。"新党"、"旧党"中的君子们互相指责、恶言相向，别有用心的势利小人们更是煽风点火、相互谩骂以求升迁，更有甚者三缄其口、信口雌黄，不停在中间摇摆以求获利。在这场前所未有的政治动荡中，北宋耗干了自身的政治生命力，迅速走向衰亡。靖康之后，在北方新兴少数民族政权——金的一再猛攻下，刚刚称帝的宋高宗赵构仓皇南逃，甚至一度乘船漂浮于大海之上，“以拒金兵”。这位“道不行，乘桴浮于海”的新政权统治者不愧是徽宗的皇子，在流离之际、颠沛之时、多事之秋竟然还念念不忘逃跑时所看到临安的美丽繁华景象，毅然决然地舍弃兴复北方的重要跳板——六朝古都金陵，而选择了相对远离边关的杭州作为都城。历史似乎又回到了某个原点上，用它的狡黠戏弄着这个已是旧邦，其命维新的王朝。

关于杭州西湖的有名诗歌当中，除了前面苏轼那对西湖美景的描写及由衷赞叹之外，还有一类与国家命运、历史追忆紧密相联，其中广为传诵的要数林升的《题临安邸》：

> 山外青山楼外楼，西湖歌舞几时休。
> 暖风熏得游人醉，直把杭州作汴州。（林升《题临安邸》）

南宋时，由于杭州地位的上升，杭州的人口激增，城市也较北宋有了很大的发展。西湖除了继续为杭州城的人民提供基本的用水来源之外，还变成了重要的旅游观光胜地。原本建筑不多的西湖周边，一下子变得热闹非凡。南宋皇室在凤凰山一带营建了宏伟壮丽的都城宫阙，官员、富商等则在西湖周边争相建设宅院、园林、亭台楼阁。一时间，“湖山表里，点饰浸繁，离宫别墅，梵宇仙居，舞榭歌楼，彤碧辉列，丰媚极矣”。南宋对于西湖的沉迷几乎是“全民性”的，醉生梦死的甚至不仅仅是南宋皇室，更有国家的精英阶层——官僚贵族、士大夫。即便是锐意恢复的宋孝宗等帝王也不得已在残酷的国家事实面前低头，既然北伐无望，也只好在这温柔安逸之乡享受青山绿水、亭台楼阁，以及那令人心醉的歌舞与炮制的“太平盛世”了。

正因为这种对西湖“全民性”的狂热，南宋不但是西湖人文景观的重要建设时期，更是对于西湖不遗余力地治理维护的关键时期。张澄在任临安府知府时，疏通运河、疏浚西湖，并颁布政令严禁周边农人侵占湖边土地、污染湖水。汤鹏举补全了撩湖厢兵的名额，并使其专门从事西湖葑草的清理工作。这样的常规清理制度的建设，使得苏轼以来允许出租湖中“水田”种植水生作物来防止葑草蔓延的构想失去了必要，因此，汤鹏举进一步禁止了湖中佃户的所有种植行为以保护湖水清洁，取得了较好效果。周淙治理西湖，除了疏通运河、修缮六井与石函三闸之外，还重新补全了撩湖兵员，对占湖种菱、乱抛垃圾等违法行为进行了“专项治理”。在此之后，张杓、潜说友等杭州官员对西湖进行了规模不等的治理，这种情况一直到元兵攻占临安城才随着南宋的灭亡而停止。

无论从其景观特色，还是从其社会意义来看，南宋均可以说是中国古代公共游览区开拓发展的一个典范。据宋人周密所著的《武林旧事》记载，当时主要有以下几条旅游线路：[①]

(1) 南山路一线自丰乐楼南，至暗门、钱湖门外，入赤山烟霞屋止。南高峰方家峪、大小麦岭并附于此，共有景点169处。其中有堂有祠，有园有洞，有寺有庵，著名的有雷峰显严院、净慈寺、石屋洞、水乐洞、烟霞洞、慈云岭、龙井、聚景园、卢园等。

(2) 西湖三堤路一线包括苏堤自南新路直至北新路口，小新堤自曲院至马蝗桥，共26处，包括苏堤六桥和湖山堂、三贤堂、裴园、史园等园堂建筑。

(3) 孤山路一线共9处景点，西泠桥、断桥、孤山及四面堂等都在其内。

(4) 北山路一线北山线共包括111处景点，园、楼、观、堂、院、庵都有，至今犹存的只剩玉泉净空院。

(5) 葛岭路一线48处景点，包括石函桥、放生亭、葛岭、保俶塔、崇寿寺以及众多小型园林。

(6) 北新路一线包括岳王墓、福寿院等7处景点。

(7) 小石板巷一线包括景点19处。

(8) 石狮子路一线共37处景点，著名的有灵隐寺、武林山、北高峰塔、韬光庵观风亭等。

(9) 西溪路一线包括永清寺、大明寺、白云峰、双桧峰等18处景点。

大量的景点为西湖旅游创造了绝佳的条件，使得西湖不但成为了杭州城市的审美中心，还成为了市民的文化休闲中心、文人士大夫精神自由的空间以及香客拜佛的圣地。随着城市经济迅速发展，宋代社会已经发生了巨大的变化，市民文化的蓬勃兴起，使得西湖公共游览的发展实现了新的飞跃。杭州西湖的自然景观、园林建筑，以及其宏大的规模，在当时的国内甚至世界上也是罕见的。它的平民化和它的综合性，更使其真正成为适应于社会各个阶层休闲、娱乐的开放性公共空间，从而具有了比以往的公共游览地更加丰富的社会经济功能，堪称中国古代公共游览发展的典范。[②]

---

① 周密. 武林旧事. 杭州：浙江人民出版社，1984.

② 李亚. 中国古代公共游览的典范——论南宋西湖的景观功能与社会意义. 中国园林，2004(3).

三、"西湖亡国论"及其抗争

"欲把西湖比西子，淡妆浓抹总相宜。"苏轼对于西湖的比喻可谓恰如其分。两宋时期的杭州就像是一位貌如西施的美艳女子，而西湖则是她清澈动人的"眉眼"。如果说西施的罪过是迷惑了国君夫差一人，而一人足以亡家亡国，那么西湖的罪过则是使得整个南宋为之狂热，或许也正是这种狂热使得大宋王朝国运日衰，终于灭亡。南宋灭亡后，这种"女祸论"的观点在整个元代都十分盛行，以至于终元之世，历代政府官员都疏于西湖的治理维护，任由周边居民随意侵占，任由芦苇葑草任意繁殖。于是，西湖迅速沼泽化，以至于"苏堤以西高者为田，低者为荡，阡陌纵横，尽为桑田，苏堤以东湖水仅留一线"，而民谣也略显苦涩地传唱道："十里湖光十里笆。"这位"惑国妖女"似乎已将眼泪流尽，而她那明澈的双眸也似乎难逃失明的厄运了。

元朝作为一个北方游牧民族建立的少数民族政权，似乎并不能很好地实现对它那辽阔疆土的有效控制，以至于不到百年便分崩离析，被汉族农民军推翻，退回到生育养育他们的漠北草原。然而，继之而兴的明朝似乎也未能立刻从"西湖亡国论"的诅咒中走出，明朝前期的西湖继续着与元朝时候同样的沼泽化命运，这位因误食"毒苹果"而长眠不醒的美丽公主似乎在等待一位风度翩翩的意中人的出现，而他的出现将会赋予西子湖一次觉醒与新生。

这位西湖新的守护神就是杨孟瑛。弘治十六年(1503)，杨孟瑛出任杭州知府。与前两位因浚治西湖而名留三贤堂的杭州官员白居易和苏轼惊人相似的是，他来到任上的当年，杭州正逢夏秋两季连续的干旱。百姓田地中无水灌溉，苦不堪言，议论纷纷。与白、苏两人相同，杨孟瑛也想到了她——西湖。不过，那时候的西湖已面目全非，一百余年的围垦与沼泽化已使得湖面的十分之九化为桑田、夷为平地。据吴农祥《西湖水利考》记载：

> 西湖自宋亡后，历元入明，官无厉禁，为官民、寺观侵占。苏堤迤西，直抵西山之麓，尽成桑田。仅留六小港，以行缺瓜舟子。其酒船无论矣。里湖稍僻，皆成私居。外湖则自苏堤北第一桥迤东，沿西泠桥、孤山，沿城而南抵南屏，为池荡、田庐。弥望湖身窄小，昔称外湖南北十里，今五里而近焉。(吴农祥《西湖水利考》)

这样的迫切形势似乎宣示着一个我们看来不言自明的道理：西湖必须进行

大规模的整治才行。然而，当时的事实却是，杨孟瑛重新修浚西湖的想法面临着极大的阻力与重重的质疑。按照吴农祥的说法，阻力主要有三点：第一，“积习之难拔”，当时湖面上已经有了大片开垦多年的农田，政府早已对这些农田课以田租，意味着其合法性已经得到了国家的认可，产权也有了法律上的保护。要浚治西湖，就要退耕还湖，就要收回这些已经被耕种数代的田地，自然免不了受到百姓的反对。第二，“国赋之难除”，东南地区向来是朝廷赋税的重要来源地，国家对于这项财政收入的依赖程度是十分巨大的，何况明王朝中期已然暴露出了诸多的财政问题。因此，想要在这时改耕地为湖泊，就极易给人不实用、影响赋税收入的感觉。第三，“国费之难供”，即这项巨大的工程必然耗费巨大的人力财力，这对于国库财力又是一个很大的挑战。简而言之，西湖的治理面临的难题是来自多方面的，不但政府官员难以说服，人民群众也难于安抚。更重要的是，明朝地方官员的行政权力已经远不及以往，白居易浚治西湖甚至不必报中央政府审批，苏轼治理西湖也是直接上书宋哲宗太后，很快得到政府的批准与支持，而杨孟瑛面对的是一个层层上报、级级审批的烦琐行政手续，这一过程必然意见纷纭、争论不休。以不及唐宋时代的行政权力，完成一项工程量远远大于唐宋时代的巨大工程，杨孟瑛的处境可想而知。

弘治十八年(1505)，杨孟瑛写下《请开西湖奏议》，上书朝廷，其叙说开湖必要性大略曰：

> 杭州地脉，发自天目，群山飞翥，驻于钱塘。江湖夹挹之间，山停水聚，元气融结，故堪舆之书有云：势来形止，是为全气；形止气蓄，化生万物。又云：外气横形，内气止生。故杭州为人物之都会，财赋之奥区。……若西湖占塞，则形胜破损，生殖不繁。杭城东北二隅，皆凿壕堑，南倚山岭，独城西一隅濒湖为势，殆天堑也。是以涌金门不设月城，实倚外险。若西湖占塞，则塍径绵连，容奸资寇，折冲御侮之便何藉焉。唐宋以来，城中之井皆藉湖水充之，今甘井甚多，固不全仰六井、南井也。然实湖水为之本源，阴相输灌。若西湖占塞，水脉不通，则一城复卤饮矣。……若西湖占塞，则运河枯涩，所谓南柴北米，官商往来，上下阻滞，而闾阎贸易，苦于担负之劳，生计亦窘矣。杭城西南山多田少，谷米蔬蔌之需全赖东北，其上塘濒河田地，自仁和至海宁，何止千顷，皆藉湖水以救亢旱。若西湖占塞，则上塘之民缓急无所仰赖矣。此五者，西湖有无利害明甚。(杨孟瑛《请开西湖奏议》)

在杨孟瑛看来，西湖治理事关杭州的地脉兴旺、人丁繁盛，这是风水意义上的考虑。西湖本身便是杭州城池防御的重要组成部分，是杭州的“天堑”所在，有着军事防御意义。西湖自从唐宋以来就是杭州城中用水的重要来源，尽管当时的地下水已然淡化可以饮用，但是西湖仍然是地下水的重要补给水源，一旦西湖枯涩，地下水必将枯竭无疑。西湖的蓄水功能仍然不能小觑。杭州当时的南北运输、贸易往来多是靠西湖及运河水运，一旦西湖干涸，运河也会干枯，这种便利的交通便不能再发挥重要作用，运输成本将大大提升，这是西湖的交通运输价值所在。另外，西湖对于上塘一带的农业灌溉有着十分重要的意义，是杭州在遭遇旱灾时的水源保障。这五点都雄辩地说明了西湖对于杭州的重要性，成为这项巨大工程成功“上马”的重要保证。

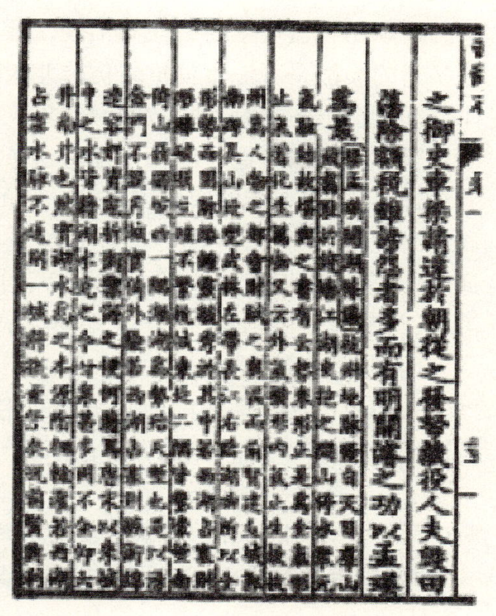

图 1－10　杨孟瑛《请开西湖奏议》书影

事情并不像想象中这样顺利，反对者认为当时的百姓已经在湖边耕种了不知几世几代，他们对于这些田地的所有权是受到国家的认可，不能够轻易剥夺的。如果强制性地开展西湖治理工程，结果必然是悲剧性的，不但百姓的田地将被无情地剥夺，无数的墓葬还要被发掘重埋，这种“千家嗷嗷，哭声振野”的残忍行为，为一方百姓父母的地方官员怎能忍心为之？更重要的是，即便要发挥西湖的蓄水功能，也不必动用如此之多的民众，旁及如此之多的私产，只要将现有的湖在其自身范围内深深挖浚就可以达到同样的目的了。即便是想要游玩，那么苏堤以东的千百顷湖面还不够吗？这样的说法不能说没有说服力，在今天看来，似乎也不失为一种老成持重的“中间路线”。

然而，杨孟瑛的坚决最终使工程得到了工部的批文。正德元年(1506)二月，杨孟瑛动用民工 8000 人开始了西湖治理工程。据《湖成丐文纪迹启》记载，工程从二月初二开始，到六月初十时便已经完成了总工程量的 90%。农忙季节之后，八月十九日再次开工，九月十二日正式完成。整个过程历时 152 天，共用了 670 万个工日，耗费银两 23607 两，拆毁田亩 3481 亩，可谓是前所未有的大工程。经过治理后的西湖，重新拥有了大片的湖面和清澈的湖水，“复唐宋之旧”。这位沉睡已久的美丽公主，终于睁开了她那惺忪的睡眼，重新活生生地呈现在我们面前了！

这项由杨孟瑛主持的西湖治理工程，除了开辟了西湖水面外，还新造、重建了许多新的美丽景观。不但重新仿造北宋苏轼在湖中重建三塔，为后世留下了“三潭印月”的景致，还将湖底挖取的淤泥累筑在苏堤上，从而加高、维护了苏堤。更重要的是“杨公堤”的建造。杨孟瑛建造这条长堤的初衷是在湖面与西山之间划出一条界线，防止西山一带的农人围垦这一带的西湖。他使用苏轼的老办法，利用开挖湖底的淤泥筑在堤上，并模仿苏堤式样在堤上种植柳树。另外，为了保持湖水的畅通，杨孟瑛还在堤上建造了六座石桥，自北向南名为环璧、流金、卧龙、隐秀、景行、浚源，与苏堤六桥相呼应，合称为“西湖十二桥”。

西湖治理工程圆满竣工，为了纪念这次伟大工程，杨孟瑛亲自编写了《浚复西湖录》，将自己在治理西湖期间所写的相关奏议、文章以及各种文告编入其中。宰相谢迁为他题写了《杭州府修复西湖碑》，碑文这样写道：

> 呜呼，其功亦伟矣。夫自白公之后二百年而得文忠，文忠之后四百年而得杨侯，若有待焉。（谢迁《杭州府修复西湖碑》）

田汝成也以相似的口吻评价杨孟瑛浚湖道：

> 盖自乐天之后，二百岁而得子瞻，子瞻之后，四百岁而得温甫。（田汝成《西湖游览志》）

可以说，在西湖的治理史上，白居易、苏轼、杨孟瑛是三位最重要的人物，无怪乎三者与“梅妻鹤子”的林逋一同被奉入“四贤祠”，受大家感怀、纪念了。然而，令人叹惋的是，在杨孟瑛完成这项功在当代、利在千秋的伟大工程后，他的政敌们却仍旧抓住其在治理工程中的“莫须有”问题对他进行恶意攻击、弹劾，而那块由谢迁题写的《杭州府修复西湖碑》又使得他卷入了随后而来的“谢党”案，从此之后，一切官私文书之中便再无杨孟瑛的名字出现了。随着杨公堤的坍塌与西湖一而再地沼泽化，杨孟瑛似乎被湮没在历史长河中，消失在西湖记忆里……

值得一提的是，元明时期的杭州地下水质已逐渐淡化，至杨孟瑛浚湖时，其水已经可以饮用。因此，西湖在人们心中的实用价值已然大不如前。这时候的西湖，承载着南宋亡国的惨痛教训与黍离之悲，被附着上了一道难以破除的观念上的咒语。人们更多地将她看作是一道美丽的风景线，是杭州的“眉目”。正是由于这个原因，两宋人精心地维护她、怜爱她；也正是由于这个原因，元代及明初期的人们冷漠地唾弃她、鄙夷她。人们前后态度的巨大反差令人惊诧，而其背后隐约可见的是那个作为“蓄水池”的西湖的退隐与作为杭州“眉目”的西湖的出场。事实上，即便是始终不治西湖的元代，也是最早提出“钱塘十景”的时候，官方的矜持又怎能压抑住民间不绝如缕的游观热情呢？

杨孟瑛之后，明代在西湖的治理上最有影响的要数明神宗时候的司礼太监孙隆了。这位贪婪凶残的江南制造局领导，曾经激起苏州市民的强烈反抗；但也就是这位让人不喜欢的大太监，重新修筑了白沙堤，对西湖景致有着重要贡献，被张岱说成是“其功不在苏学士之下”。孙隆所整修后的白沙堤，是张岱心中萦绕的西湖梦，他以清新淡雅的笔调这样描绘道：

> 十锦塘，一名孙堤，在断桥下。司礼太监孙隆于万历十七年修筑。堤阔二丈，遍植桃柳，一如苏堤。岁月既多，树皆合抱。行其下者，枝叶扶苏，漏下月光，碎如残雪。意向言断桥残雪，或言月影也。苏堤离城远，为清波孔道，行旅甚稀。孙堤直达西泠，车马游人，往来如织。兼以西湖光艳，十里荷香，如入山阴道上，使人应接不暇。湖船小者，可入里湖，大者缘堤倚徙，由锦带桥循至望湖亭，亭在十锦塘之尽。渐近孤山，湖面宽敞。孙东瀛修葺华丽，增筑露台，可风可月，兼可肆筵设席。笙歌剧戏，无日无之。今改作龙王堂，旁缀数楹，咽塞离披，旧景尽失。再去，则孙太监生祠，背山面湖，颇极壮丽。近为卢太监舍以供佛，改名卢舍庵，而以孙东瀛像置之佛龛之后。孙太监以数十万金钱装塑西湖，其功不在苏学士之下，乃使其遗像不得一见湖光山色，幽囚面壁，见之大为鲠闷。[①]

张岱笔下的孙堤树木合抱，宛如一条桃柳组成的绿色长廊。夜晚时走在长廊下，看着借由枝叶映照而下的如霜似雪一般的月光，诗人不禁怀疑所谓的“断桥残雪”就是说这皎洁清绝的月光哩！游客可以顺着这长长的堤坝欣赏潋滟湖光与十里荷香，若乘小船，还可以穿过石桥到里湖一游，别有一番情致。由于孙隆对长堤的修葺极为奢华壮观，堤上便不仅仅是风月之地，还可以在欣赏美景的同时享受高朋满座，在觥筹交错中享受筵饮之乐。与我们熟悉的张岱的其他描述一样，他再次向我们提出这只是一个记忆中的西湖之梦，现在的景象已经全然失去了原有的意境，而人们对于孙隆的纪念也怕是会让这位爱好美景的大太监深感懑闷了。

张岱笔下的西湖现实是那样萧条悲凉，然而这一切被一位伟大君主的大驾光临所改变了。康熙二十八年(1689)，清圣祖爱新觉罗・玄烨首次南巡到杭州。这

---

① 张岱.西湖梦寻.北京：北京出版社，2004：9.

图 1－11　乾隆南巡图

位雄姿英发、天才绝伦的英明帝王告诫地方官员，应当做像苏轼那样的好官，为民父母，以开浚西湖、灌溉良田为己任。之后，康熙又四次来杭，乾隆也一共六次临幸杭州。皇帝的亲临与指示引起了地方官员的高度重视，不但对西湖进行浚治，还营造了孤山的行宫，疏通了涌金门以待御舟使用。纵观清代，大小浚湖共有十一次，远远超过了北宋的三次、南宋的八次和明代的七次。比较有名的是雍正时期的觉罗满保、黄叔琳、李卫，乾隆年间的杨廷璋，嘉庆年间的阮元、颜检与道光年间的刘彬士。浚湖工作受到君主的重视与指示，多由巡抚一级的地方大员主持，权责明确、经费充足，并且有常规化、制度化的倾向。

清代治理西湖虽然次数不少，但是真正对于现代西湖景观形成有重要意义的要数嘉庆时期阮元(1764—1849)对西湖的治理。阮元，江苏仪征人，字伯元，号芸台、雷塘庵主，晚号怡性老人，谥号“文达”，清代嘉庆、道光间名臣。他是著作家、刊刻家、思想家，在经史、数学、天算、舆地、编纂、金石、校勘等方面都有着非常高的造诣，被尊为一代文宗。他在嘉庆四年(1799)至十年(1805)、十二年(1807)至十四年(1809)两次任浙江巡抚。在这两次共长达八年的任期中，阮元为杭州留下了许多至今令人怀念的东西，而对西湖的治理便是其中之一。与前人相似，阮元的治理工作以深挖湖底淤泥为工程的主体，兼及闸门的修造。于是，阮元也就遇到了与前人相似的问题：被挖出的湖底淤泥如何处理。苏东坡用它们筑成了苏堤，杨孟瑛将它们筑成了杨公堤，是不是还要再筑一条新的长堤呢？任何西湖景观的建造即便是天才幻想的实践，也不得不屈从于一定的实用性说教，苏轼与杨孟瑛正是将天才的设计与实用价值紧密结合才有了二堤的修造。阮元的想法是将淤泥直接堆砌在湖中，形成一个人工小岛，以供游人停舟泊船之用。于是就有了阮公墩的修建。阮元在这座湖中小岛上遍栽芙蓉,花开时候烂漫如锦,映在水中与碧波相互辉映,美不胜收。又因为不在上面修葺任何建筑,所以草树茂盛,引来无数水鸟。就像阮元为整治后的"平湖秋月"所题写的对联:"胜地重新,在红藕花中,绿杨荫里;清游自昔,看长天一色,朗月当空。"至此,现在可看到的西湖景观"一湖两塔三岛三堤"的格局大致形成。

另外很有借鉴意义的是道光年间的西湖治理工程。道光九年(1829)至道光二十三年(1843),清政府开始了一次持续时间最长的西湖治理工程,这期间的杭州主政官员更换了数次,但是治理一直保持着较为正常的秩序与进度,从未间断。这项工程的最初策划者是刘彬士。道光九年,刘彬士出任浙江巡抚,杭州的缙绅们向他呈递了自己拟制的《岁浚西湖章程十二条》,希望这位雷厉风行、敢于担当的新到父母官予以批准。刘彬士经过详细调查研究认为这种方案可行,于是,西湖治理历史上第一个非政府组织——西湖岁浚局成立了。当时由王锡出任董事,魏彭年、钱廷薰任副董事,对每年的西湖治理工程进行策划主持。这一组织的浚湖经费来自前任浙江巡抚帅承瀛的私人捐助,组织成员由大家推选产生,从事的是非营利性的公共事业,为杭州人民提供公共产品,已经具备现代意义上的 NGO 性质。在刘彬士看来,借助这样的组织进行西湖的治理有着五点好处:

> 西湖屡次大挑,辄靡费数万金,而程功太速,旋挑旋淤。今输息有额,按季领银修浚,以渐以恒,无卤莽之弊,其善一也;海宁钱塘向有租息数百金为修湖费,而官支官办,辄以具文塞责,今选举董事经理,不假吏胥,无侵扣之弊,其善二也;董事贤否,地方官未必深知,今由绅宦公举,可期得人无滥充之弊,其善三也;以本籍之人兴本籍之利,或效或不效,必畏月旦公评,无废弛之弊,其善四也;每岁孟春,绅宦公集苏白二公祠,清厘支存款目,无猜疑之弊,其善五也。(刘彬士《岁浚西湖章程十二条》)

在刘彬士看来,西湖每次治理都花费巨大,动辄耗费数万金,然而却因为工程大多比较仓促,所以每次治理之后很快就淤积,又需要展开新的治理工程。这次治理按季节领银子修浚,逐渐清理淤积、持之以恒,不会像以往那样急功近利、失于鲁莽。其次,使用海宁钱塘的田税作为修护费用,并选举董事经理,不经过官员之手,既不会出现以往常官吏互相推卸责任的情况,也不会被层层官员盘剥掉,这样就最大程度地利用了西湖治理经费。再次,地方官员大都是外地调任,对于主持西湖治理工作的董事是否贤能并没有足够的了解,让当地的绅士、官宦一起选举,就能得到有能力且服众的干练之才,减少用人失察、人浮于事的情况。再次,用当地人主持西湖治理，该人受到大家舆论的监督，一定会用心办事。最后，每年的春季在苏白两位先贤的祠堂中讨论商议当年浚湖的预算决算，项目的费用使用是透明的，不会引起大家的猜疑。

经过实践中的反复讨论，西湖岁浚局的董事王锡又提出了较前面章程更为细致的《续陈西湖岁浚规则十二条》。在这些章程的指导下，道光年间的这次浚湖工程一步步地前进着，而工程进展中出现的种种新问题也不断得到广泛的讨论与反思，完善着、补充着新章程的内容。这次的西湖治理工程之所以取得良好的成绩，自然是与这种先进的、合理的组织运行体制分不开的。

随着古老的中国被拖入三千年未有的大变局中，中国人民开始了现代化的苦苦探索，自然也就无暇顾及西湖治理了。从同治年间到新中国建立，西湖一直没有得到及时有效的清理，以至于淤积十分严重，西湖似乎又进入了一个没落衰微的时代。

第二节　西湖综合保护工程与历史文化遗产的维护

西湖综合保护工程从 2001 年下半年开始，按照“申遗”目标，以西湖核心景区为重点，涉及生态保护、环境美化、文脉延续、景观修复、水质治理、建筑整治等多方面内容，对西湖的“东南西北中”进行了全方位保护和整治。工程的目标是通过数年努力，在充分保护西湖原有风貌和还原历史真实性、完整性的基础上，把西湖风景名胜区打造成为自然景观优美、人文景观丰富、服务设施一流、交通便捷通畅、环境整洁卫生、管理科学合理的世界级旅游景区，由此来提升杭州城市的知名度和美誉度，增强杭州旅游业的核心竞争力，提高城市的综合竞争力，加快现代化国际风景旅游城市建设步伐。

综合保护的主要内容有：西湖南线建设；杨公堤景区、湖滨新景区、梅家坞茶文化村“三大景区”建设工程；西湖风景名胜区十五景建设；西湖两堤三岛、龙井茶文化景区、西湖博物馆八大项目建设；灵隐景区综合整治、吴山景区环境整治工程；慧因高丽寺恢复、南宋官窑博物馆扩建、八卦田遗址保护、虎跑公园保护整治、虎跑路沿线及满觉陇村整治等七大项目；九溪—杨梅岭综合整治、杭州孔庙复建、玉皇山南综合保护、西湖夜景亮灯优化、吴山景区综合整治工程三期、“梅坞春早”综合整治、南山“景中村”综合整治等八大项目。[①]

---

① 西湖综合保护工程简介．杭州科技，2009(1)．

一、新中国西湖保护与治理概述

1949年，新中国成立，中国历史进入了一个新时代。这时的西湖已经很久没有得到修缮了，湖底淤泥沉积严重，湖水深度不及0.55米，蓄水量不足300万立方米。大型船只在其中已经不能自由行驶，而必须按照几条规划好的不易搁浅的航道游行。西湖的西南部葑草丛生，已经是一片沼泽。而众多的景观也不再向游客开放，一片萧条破败景象。同新中国的其他各项建设一样，西湖的治理修浚也是百废待兴。

需要说明的是，近现代的西湖，已经完全丧失了蓄水池的功能，杭州的生产生活用水已经不再依靠西湖。然而，西湖经过两千年的历史，已经成为杭州的“眉目”、象征、名片，她的存在与杭州密不可分。因此，作为一个历史悠久的美丽自然景观和历史文化景观，西湖仍然需要被疏浚以维持其生命力。

20世纪50年代，开始了第一次大规模的西湖治理。早在1950年，西湖治理就已经纳入杭州城市建设的项目之一，列入了国家投资计划。1951年，西湖疏浚整治被列为国家城市基本建设项目，杭州市人民政府也设立了疏浚西湖工程处作为全面疏浚整治西湖的专门管理机构。1952年，杭州市政府开始了这项工程，采用“以工代赈”的方式，调集失业工人800余人组建了一支西湖疏浚施工队，开始了西湖治理工作。这次的工程采用了链斗式挖泥船，基本上“实现了挖泥船挖泥—泥驳运泥—拖轮拖带泥驳到近岸停泊的吹泥船旁—将淤泥加水成为泥浆后吹送—经输泥管道排入推土区的全程机械化操作”①，从而基本上结束了纯人工治理西湖的历史。这次的工程历时八年，总共投资454万元，开挖湖泥720多万方。疏浚后的西湖平均水深1.88米，最深处2.6米，蓄水量增加了1.5倍。同时开展的大规模绿化活动，在1950—1957年间共植树造林1956万棵，基本上完成了西湖周边的绿化任务。到了1957年工程结束时，开放的西湖风景名胜已有30多处，游览面积比原来大了86%。

在1958—1965年间，“大跃进”、经济困难使得西湖治理受到了较大的影响和制约，但仍然有着不可忽视的成效。如初步完成了柳浪闻莺公园的扩建，启动了花港观鱼二期工程，改造了三潭印月、孤山、平湖秋月、玉泉等多个景区，建成了西山花圃，等等。然而，随后而来的“文化大革命”使得西湖遭到了一场浩劫，文物古迹被当作封建迷信受到破坏，花草树木被当作修正主义大遭摧残。直到1971年西哈

① 张建庭.碧波盈盈——杭州西湖水域的综合保护与整治.杭州：杭州出版社，2003：61.

努克等国家元首来访，西湖治理工程才得以重新启动。1976年，第二次大规模疏浚西湖的计划制订完成并开始筹备工作，经过两年的准备于1978年正式动工。在这两年的准备期间，西湖的治理工作也没有停止，国家投资了200余万元，完成了环湖截污纳管和西湖驳坎工程。第二次西湖治理工程前后持续了5年时间，清除淤泥18.84万立方米，使得湖水深度再次上升到1.5米以上。1985—1987年，西湖引水工程完成。这一系列的工程都为第三次的西湖综合治理工程打下了坚实的基础。

第三次西湖治理工程于1999年12月正式动工，2002年底阶段性完成。按照王国平同志在2002年11月15日《市委办通报》上的总结，这项工程的主要内容有：对西湖游船进行了改造，淘汰了柴油、汽油机动船；增植了荷花；建立了湖面垃圾清运队；改善了西湖养殖鱼品种结构；全面清理了西湖风景区内的墓葬；拆除了近20万平方米的危旧建筑，加强了水质监测工作；基本堵住了西湖水污染源头。环湖公园建设方面，先后拆除了大华饭店的围墙、部分楼房和浙江中医院职工住宅，全部辟为游船码头和公园，并新建改建了曲院风荷公园、儿童公园、长桥公园。对圣塘路沿湖地区、少年宫南侧原望湖楼地区、岳庙前湖口地区和孤山等五个景区进行改造，并将少年宫广场改建为绿化广场，新增环湖绿地5.84公顷，西湖东北和西北角的景观面貌有了明显改观。新景点建设方面，先后新建了太子湾公园、少儿公园和老年公园、“灵山探梅”等景区，建成开放了吴山城隍阁景区和胡雪岩故居，评选出了虎跑梦泉、龙井问茶等“新西湖十景”。西湖环湖南线景区建设方面，雷峰塔、钱王祠、万松书院等已经建成开放，重现了“雷峰夕照”的盛景，补齐了“西湖十景”，再现了“一湖映双塔”的风貌。老景点改造方面，六和塔景区改造成六和文化公园，充实了景区的文化内涵；完成花圃、玉泉景点和黄龙景区的改造扩建工程，同时修复开放了郭庄等私家花园。文物古迹的利用方面，对岳王庙、六和塔、灵隐寺、保俶塔等进行了全面整修，对白塔等30多处文物进行了维护保养。展馆建设方面，先后建成开放了中国丝绸、中药、茶叶、官窑、印学等五大国家级博物馆和浙江辛亥革命纪念馆、杭州历史博物馆，还有章太炎、马一浮、李叔同、苏东坡等纪念馆，以及张苍水祠、于谦祠、云松书舍等。西湖管理方面，建立了西湖风景区建设项目审批联席会议制度，成立了专业执法队伍，清理整顿了风景区内的商业网点，依法加大对景区内违法毁绿、违法建设等的查处力度。

新中国的西湖治理与保护虽然取得了很大成绩，但是也存在着许许多多的问题，亟待新世纪的西湖综合保护工程解决。

（一）管理体制不顺。2002年以前，西湖风景名胜区的60平方千米，分别属于四个城区行政辖区的一部分，而市园文局作为西湖景区的主管部门却无权指挥协调景区内的街道和农村。这就导致在执法、规划建设、环境卫生、商业网点、农居人口管理等方面多头管理、条块分割、政出多门、职能交叉、权限分散，严重影响了管理效率，增加了管理成本。风景名胜区亟须由一个强有力的、统一的管理机构实施统一管理。[①]

（二）景区城市化现象严重，功能分布不够合理。西湖风景名胜区土地组成中平坦土地仅占23%左右，其余为山林和水系，土地的珍稀性十分明显，但在西湖风景名胜区最宝贵的约13平方千米的平坦土地中，与风景名胜无关的机关企事业及文教卫生单位却有百余家、居住人口近6万人，单位、居住用地侵占风景资源的现象时有发生。综合保护工程实施前，仅湖西区域就汇聚了乡镇企业60多家，常住人口4915人，非常住人口近5000人。过多的单位和居住人口造成景区人口饱和膨胀、景区建筑过密，直接损害风景名胜区土地资源的合理利用和可持续发展的能力。2001年以前的4年，西湖风景区内每年的建设项目均超过10个，景区建筑总量平均每年新增138万平方米，大量土地被侵占，区内人口机械增长很快。[②]

（三）环湖沿线仍未完全打通。西湖是人民的西湖、游客的西湖。还湖于民是广大市民群众和中外游客的迫切愿望。新中国成立以后，虽然西湖环湖已经打通了很大面积，但由于种种原因，仍有一些环湖地区还未打通。中外游客期待已久的环湖旅行尚不能展开。[③]

（四）基础设施不完善直接影响西湖水质和景区环境质量。西湖是一个潟湖，西部流向湖中的4条主要溪流是湖水的主要来源。但是由于基础设施不配套，这4条主要溪流却被当地居民当成生活、生产水源，大量开采使用地下水，生产、生活污水直接排入溪涧，流入湖中。这些人为因素使西湖所担负的生态负荷达到了极限。近几年，西湖虽经彻底疏浚，但由于污染不断，致使湖水透明度仍很低，总磷、总氮等关键指标超标，达不到风景湖泊三类水体的要求。西湖周边废弃的农田、鱼塘，废弃闲置的民房、厂房，临时搭建及随意堆砌的生活设施成为影响西湖水质的污染源，对整体景观造成极大的破坏。另外，片面满足交通需求而把停车场、道路盲目

---

① 杨小茹．自然与人文的交融——探索杭州西湖风景名胜区可持续发展的保护整治之路．中国园林，2008(3)．

② 张建庭．改善环境　传承文脉　还湖于民——关于杭州西湖综合保护工程的思考．现代城市，2008(3)．

③ 张建庭．改善环境　传承文脉　还湖于民——关于杭州西湖综合保护工程的思考．现代城市，2008(3)．

引入风景核心景区，加重了景区的环境压力。①

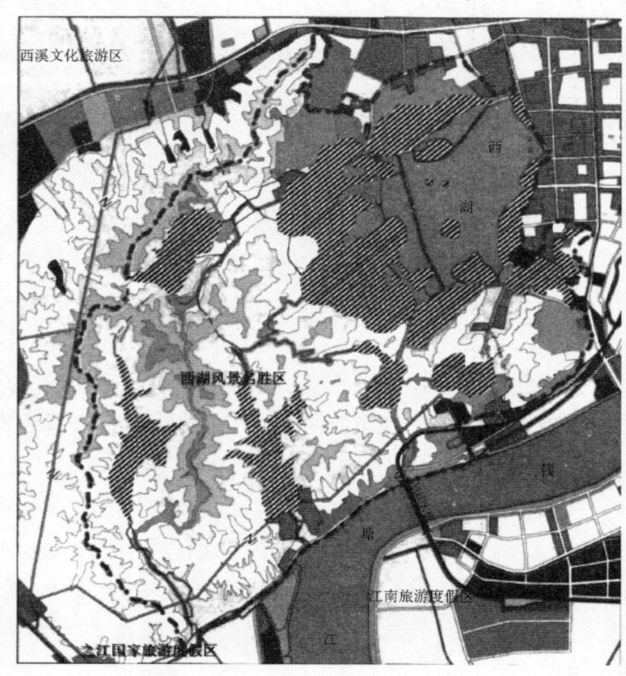

图 1－12　杭州西湖综合保护工程范围示意图

针对以上问题，王国平同志指出，“新杭州”将要从“西湖时代”迈向“钱塘江时代”，走出一条“保老城、建新城”的“双赢”路子，通过推动城市建设重心向钱塘江两岸转移，从而腾出更多空间，降低老城区的人口密度和建筑密度，以更好地保护西湖，保护西湖风景名胜区，让西湖更加秀美、更加靓丽。西湖综合保护工程的目标是形成“东热南旺西幽北雅中靓”的西湖新格局，把西湖风景名胜区打造成为自然景观优美、人文景观丰富、服务设施一流、交通便捷通畅、环境整洁卫生、管理科学合理的世界级旅游景区，成为世界文化遗产。所谓“东热”就是通过整治和改造，使湖滨路成为融旅游、购物和休闲为一体，充满活力的旅游商贸特色街区，成为城湖完美结合的新湖滨公园。所谓“南旺”就是通过资源整合，把环湖南线打造成一条文化廊道、景观廊道，成为中外游客首选的新南线景区。所谓“西幽”就是通过西湖西进，再造一个体现生态、充满野趣的西湖新景区。所谓“北雅”就是通过保护和改

① 杨小茹. 自然与人文的交融——探索杭州西湖风景名胜区可持续发展的保护整治之路. 中国园林，2008(3).

造，使北山路成为品味高雅和特色精致的宝石花园。所谓“中靓”就是通过整治三潭印月、湖心亭、阮公墩、苏堤、白堤和恢复杨公堤，使“三岛三堤”这一西湖瑰宝更加完美靓丽。

2004 年 12 月 24 日，杭州市委八次全会闭幕，王国平同志在会上简要回顾了西湖综合治理工程，认为“东热南旺西幽北雅中靓”已基本形成。西湖综合保护工程不但对于西湖的生态环境给予了足够的尊重与保护，满足了游客和居民的不同需求，还注意继承历史文化元素并将之融入杭州城市新形象中。2011 年 6 月 24 日，从法国巴黎传来捷报：在此间举行的联合国教科文组织第 35 届世界遗产委员会会议上，中国申报的世界文化遗产项目“杭州西湖文化景观”顺利通过审议，成功登录《世界遗产名录》，成为我国第 29 项世界文化遗产。新杭州的“西湖梦”终于梦想成真！西湖综合保护工程取得了经济效益、环境效益、社会效益，其开创的“西湖模式”至今仍为许多城市广为借鉴。

二、新湖滨景区景观意象形态的建构

美国城市设计家巴奈特(J. Barnett)认为，一个城市并不是以一张 20 年的远景蓝图设计而成的，而是一个连续的决策过程(Decision-Making Process)，日复一日地进行着。“城市工作者与其提供一个看似完成的设计方案或是政策主张，不如去立下一些能促使城市成型的重要决策规范。这些规范可以透过一个执行的架构之内，依时间及需求的改变而修正。”景观意象形态概念的提出正是这样的一种尝试，它是界定城市特色的元素并将其整合为城市景观布局提供构思的依据。[①] 城市景观意象形态的建构着力于建立表象化的城市，通过外部环境运作，引导和发展人们的城市环境印象，从整体上把握城市的骨架、面貌和个性，建立确实可为公众所感知的意象性城市景观形态。[②] 杭州既是一个现代化大都市，又是一个历史悠久的旅游型城市。因此，从某种意义上说，杭州现代化城市形象的建构就是其景区形象的建构，唯有在景区意象形态的建构中充分协调传统与现代、商业与旅游、水面与陆地等关系，才能将一个完整的美丽杭州形象展现出来。这种城市设计理念在新湖滨景区的建设上有着充分体现。

原湖滨公园是濒湖六座公园的总称，面积 5.8 公顷。这一带在清朝曾是八旗驻防营城墙基地。1913 年，浙江省民政长褚辅成主持拆除钱塘门至涌金门间城垣

---

① 刘怡，王曦. 城市意象——一种致力于创造城市特色的城市设计方法. 青岛建筑工程学报，2004(1).

② 张海燕. 杭州湖滨街区的环境景观研究. 浙江大学硕士学位论文，2005.

与旗营，修筑湖滨路，开辟新市场，彻底结束西湖与杭州城区被城墙分割的历史；并沿西湖建设了五个公园，设游步道，置灯柱与外铁索栏杆，修筑三处游船埠头。1927年再次改建一至五公园，铺设园路、花坛，栽植芝草花木，置水泥灯柱与铁链护栏，装配乳白色灯罩，加设座椅。1929—1930年间又修建了六公园。至此，湖滨一带六座公园的景观规模正式形成。

当时六座公园之间建有雕塑纪念物作为分隔标志。一公园教仁街口为炸弹模型，二公园仁和路口为北伐阵亡将士纪念塔，三公园英士街(今平海路)口，为辛亥革命元老陈士英跃马横刀铜像，四公园学士路口，为八十八师和十九路军淞沪抗日阵亡将士纪念塔。新中国成立后，这些建筑大都被拆除，取代它们的是中国人民志愿军战士铜像等。一公园邮电路口与南山路口一段，1949年前筑有围墙，内为民众教育馆，设有图书馆、补习班、球场与美琪电影院。1950年后，此处相继为浙江省级机关幼儿园、大华饭店分部、杭州市司法局等单位使用。1976年拆除围墙，改墙址为公园绿地，进而配置花木，铺设花坛，建一公园游船埠头，增添服务设施。六公园北缘圣塘闸一段滨湖地带，面积近1.96公顷，游客一直不能入内。1984年，动迁所有机关和住宅，添建花架，砌筑湖坎，装配栏杆，铺装地坪，拓宽园路，配置花木等，建成公园。1988年继续该地段工程，完成规划中"湖畔居"及其以南一带建筑改造和环境布置，并于同年开放游览。至此，整个湖滨地区改造基本完成。20世纪90年代中期，曾对湖滨的铺装地进行了改造，地面改为花岗岩铺装，并设花坛座凳，湖滨地带焕然一新。

湖滨街区是杭城唯一邻近西湖风景区的商业区，也是传统旅游区域。这两种交织在一起的定位使得湖滨景区在土地使用上有着鲜明的区域景观特色：一方面，商业与景观相结合，建设"游憩商业区"，其消费氛围和体验质量与单一功能商圈相比完全不同；另一方面，利用湖滨地带浓郁的休闲氛围开发休闲娱乐业以及与休闲相结合的餐饮、购物环境，建设湖滨商贸旅游休闲特色街区。这一切都为游客融情于景、增强体验度与认同感提供了有利条件。王国平同志在2002年7月15日召开的湖滨地区城市设计及建筑设计方案汇报会上指出，湖滨旅游商贸特色街区是西湖综合保护工程的重要组成部分，是"西湖的大门"和"城市的客厅"。要把新湖滨建设好，特别要注意"三个结合"：历史与现代的柔性结合、交通功能与旅游商贸功能的有机结合、城市与西湖的完美结合。切实做到"五个坚持"：一是坚持保护第一，二是坚持生态优先，三是坚持亲水亲民，四是坚持好中求快，五是坚持建设资金自求平衡。这样的建设方针不但使得原有建筑尽量多地保存下来，还降低了建筑密度和人口密度，为游客提供了更多更大的空间。这个方案可以说是奠定了新湖滨景区建设的基调。2002年8月20日，湖滨路改造总体方案最终敲定，进一步明确了湖滨路的定位，即以旅游休闲为主、交通为辅，要求按照环境影响最小、施工时间最短、投资金额最省的原则，加快新湖滨景区建设步伐，力求做到少花钱、多办事、办好事。

经过一年的建设，新湖滨景区在2003年国庆之前完成建设，正式开放。新建成的湖滨步行街修旧如旧，保存了浓密的香樟、婀娜的垂柳、高大的梧桐，也留下了湖畔居、玉壶春茶楼、青砖房、骑楼等风景建筑，给人以似曾相识的感觉。然而，如果在新湖滨景区漫步赏玩，你会很快发现更多新造景观，它们已然成为西湖游客的新宠。

图1-13　音乐喷泉

例如"音乐喷泉"。在邻近湖滨三公园的水面处，有一块白天隐藏在脉脉湖水中而夜间忽现在斑斓色彩里的西湖新景观，这就是"音乐喷泉"。它耗资2000多万元，所采用的电脑控制技术在国际上也属先进水平。每当表演时，"音乐喷泉"的整套设备就会在水压的控制下缓缓升至邻近水面处，控制室的音乐一响，强大的水柱就破湖面而出，喷嘴能作360度的旋转，电脑灯也可以变换多种颜色，喷出连绵几百米的喷泉水柱，并且能随着音乐节拍不断变换，时而婀娜多姿，时而奔放不拘，曼妙而又壮观，婉约而又豪情，在五彩的激光中变换出梦幻般的造型与色彩。

新湖滨景区中有一批见证着西湖历史的新雕塑，如李泌引水纪念标志、送别白居易群塑、马可波罗雕像、志愿军雕塑、淞沪战役阵亡将士纪念碑等。这些塑像或是杭州曾经的贤良长官，或是不远万里来杭探险游历并将杭州带出中国国门的历险家，或是为了保护杭城而浴血奋战的英勇将士，或是为杭州解放建立不朽功勋的革命者。他们的身姿背后是一幅宏阔的历史画卷，是一首杭城人民用心谱写的深情赞歌。

图 1－14　新湖滨景区群塑

值得一提的是，新湖滨景区还建造了不少旧有的人文历史景观。如圣塘闸是西湖“石函三闸”之一，始建于南宋咸淳六年(1270)，开始叫作九曲昭庆桥，明代又称溜水桥，桥下设闸，视西湖水之盈缩启闭。原通九曲下湖，后入新河。与北侧石函闸和中龙闸并为三闸。民国元年，拆除沿西湖城墙时，将钱塘门外的水城门改建为现在的圣塘闸。1950 年，圣塘闸木制闸门改为铁门，泄水口改建成混凝土暗渠。1984 年，圣塘闸由人力启动改为电力启动，上建圣塘闸亭，亭内现有白居易著名的《钱塘湖石记》。再如风波亭。岳飞幼女银瓶因其父兄被冤杀后上诉被阻，愤而投井殉身，于是便有了银瓶井的名称。民国时候，这里是浙江省陆军监狱，当时大门前有石桥一座，刻有“风波桥”三字。为了纪念岳飞这位抗金名将，按照宋代风格在原址附近恢复了风波亭，并且重建了桥、井等历史遗迹。如今，树木掩映中的风波亭，仍然不免令游人驻足长叹，而那个千古奇冤的英雄悲歌，也不断在一次次长者对孩子们的讲述当中被追忆。又如清旗营与教场路。湖滨景区东侧的区域就是原来清旗下营。辛亥革命后，杭州城墙、城门陆续拆除，这里变成了一个大市场。教场路在宋代是景灵宫及钱塘县县治所在地，元代时改为教场，民国时期修建了现代意义上的道路。新修的教场路基本上保留了原有的格局走向，并且设计了表现清旗营的旗杆、兵器模型和古代城墙标志。现代的游客行走在湖边、路上，会不会恍惚听见那些曾经受到康熙、乾隆皇帝鼓励训诫的旗人兵丁们操练的遥远回音？

三、南线景区整合中的原真性追求与争论

从时间上来说，整个西湖综合治理工程是从南线开始的。2002 年 2 月 20 日，杭州市委、市政府召开了西湖环湖南线景区整合工程动员大会，整合工程全面正式启动。王国平同志在会上做了动员报告，描绘了整合工程的目标，强调要坚持亲民、亲水以及开放性、艺术性、闲适性和公众性原则。柳浪闻莺公园、老年公园、少儿公园、长桥公园等环湖南线四大公园要进行资源整合，打破围墙、拆除栅栏，按照通透和可进入的要求来规划、设计、建设和管理。把环湖南线景区建设成为品位高雅、特色鲜明、内涵丰富、设施一流、秩序井然的新湖滨。他是这样描绘工程结束后的景区变化的：一是西湖水直接引入南线景观带，人们站在南山路上就能一览西湖风光，新湖滨四大公园免费向市民和游客开放，实现“还湖于民”的目标；二是环湖南线新湖滨将与老湖滨，与准备取消的环湖北线孤山公园连成一线，并与同步改造建设的雷峰塔、万松书院、钱王祠、“西湖西进”、净慈禅寺等景点串珠成链，形成与西湖景致相映成趣、相得益彰的环湖景观带，更好地体现杭州“三面云山一面城”的城市特色，真正变西湖旅游“南冷北热”为“南旺北热”。南线景区整合工程中涉及雷峰塔、万松书院、钱王祠等古建筑的重建问题，引发了许多专家学者的争论和广大民众的热议。而久负盛名的雷峰塔则是这一场大讨论的中心与焦点。

杭州西湖景区中有两座南北对照的塔，北面是宝石山上的保俶塔，南面是西湖南岸夕照山上的雷峰塔。然而，两座塔的魅力却迥然不同，据张岱说，“雷峰如老翁，保俶如处子”，一个是饱经风霜的夕阳老人，一个是挺拔英姿的少年才子。其实，两座宝塔同样是在五代十国时期由吴越国建造，因为经历了不同的命运，竟然有了明末到民国时期的“老少之别”。在明代中期，倭寇在东南沿海频繁作乱，所过之处烧杀抢掠、生灵涂炭。倭寇侵入杭州时，由于害怕雷峰塔里面有伏兵，便放火烧毁了塔的檐廊，只剩下了塔的砖体结构，并捣毁了塔顶。而后，明代官员又疑心

这一带的房屋中藏有倭寇，所以将雷峰塔周边的最大寺庙昭庆寺也一并烧掉了。经过这样一场场“出自幻觉”的劫难，雷峰塔变得又老又破，身影歪斜，顶生老树，满目疮痍，岌岌可危。这样的残破景象一经那如血残阳的映照，别有一番悲怆萧条的滋味，“雷峰夕照”之景色由是而生。或许是这样的景象太过凄惨，或许是“夕照”的说法不够吉祥，或许是人们太渴望被欺压在塔下面的白娘子早一点“解放”，1924年9月25日13时40分许，雷峰塔终于倒掉。鲁迅先生一论再论雷峰塔的倒掉，其中寄托着对那个美丽善良女子的同情与认可，也寄托着国人从封建主义压迫中解放出来的热望。不过，倒掉的雷峰塔中并没有跳出一个白娘子，有的是五代吴越国时印造的《宝箧印经》与宋初木刻的印刷品，这些尘封已久的文物为我们铺陈着一段沧桑的历史。

图1-15 雷峰塔

欺压着白娘子的雷峰塔与“西湖十景”之一的“雷峰夕照”都说明了雷峰塔及其附属景观的重要性，它在人们心中的地位不仅仅是一座历史悠久的古建筑，更是很多人心中“杭州梦”、“西湖梦”的重要组成部分。在南线景区整合工程规划设计中，处于西湖艺术构图中心的雷峰塔，一时成为大家热议的焦点。各方的分歧主要有如下几点：第一，重建物没有在中轴线上，这样并不能复原“南北相对峙，一湖映双塔”的空间格局。是遵中轴线而重建呢，还是为保护遗址稍作位移？第二，重建物在原址重建还是在非原址重建？重建是否偏离了文化遗产的“原真性”？如何把握文物保护原则与轴线原则的平衡？第三，重建时代不明晰。它不是历史时期任何一个版本的雷峰塔，而是建筑师想象的在雷峰塔历史上从来没有存在过的。重建时代是依据历史年代最近原则还是最远原则？抑或是鼎盛时代？还是依从资料最丰富原则？第四，重建物运用了大量的钢筋混凝土结构。这牵扯到仿古建筑到底仿到什么程度，到底有没有底线，如何判别假斗拱还是纯粹力学—钢筋混凝土结构。第五，重建物安装了电梯。古塔重建中安装电梯是否失去塔本身的遗产意义？第六，重建物的过度旅游趋向。是因旅游而修筑雷峰塔还是文化自觉后的历史遗迹修复？该如何寻找历史文脉？如何控制过度的旅游趋向？其中最有代表性的三种争论是：要不要重建；是在遗址上重建还是易地重建；是建一个楼阁式塔还是倒塌前留下经火烧残的砖心塔。

发生争议的根本原因在于大家对于联合国教科文组织提出的“原真性”(Authenticity)原则有着不同的理解。按照张祖群先生的总结，旅游与文物保护学界关于“原真性”的理论主要有“客观性真实性”、“建构性真实性”、“自然生成的真实性”以及“存在性真实性”等四种说法：①

一、客观性真实性是指一个物品的原本性，而此种真实性是能透过一种固定标准与知识的事实来判断的。即一事物若为假，尽管外人感觉是真实的，也是假的，它强调的是客体的真实性。Bruner 指出，真实性需要的是：(1) 逼真地呈现；(2) 真正不假的；(3) 原本的。

二、社会建构性真实性是由游客或旅游参与者的期待、偏好、信念与力量所共同“投射”出的产物。这种真实性因人而异，人们因不同程度的疏离感而追求不同层次的真实性。

三、时间对于判别真实性十分重要。事物真实性将随时间的推移而改变，如一个制作于明代的仿宋花瓶在现代人眼中是真的，但在明代人眼中则是假的。

四、存在性真实性是指一个生命潜在的状态可能因旅游而被激发出来，所以人们参与旅游主要是想借旅游活动激发出此种存在的状态，因此，存在性真实性与旅游地事物的真实性无关。这一真实性观点更为注重旅游主体的感受，主体感受为真即为真，即使感受对象是假的。

雷峰塔重建的支持派认为其做法沿袭了旅游文化遗产中的文化底蕴，是对文化的更好的传承；而反对派对此却极力反对，认为重建的做法在很多方面破坏了旅游遗产应有的“原真性”。这种现象不禁引起了人们新的思考：到底该如何去定义以及诠释旅游文化遗产的“原真性”？原真性概念在旅游研究领域出现之初就没有局限在文化遗产范围，而是以旅游者体验为中心并延伸到其他旅游客体对象。

雷峰塔的重建到底是保留了旅游文化遗产的“原真性”，还是恰恰破坏了其“原

① 张祖群.基于真实性评判的雷峰塔重建争论.江苏师范大学学报，2013(5).

真性”，多方各执一词。为了讨论决定雷峰塔的重建方案，2001 年初，杭州雷峰塔文化旅游发展有限公司向全国公开招标重建设计方案，来自清华大学、浙江大学、同济大学、东南大学、浙江建筑设计院以及杭州园林设计院的设计大师齐聚一堂，一共提出了 10 个雷峰塔设计方案和 4 个雷峰夕照景区方案，并在“湖畔居”进行公展，征求市民和中外游客的意见和建议。最后的决定是在遗址上重建雷峰塔，塔身采取历史上最有价值时期的楼阁式塔。于是，今天在西湖南岸矗立的不再是一位垂垂老矣的老翁，而是一位雄姿英发的少年。作为西湖十景之一的“雷峰夕照”也不再是老照片上沧桑悲怆的模样了。

图 1 - 16　重建后的雷峰塔

南线景区重建的历史文化建筑除备受争议的雷峰塔外，还有钱王祠。五代十国的吴越国对于杭州的城市建设与西湖的治理有着不可埋没的重要功勋，而作为吴越国开国者的钱镠更是功高至伟。钱王祠景区的重建不但是对于先贤一种“吃水不忘挖井人”的追忆，更是塑造杭州吴越历史文化的重要举措，是扮靓西湖南线景区的大手笔。2002 年 3 月 7 日，钱王祠景区重建规划与杭州广大市民见面。规划显示，重建后的钱王祠位于柳浪闻莺公园北部，东临南山路，以钱王祠路为景区的主要入口，将景区分割成两大块：北部是历史复建区，主体建筑则由门前广场、正门、献殿、大殿等组成。正门为入口，门前有八字墙，是原来钱王祠仅存的建筑物。入口广场设置金涂塔和十四州柱，沿路设置五座牌坊，并塑造钱王像。南侧将新建地下西湖文化导游服务展厅，地面则是园林。临湖一侧将恢复游船码头、牌坊和荷花池等。2003 年 10 月 1 日，钱王祠正式开放，王国平和茅临生一起徐徐推开了钱王祠的朱漆大门，随后进入景区的是期盼已久的游客们。重建后的钱王祠，建筑面积共 3200 平方米，由献殿、功臣堂、五王殿、庆系堂、怀慎堂、揽远堂、阅礼堂等主要建筑组成。建筑采取了明代祠庙建筑的造型与布局，还重建了牌坊和祠宇院落，修复了祠门、假山等庭园景观，形成了颇具园林风格的祠宇建筑。通过塑像，吴越国三代国王的风采得以展示，而大型壁画、文物陈设、诗词字画则讲述了这个古老国度往日的辉煌景象。

图 1－17　钱王祠中的五圣殿

又如万松书院。在有关杭州西湖的美丽传说中，和许仙与白娘子的哀婉悲歌同样有名的是梁山伯与祝英台的化蝶故事。相传梁祝共同学习的地方就是万松书院。今天，梁祝之传说是否确实已经难以考证，或为子虚乌有；而万松书院的历史却是清晰可见、昭然有据。明弘治十一年(1498)，浙江右参政周木在万松岭报恩寺旧址创建万松书院。正德十六年(1521)，巡抚唐凤仪重修扩建，使之成为杭州最大的书院，讲学之风盛极一时，王阳明就曾经在此讲授他的心学。清代康熙皇帝为书院题写了“浙水敷文”的匾额，将其改名为敷文书院，从此规模日益加大，藏书过万册，成为闻名海内的大书院，袁枚就曾在此读书。鸦片战争后，这里成立了安定中学，采用西方现代先进的教育模式，培养了许多杰出的学者，如茅盾、范文澜等。复建后的万松书院，东至万松岭路，南至于子三墓山脊，西至九华山山脊弹石路，北至将台山山脚游步道下，建筑面积 1200 平方米，规划面积 5.747 平方千米。整体风格简朴清净，再现了明清时期浙江最高学府的清幽意境。

在南线景区游玩，除了上面说的这些大型景观之外，我们还会发现不少别致的造景，其中充满了古代历史的构景内涵，不停地引导着游人翻检自己的历史记忆，不断地给人以惊喜。如亭湾骑射。清代雍正四年(1726)，李卫出任浙江总督，择地

图 1-18　西湖南线景区风光

于水滨中重建校射亭，供皇帝安全地巡阅驻防营的八旗子弟。当时亭子湾处花柳竞放，天天刀弓竞响而鱼鸟不惊，故称“亭湾骑射”，是清代“西湖十八景”之一。再如澄庐。在湖滨一公园游船码头旁的澄庐始建于民国年间，是中国第一家钢铁联合企业汉冶萍公司总经理盛恩颐的别墅，后成为蒋介石在杭州的行辕。澄庐建筑面积约 250 平方米，主体为一幢三层西式别墅，左右三开间，外墙为奶黄色，室内入口大厅楼梯为双跑式，左右楼梯均以白色大理石构建。别墅庭院宽敞，西侧有一精致花园，欧式石柱犹存，东南侧有一欧式大草坪。1927 年 12 月，蒋介石与宋美龄在上海完婚，蜜月旅行的第一站就是西湖澄庐。“西安事变”后，蒋介石曾住此地疗养。1937 年 3 月，蒋介石与中共代表周恩来、潘汉年在此秘密会晤。又如古清波门。清波门是杭州十大古城门之一，五代吴越时为涵水门。清波门因有暗沟引湖水入城，俗称暗门。北宋，清波门建成，时人仍然以“暗门”相称。陆游《夜泛西湖》，有“骑马出暗门”一说。南宋绍兴二十八年(1158)增筑杭城，清波门是西城门之一，门楼濒西湖之东南，取“清波”之意名门，为历代沿用。因濒临西湖，风景秀美。

涌金门一带景观也饶有趣味。杨蟠曾有诗云：“涌金春色晚，吹落碧桃花。一片何人得，流经十万家。”涌金池原是连接西湖和运司河的小河。吴越时，金华令曹杲所凿，后作水门。后唐清泰三年(936)五月，水门改称为涌金门。水门原有水闸，称涌金闸，遗址在今老年公园濒湖处。小说《水浒传》第一百十四回，张顺作为梁山军使者前往方腊起义军送信，被乱箭射死于涌金门下。

金牛出水塑像。传在汉代，西湖底有一头金牛，每当湖水干涸时，金牛就从湖底涌现，张口吐水将湖填满，让周边的老百姓有水喝，有水灌溉农作物。地方官员听说湖底有金牛，想抓住金牛奉给皇帝，讨得欢心、升官加爵。他们命令百姓抽干湖水抓金牛。水干时，果然看到了金牛，官员们纷纷下湖抓牛，金牛大怒，忽然张口吐水，直接淹死了作恶的地方官。从此，西湖水再也没有干涸，但金牛也不再出现。[①]

御码头。自五代以来，历代帝王游览西湖，大多是从涌金门外埠头下湖。据记载，宋室南迁后，高宗、孝宗、理宗等皇帝便是在涌金门外翠光亭登船游览西湖。清康熙、乾隆皇帝的母后，也曾在此登船游湖。既然有着历代帝王的钟爱，此码头便是名副其实的“御码头”了。

长桥。“孤山不孤，断桥不断，长桥不长”被誉为西湖三绝。长桥又名“双投桥”，与断桥一样，都是情人桥。长桥主要有两个爱情故事，一是南宋江南名妓陶师儿与书生王宣教的爱情故事，一是梁山伯与祝英台的爱情故事。传说，梁山伯与祝英台在桥上送别，两人依依不舍，你送过来，我再送过去，来回之间竟然一共送了十八次。桥虽不长，情意绵长，所以民间有长桥之称。每逢春暖花开，长桥边上会闪动着许多美丽的蝴蝶，那对相伴而飞的会不会就是梁祝的化身呢？

四、“西湖西进”工程与杨公堤景区建设

“西湖西进”，建设杨公堤景区是一件酝酿已久的事情。早在2000年12月，市委、市政府有关领导就实地考察了这一区域，召开了专项会议，研究了对于这一工程的初步设想。2001年完成了“西湖西进”杨公堤景区建设规划的编制。据西湖

① 杭州市文化局.西湖民间故事.杭州：浙江文艺出版社，2000：4.

图 1-19　杨公堤新景

风景名胜区管委会主任张建庭说，仅仅总体规划的各项研究论证、评审就多达十余次。2001 年 9 月 6 日，市委常委会专题研究并原则上同意了"西湖西进"规划方案。方案明确了这一工程的范围：东起西山路，包括西山路东侧曲院风荷和丁家山之间的原杨公堤地段；北面以灵隐路为界；南以虎跑路为界；西面界线沿青龙山、五老峰、鸡笼山、吉庆山脚下，经过黄泥岭与灵隐路相连。规划面积总共有 477.38 公顷。经过两年半的反复研究与讨论，2002 年 11 月 23 日，西山路丁家山水杉林水系正式开挖，"收复西湖失地"的第一炮终于打响。2002 年 12 月 1 日，"西湖西进"工程正式启动，市民们纷纷向"西湖西进"市民热线打进电话，不同的话语表达着共同的心声——我们支持！

2002 年 12 月 19 日，王国平同志又一次来到西山路施工现场，对几位工程的重要负责人说，"西湖西进"工程建设难度大、时间紧、要求高，必须做到"四个一步到位"：一是环境整治一步到位。景区内的道路、农居点和留在景区内所有单位的环境整治，2003 年的国庆之前一定完成。二是道路一步到位。要把三台山路、龙井路以东所有能通汽车的景区道路纳入建设范围，2003 年国庆前完成任务。道路的亮化、绿化、美化工作也要一步到位，使每条线路都成为景观路。三是引水一步到位。要把土方外运工作摆到压倒一切的位置，交通组织等工作首先要服从土方外运的需要。要打通乌龟潭与浴鹄湾水面，解决好西湖出水问题。四是规划一步到位。要整合全市、全省乃至全国可用的人力资源，按照系统性、超前性、可操作性的要求，抓紧完善工程建设各项规划设计。从而把湖西景区打造成为真正经得起历史检验，专家叫好、百姓叫座的精品佳作。经过 300 多天的忙碌建设，2003 年 9 月

30 日,在吕祖善省长的宣布声下,杨公堤景区一期工程正式竣工开放。“十一”黄金周后,杨公堤景区二期工程立即启动,西湖西岸于是又增添了仁寿山公园、龙泓涧景区、苏东坡纪念馆等新景观。现在就让我们领略一下杨公堤景区的崭新风貌吧。

图 1 - 20　杨公堤碑亭

杨公堤六桥。在建成的杨公堤景区游玩,第一印象便是一种“坐过山车”般的感觉。似乎整条长堤都在一条蜿蜒曲折的“正弦曲线”上般上下起伏,景色也因之显得错落有致、别有风情。这是因为杨公堤上有著名的“六桥”,又称“里六桥”。当年杨孟瑛之所以建造这条长堤,是想在湖面与西山之间划出一条界线,防止西山一带的农人围垦这一带的西湖。为了保持湖水的畅通,杨孟瑛在堤上建造了这六座石桥,自北向南名为环璧、流金、卧龙、隐秀、景行、浚源,与苏堤六桥相呼应,合称为“西湖十二桥”。后来,由于里湖淤浅,杨公堤以西多变为周边居民种田植桑之地,行游者稀少。虽然直到清雍正年间,杨公堤还有增高增阔的修葺工程,但终因里湖不断淤浅、农人不断垦殖而废去。300 年时光流转,这里已经化作西山路,而杨孟瑛似乎也随着杨公堤的淡忘逐渐消失在西湖的记忆中。今天,不但杨公堤与六桥重新修筑,这位对于杭州西湖治理功勋卓著的恩人也被不断地追忆。“杨堤景行”也被评为西湖新十景之一。

杭州花圃。初建于 1954 年,当时以生产、收集和保存各类园林花卉及盆景而著称。分盆景、月季、兰花、菊花、香花、露地草花、水生花卉、温室花卉、牡丹芍药九个区。现保存的各种极品和传统花卉 160 个科属,共植 3500 余种。其中菊花千余种,“龙图阁”、“月明星稀”荣获中国菊花品种展览会最佳新品种奖。兰苑满室生香，自行培育的春兰、夏兰、秋兰、寒兰，雅而不妖，花香久远。朱德生前赠送的名贵品种"玉沉大贡"、"雪兰"等尤其引人瞩目。"缀景园"盆景室外，有一奇石，全身曲折多变，上刻"绉云峰"，被评为江南三大奇石之极品，使花圃园林增辉。另外，在杭州花圃内还有一处幽静的园林——小隐园。它始建于宋代，初名适安园。据说，南宋内廷曾有一位菊夫人，歌舞为仙韶院之冠，在宫中号"菊部头"。既而称疾告归，被宦官陈源聘于适安园。后又被招入宫中，陈源为此感伤成疾。"有某士颇知其事"，于是作了一首《菊花新曲》以为纪念。适安园在宋孝宗时被收入重华宫，并赐给张贵妃改建为永宁崇福院。复建的小隐园沿用了旧名，是杭州观赏菊花、展示菊花文化的特色景点。

茅家埠景区。清代前期以前，茅家埠一带皆为西湖水面，香客常常乘西湖游船在茅家埠登岸，再沿着上香古道步行去天竺诸寺进香，因此形成了具有浓郁民俗特色的香市文化。"西湖西进"工程对茅家埠留存至今的一部分上香古道和通利古桥进行了整修，使其旧时风貌得以再现，以此为游人提供一条寻幽访古和体验传统民俗的文化走廊，称作"茅乡古道"。

图 1－21　茅家埠景区

龙泓涧景区。位于茅家埠南侧，是杨公堤二期工程的核心景区。该区域历史上曾为水阔草丰之地，吴越、宋时一度成为人们郊游和放牧场所。湖旁山坡，种植有大面积的龙井茶，历代茶农在此耕作生息。新恢复的景区主要包括龙泓涧湿地、茅家埠湿地以及"农家乐"等区域，其中龙泓涧湿地和茅家埠湿地两块开阔的大水面是整个景区的中心。景区同时保留了原有茶园，新设置了数处景观茅亭，并在湿地水面中按水体标高设置了若干堤岛，使整个水面曲折有致，情趣盎然，一派休闲农庄风貌。其中新恢复的饮马桥、玉钩桥两处古迹尤其引人注目。饮马桥，据田汝成《西湖游览志》卷四记载："永福桥，俗称饮马桥，吴越、宋时，皆牧马于此。"玉钩桥,《西湖游览志》卷五:“灵石山有张伯雨墓,墓近玉钩桥,伯雨卖玉钩所建也。”饮马桥与玉钩桥皆废之久矣。重建的玉钩桥以杭州地区溪涧典型桥梁为蓝本,用溪石砌筑而成。两处古迹的恢复,使该景区的历史文化内涵得到了充实和提升。同时,通过扩大湿地和水面,种植大量的乔木、亚乔木、灌木、地被、草坪及水生植物,使该景区成为环境幽静、风光旖旎的独特空间和游览亮点。

浴鹄湾景区。景区内有子久草堂。黄公望,字子久,号一峰、大痴道人,江苏常熟人,史载其聪敏绝伦,通百氏说。为元代画坛著名的“元四家”之首,善画水墨,师法董源、巨然,运思落笔,气韵流动,富于变化,自成一家。传世作品《富春山居图》就是他的作品。他还有专论山水画的《写山水诀》传于世。黄公望生性狂放不羁,喜好云游四海,一生浪迹天涯,相传他曾在杭州赤山之阴的筲箕泉旁隐居,因之画有《筲箕泉图》。2003 年于其旧居原址附近设纪念黄公望的陈列室,名之曰“子久草堂”,供人追怀。

云栖景区。该景区因优美的竹景和深厚的历史文化底蕴而闻名。“云栖竹径”为西湖新十景之一,古人“万竿绿竹影参天,几曲山溪咽细泉”的诗句,就是该景区优美自然景观的绝好写照。历史上著名的云栖寺也位于该景区内。康熙帝曾四游云栖,乾隆帝南巡也六到云栖,对云栖的自然和人文景观赞赏有加。到了民国时期,云栖寺年久失修,庙宇败落。1962 年,原寺址辟为杭州市工人休养院,寺院建筑基本不存,寺前冲云楼、舒篁阁也陆续辟为茶室。现冲云楼和舒篁阁之间墙壁上,还留有董其昌楷书《金刚般若波罗蜜经》等石刻。为加强云栖景区保护,2002 年,工人休养院移交市园文局。因休养院房屋密集,建筑风格与景观不协调,环境整体较乱,不符合景区要求,市园文局于 2003 年启动云栖景区整治工程,于 2004 年 9 月完工。整治工程坚持尊重、继承和保护历史的原则,充分考虑了云栖的历史文化内容,并结合云栖寺的历史布局设置景观,着重处理好景点建筑与优美自然环境的关系。通过整治,充分体现出了云栖浓厚的文化氛围,并使其成为以“绿”、“幽”、“雅”为特色,集接待、休闲、观光于一体的高品位风景点。

苏东坡纪念馆。馆区由主楼展厅、碑廊、百坡亭、酹月轩等组成。纪念馆主建筑为一幢翘角飞檐的二层仿清楼阁式建筑。红窗白墙,清凌方正。楼前广场玉兰树下屹立着苏东坡的全身塑像,高 3 米,用花岗岩雕塑而成。苏东坡纪念馆由庭院、两层楼展厅、东坡世苑三部分组成。一楼展出了苏东坡家谱、年表和生平介绍,突出反映了苏东坡两次来杭担任地方官的政绩及其在杭的文学艺术成就;二楼展出了苏东坡的诗文著作、书画手迹复制品及当代书画名家以苏东坡诗为题材而创作的书画作品等。整座展厅融书画、楹联、像碑为一体,并配以古筝弹唱。后院的东坡艺苑内,陈列着苏东坡书画的拓片、复制品及诗意画等,可供游人参观与选购。

碑廊中陈列了他那首著名的《赤壁赋》和《游虎跑泉水》等40件书法精品，还有《三苏图》、《修竹图》、《自画像》三件作品。

图1-22　苏东坡纪念馆

俞樾墓。俞樾（1821—1907），字荫甫，自号曲园居士，浙江德清人。清末著名文学家、经学家、古文字学家、书法家。他是现代诗人俞平伯的曾祖父，章太炎、吴昌硕、日本井上陈政皆出其门下。清道光三十年（1850）进士，曾任翰林院编修。后受咸丰皇帝赏识，放任河南学政，被御史曹登庸劾奏“试题割裂经义”，因而罢官。遂移居苏州，潜心学术达40余载。治学以经学为主，旁及诸子学、史学、训诂学，乃至戏曲、诗词、小说、书法等，可谓博大精深。海内及日本、朝鲜等国向他求学者甚众，尊之为朴学大师。俞樾墓重修后，于原址重建“右台仙馆”，作为墓旁屋庐。

于谦祠。在三台山麓，于谦祠为传统型的祠堂建筑，白墙灰瓦，朱漆大门，“于忠肃公祠”几个篆书大字显得庄严肃穆。祠堂共有三进，为前殿、正殿和后殿，前殿与正殿间，有南北厢房各一，厢房北面另有配殿一间，建筑面积约900平方米。另外，在北京东城区西裱褙胡同23号，原有门匾书“于忠肃公祠”。明宪宗特诏追认复官，将其故宅改为忠节祠。万历十八年（1590）时改谥“忠肃”，并在祠中立于谦塑像。于谦祠屡毁屡建，现存于谦祠为清同治八年（1869）重修旧址。于谦祠是杭州市第五批爱国主义教育基地，经过几年的规划与建设，已形成了包括于谦祠、于谦墓、墓道、牌坊等文物建筑与自然山林、绿地相结合的于谦祠景区。至今，徜徉在这些文物景观之中的游人，是否还能够体会这位为明朝社稷披肝沥胆的忠贞大臣呢？至少，我们可以一次次地吟诵这首令人叹惋不已的诗作：

千锤万凿出深山，烈火焚烧若等闲。
粉骨碎身浑不怕，要留清白在人间。（于谦《石灰吟》）

图 1－23　于谦祠

五、北山街历史文化街区与近代历史建筑保护

历史文化街区是指在某一地区(主要是指城市)历史文化上占有重要地位,代表这一地区发展脉络和集中反映地区特色的建筑群。或许其中每一幢建筑都不是文物保护建筑,但整体上具有非常完整而浓郁的传统风貌,是这一地区历史的见证。历史文化街区是城市历史文化传统的载体,反映着城市历史文化的延续和发展,是一种重要的文化资源。[①] 杭州市规划局在 2003 年编制的《杭州市历史文化名城保护规划》中,首次提出保护十大历史街区,分别是:清河坊、北山街、拱宸桥桥西、中山南路、小河直街、思鑫坊、小营巷、湖边邨、西兴老街、长河老街。北山街历史文化街区是其中规模最大的核心景区之一,文化性质为“近代建筑保护区”。

同时,北山街区又是西湖历史文化的集中地,众多的达官贵人官邸、别墅和宗教寺观曾经集聚在此,这些建筑与背后依靠的宝石山与面前的开阔湖面融为一体,构成了一幅别致雅观的独特美景。该街区除了在历史文化上占有重要地位,拥有代表该地区发展脉络和集中反映地区特色的建筑群外,还具有非常完整而浓郁的传统风貌,是感知杭州城市传统风貌的一个重要方面,反映了人们内心对杭州发展的体验,不断激起人们对传统风貌的记忆、怀念以及认同感、归属感。其重要性可

① 姜丽南.杭州北山街历史街区保护研究.浙江大学硕士学位论文,2005.

想而知。然而，在北山街历史文化街区整治之前，许多机关单位和居民在这里办公、生活，基础设施落后，违法搭建的房屋比比皆是，生活垃圾污染问题难以解决，不少历史遗迹因此被占用、损坏、湮没，有些历史文化景观已经濒于消失，保护工作迫在眉睫。

2003 年 9 月 23 日，市领导王国平、吴键、林振国、杨戌标、马时雍等与应邀前来的诸多专家齐聚一堂，专题论证《杭州北山街历史文化街区保护规划设计方案征集文件》和《北山街道路系统整治改造工作方案》。会上，王国平说，北山街定位要突出“历史文化街区”的特点，以秀美山水为载体、以历史文化为灵魂、以近代建筑为骨架，突出“保护”内涵。要确立“保护、整治、完善、畅通”的方针，坚持“保护为主，抢救第一，合理利用，加强管理”的原则，在保护中体现历史的真实性、环境的完整性、生活的延续性、文化的多样性；整治中抓住拆除违法建筑、截污纳管和修复环境三大重点；完善着眼于文化、景观和旅游三大功能；畅通关键是要做到动态交通与静态交通、建设与管理两个“两手抓”，从而把这个没有围墙的“博物馆”规划好、保护好。

2004 年 2 月 9 日，北山路历史文化街区的保护规划方案最后敲定。规划将街区划分为五个功能区。休闲游览区展示秦始皇缆船石、坚匏别墅等历史遗产，以优越的地形地貌、植物景观为衬托，特色服务为亮点，设立主次入口。历史文化遗产展示区以文物古迹为骨架，历史建筑为主题，历史和自然环境为衬托，使用功能以陈列展示，保持生活形态的休闲服务为主。居住区将保持近现代生活的延续性，保留锦坞一带别墅为居住区，栖霞岭山地民居风貌区以紫云里传统民居为核心，整饬恢复栖霞岭历史环境，延续西湖原住户居民生活风貌，使用功能以居住和旅游设施为主。岳庙旅游综合服务区则主要满足北山与湖西景区旅游服务配套需要，按一级遗迹要求设置各类服务设施。方案对北山街历史文化街区的文物古迹、历史地段、建筑、道路、绿化都有详尽的规划。2004 年国庆，北山街历史文化街区一期工程正式建成开放。

西泠桥。站在西泠桥上，游客既可近眺里湖，又可远瞩外湖；既在孤山之西，又可通山之北。白堤近在咫尺，苏堤隐约在望。这样的观景位置，在西湖诸景中可谓翘楚。不过，这里在宋代以前并不叫“西泠”，而叫“西林”或“西村”，古时有“西村唤渡处”之句，证明那时候尚未有桥。宋代郭祥正的《西村》诗道：“远近皆僧舍，西村八九家。得鱼无卖处，沽酒入芦花。”可见这里当时只有村民数家，而湖中也未遍种荷花，而是满眼如雪的芦花。后来桥筑成了，明代陈贽便有诗说：“东风客每携壶过，落日人还唤渡无？最有春来狂可玩，桃花千树柳千株。”（《西林桥》）到明末时，桥已改筑，而且人们习惯称它为“西泠桥”了。该桥在 1914 年和 1921 年曾经两次重修，跨立于葛岭与孤山之间，在全面整修之前，桥身已经老化开裂，桥体也已经沉降扭曲了。经过整修的西泠桥，都是采用原有的材料进行拼装，真正做到了“修旧如旧”，而两侧增加的围堰等设施则更加有效地保护了桥身。西泠桥的重修无疑是对于联合国教科文组织提出的保护历史文化遗产的“原真性”原则的生动诠释，对于国内历史文物古迹的保护有着积极的借鉴意义。

图 1 - 24　西泠桥边苏小小墓

苏小小墓与武松墓。“千载芳名留古迹，六朝韵事著西泠。”古老传说苏小小的故事就发生于此处。传说，苏小小是南朝齐的才妓，钱塘（今杭州）人，家在西村附近，她聪敏美丽，有才华，知自爱。有一次，她乘油壁车出游，在白堤偶遇南齐宰相阮道之子阮郁，看到他骑着马从断桥缓缓而来。两人一见倾心。苏小小当即吟诗一首：“妾乘油壁车，郎跨青骢马。何处结同心？西陵松柏下。”诗中的西陵，就是现在的西泠桥，苏小小死后就葬在西泠畔西泠桥侧。而因为苏小小在西泠桥上的那首定情诗，这里也被称作“苏小结同心处”。后人在她的墓上建造了一座慕才亭，人们每过此桥都要到她墓前凭吊一番。“文革”时期，苏小小墓被毁，仅存朱红栏杆的六角亭。在距离苏小小墓不远的地方是武松墓，它最初修建于 1924 年，1964 年被平毁，现在根据老照片依原样重建。关于两座墓应不应该修复，大家有不同的见解。有人以为两人为传说人物，事迹已然不可考证；有人认为苏小小作为一名娼妓，恢复其墓地不合于现代公共道德观念。然而，更多的专家学者、人民群众认为苏小小、武松作为杭州西湖历史文化的重要组成部分，是不可替代的，应该重修。于是，2004 年，苏小小墓和武松墓在原址上成功恢复。

玛瑙寺。玛瑙寺坐落在杭州沿西湖的北山街中段的葛岭路上，整座寺院为旧址重修，依山傍水，占地 1.5 万平方米。现有的旧建筑为清同治年间（1862—1874）

图 1-25　重修后的苏小小墓

遗存，主要有山门、厢房及园林等，大殿已荡然无存，仅有遗址。新修复的房舍有亭、台、楼、阁、廊等。其中圆门曲径，莲池花坛，青砖铺地，均依据原样复制。院内古树遮阴，圆门外的一棵古樟已有 1600 年树龄。登上庭院最高处，还能一睹西湖胜景。由大门踏入玛瑙寺，左边为 5 间西厢房，右边是 3 间东厢房；再往北拐，又进入另一个院落，据说，这里就是昔时大殿的旧址，青砖地坪上隐约还可见到 20 余个“磉鼓”。整修后的庭院，基本按原样布局，亭台楼阁，草坪花坛，曲径通幽。走到大殿东首，有两层仆夫楼，飞檐翘角，颇具江南古典园林韵味。楼前有一小亭，称“仆夫亭”。仆夫楼旁，一淌流水潺潺，据介绍，此即“仆夫泉”。据明代张岱《西湖梦寻》说：“僧侣芳洲仆夫艺竹得泉，遂名仆夫泉。”越过仆夫泉，举目望去，院中有腊梅数棵，其中一棵树形盘曲，姿态丰富，正是号称“西湖腊梅王”的梅树，年轮已达百岁之上。

新新饭店。开业于 20 世纪初的杭州新新饭店，一直以来以其幽雅大气的欧式建筑风格、优良精湛的服务吸引着众多海内外宾客。鲁迅、陈布雷、于右任、李叔同、徐志摩、胡适、史量才、启功、汪道涵等众多政要和社会名流曾下榻于此，并给予饭店以极高的评价。自 1996 年以来，饭店经过多次现代化改造，已成为一家集商务旅游住宿、餐饮娱乐为一体的现代化涉外宾馆。

抱朴道院。世界道教主流全真道的圣地。在浙江杭州秀丽的西湖北岸，有一座小山，名曰葛岭。该山因东晋著名道士葛洪曾在此炼丹修道而得名。据说葛洪在此山常为百姓采药治病，并在井中投放丹药，饮者不染时疫，他还开通山路，以利行人往来，为当地人民做了许多好事。因此，人们将他住过的山岭称为葛岭，并建“葛仙祠”奉祀之。元代因遭兵火，祠庙被毁。明代重建，改称为“玛瑙山居”。清代复加修葺，以葛洪道号“抱朴子”而改称“抱朴道院”，遂沿用至今。杭州市道教协会从 2001 年 6 月开始，主持修复道院殿宇、神像雕塑。2003 年 1 月 11 日上午，抱朴道院修复竣工，举行神像开光仪式，正式向游人开放。现在抱朴道院有正殿——葛仙殿，东侧为半闲草堂，南侧为红梅阁、抱朴庐，还有炼丹古井、炼丹台、葛仙庵碑等古迹。现为杭州道教协会所在。

蒋经国故居。与断桥相邻的是一栋 20 世纪 30 年代所建的西式两层楼房。由南、北两栋楼组成，砖木结构，西、南两面临街有红褐色石墙，主楼外墙用一色的青砖砌成。抗战胜利后，蒋经国曾经与妻子蒋方良以及儿女定居于此。当时的蒋经国忙于东北外交、“上海打虎”，东奔西走常年在外的他，只能够抽用余暇回杭州小住几日。这位曾经流连于湖光山色中的一代政治风云人物，在海峡的那边是不是也会常常想起在这个美丽别墅中居住的那段时光呢？

第二章　杭州文教区的变迁与城市记忆的重构

在现在杭州文一路与教工路的交汇处，有一块高高耸立的纪念碑式建筑，上面赫然刻写着四个大字："百年树人"。纪念碑立在一块圆形的大平台上，基座比周围地面略高，而周围两三层的低矮建筑物则更加衬托了它的高大。通过那高大巍峨的形象，它很好地诠释了立人达人、树人育人的教育经典主题与永恒目标。在纪念碑旁的介绍牌上，有着这样一段说明，召唤着我们对于这个逝去的杭城文教区的历史记忆："1952年，城西一带为文教区。经过半个多世纪的发展历程，教工路、学院路、文一路、文二路、文三路一带，形成以高等院校为主体的现代教育基地，拥有各级各类院校近百所，其中大专院校约占三分之一，毕业生累计超过百万人。随着城市化进程推进和教育事业发展需要，目前大部分院校本部虽已外迁，然院校情节仍源远流长。"

纪念碑两侧各有一块长长的墙壁，上面写满了大中院校的名称。与教工路平行，南北向延伸的墙壁上有：浙江建设职业技术学院、浙江省建筑工程学校、浙江经贸职业技术学院、浙江经济职业技术学院、浙江省物资学校、浙江体育职业技术学院、浙江省体育运动学校、杭州化学工业学校、浙江供销学校、浙江社会大学、浙江电影学校、杭州煤炭工业学校、浙江省团校、杭州市团校、杭州计量学校、中共浙江省委党校、浙江理工大学、浙江工程学校、浙江丝绸工学院、中国计量学院等。与文一路平行，东西向延伸的墙壁上则是：浙江大学、杭州大学、浙江师范大学杭州幼儿师范学院、杭州师范大学、浙江科技学院、杭州应用工程技术学院、杭州师范学院、杭州外国语专科学校、杭州高等专科学校、杭州电子科技大学、杭州电子工业学院、浙江大学附属中学、杭州工业专科学校、浙江水利水电专科学校、浙江商业职业技术学院、浙江商业学校、浙江法律学校、浙江教育学院、杭州水力发电学校、浙江机械工业学校、浙江省教师进修学院、浙江工商大学、浙江省总工会干部学校、浙江省职工政治大学、浙江人民警察学校、杭州商学院、浙江广播电视大学、政法管理干部学院、杭州广播电视大学、浙江警察学院、杭州无线电工业学校、杭州航空工业财

图 2－1　“百年树人”碑(位于文一路、教工路交叉口)

经学校、浙江公安高等专科学校、浙江财经学院、浙江财政学校等。

1994 年,为了进一步贯彻落实中央关于《中国教育改革与发展纲要》,浙江省委、省政府召开了全省教育工作会议,省政府制定了《关于贯彻〈中国教育改革与发展纲要〉,加快我省教育改革和发展的若干意见》,确立了 90 年代我省教育发展的目标、任务和主要措施,提出了实施“9761”工程的计划。于是,高教园区的高校在教育改革的大背景下,有的合并重组、联合办学,有的升级更名、获得新生。新世纪初,随着杭州市新的高教园区——下沙高教园区、滨江高教园区、小和山高教园区的陆续建成、投入使用,这些经过结构调整、优化重组的高校纷纷迁出这片熟悉的区域。

这些铭刻在大学墙上的院校,有的搬迁到新建的下沙文教区,如浙江理工大学、杭州师范大学、中国计量学院、浙江财经大学、浙江工商大学、浙江经贸职业技术学院、浙江经济职业技术学院、浙江水利水电学院等;有的搬迁到新建的滨江文教区,如浙江商业职业技术学院、浙江机电职业技术学院、浙江警察学院等;有的搬迁到新建的小和山文教区,如浙江科技学院、杭州外国语学校等;另外一些则留在原地,如浙江大学西溪校区,玉泉校区,浙江省委党校,浙江省委团校,杭州电子科技大学,浙江师范大学杭州幼儿师范学院,浙江大学附属中学等。有些院校则永远消失在历史长河中,仅仅作为一种回忆铭刻在墙壁上。时至今日,当我们漫步在林立的商店、雅致的住宅间时,如果不是这座永恒的丰碑和那流淌着文化血液的道路名称,谁还会记得这里曾经是人文荟萃的杭城文教区呢?

第一节　百年树人：杭州高校百年发展的案例分析

正如每滴水折射出的都是一个完整世界，每所高校的历史也可以反映出整座文教区的历史。在这些高校中，历史最为悠久的当属浙江大学、浙江理工大学、浙江工商大学和杭州师范大学，它们的前身都可以追溯到19世纪末20世纪初那个国家危亡、社会动荡的年代。它们的历史本身就是一部部中国近现代高校变迁发展的历史缩影，它们的发展历程可以说是一个个研究杭州文教区形成，变迁的绝佳案例。通过对这些高校变迁历程的细描，我们更能理解这座逝去的杭州文教区的沧桑，以及杭州这座古老城市现代化的复杂历程。

一、浙江大学的“分”与“合”

从东西走向的“大学墙”的最西边看起，最初映入眼帘的就是浙江大学和杭州大学。原来的杭州大学就位于今天的浙江大学西溪校区内，在1998年的新浙大组建过程中被划入新建的浙江大学中，成为新浙大不可分割的重要组成部分。虽然这次合并距今已经有十几个春秋，但是人们仍然习惯称西溪校区为“老杭大”，久久不能忘记这个可爱的校园曾经的名字。然而，鲜为人知的是，杭州大学本来就是原来浙江大学的一部分。因此，与其说是两所优秀高校“合并”，不如说是杭州大学“回归”，是两位离散多年兄弟的重新团圆。

图2-2　浙江大学校徽

浙江大学的前身是1897年成立的求是书院。求是书院是中国近代史上效法西方学制最早创办的几所新式高等学校之一。1901年，清统治集团迫于外界形势，不得不拟议实施所谓的“新政”，同年11月，浙江巡抚廖寿丰奏改浙江求是书院为求是大学堂。1902年，求是大学堂改称为浙江大学堂。1903年月12月，浙江大学堂遵《奏定学堂章程》改名为浙江高等学堂。浙江高等学堂于1914—1927年停办，1927年由浙江公立工业专门学校和浙江公立农业专门学校改组为第三中山大学工学院和劳农学院，更名为国立第三中山大学。1928年4月1日更名为浙江大学,1928年7月1日起,校名前冠以“国立”二字,称国立浙江大学,下设文理、工、农三个学院。

1936年,浙江大学迎来了竺可桢校长。他对于教授阵容、教学管理、学系设置、物质建设等方面采取的一系列兴革措施,使得浙江大学迅速转向正常发展的轨道。然而这一切都被1937年日本发动的全面侵华战争所打断。在竺可桢校长的率领下,浙江大学开始了一次前无古人、后无来者的文军长征。也就是在这一时期,浙大在烽火硝烟中崛起,成为当时中国最好的四所大学之一,被世界著名学者李约瑟称作“东方剑桥”。西迁办学的过程中,浙江大学确立了“求是”的校训,并将“求是”精神阐释为奋斗精神、牺牲精神、革命精神和科学精神;请国学大师马一浮先生撰写了浙江大学校歌歌词,并邀著名音乐家、歌唱家应尚能教授为校歌谱曲。这段历程创造了教育史上的一个伟大奇迹。

1945年8月15日,日本无条件投降,抗日战争取得了彻底胜利。1946年秋,学校迁返杭州。1948年3月底,浙江大学发展为拥有理、工、农、医、文、法、师范7个学院、25个系、9个研究所、1个研究室的综合性大学。1949年6月6日,杭州市军管会决定对浙大实行军事接管,并派出军代表林乎加、副军代表刘亦夫到校进行接管。1949年8月,著名经济学家马寅初担任浙江大学校长。

新中国成立后,浙江大学进入了发展的新纪元。1952年,在全国高等学校院系调整时,浙江大学被分为多所单科性学校,部分系科并入省外兄弟院校,其中留在杭州的院系形成了四所学校。同年,浙江大学师范学院的全部和文学院、理学院的一部分与之江大学的文理学院等组合,成立浙江师范学院,后定名为杭州大学;浙江大学的农学院单独分出成立浙江农学院,1960年更名为浙江农业大学;浙江大学的医学院等成立浙江医学院,1960年更名为浙江医科大学。院系调整后的浙江大学成为一所多科性的工业大学。1989年10月4日成立浙江大学职业技术教育学院。1990年2月12日成立浙江大学工商管理学院、浙江大学石油化工学院。1993年1月14日与浙江省对外经济贸易委员会联合创办浙江大学对外经济贸易学院。1996年5月1日撤销浙江大学分部,成立浙江大学之江学院。

1998年9月15日,经国务院批准,曾经从浙江大学分离出去的杭州大学、浙江农业大学、浙江医科大学回归浙大母体,共同组建了新的浙江大学。新的浙江大学的成立,是党中央、国务院进一步实施科教兴国战略,迎接21世纪科学技术革命挑战,组建若干所规模大、层次高、学科门类齐全的综合大学的重大举措之一,也是浙江大学迎来改革发展的一次新机遇。2001年6月25日,浙江大学宁波理工学院成立。2001年2月27日,浙江大学软件与网络学院成立,软件与网络学院宁波分院同时成立。2002年4月6日,建筑工程学院水利与海洋工程学系成立。2003年11

月15日，浙江大学人文学院信息资源管理系正式成立。2003年3月6日成立国际电磁科学院浙江大学分院。2013年5月15日，浙江大学与英国帝国理工学院就建立联合学院事宜签署了《浙江大学—帝国理工联合学院合作谅解备忘录》，浙江大学成为中国首个在世界名校建立海外校区的高校。

十多年来，新浙大紧紧围绕创建世界一流大学的目标，抓住机遇，改革创新、艰苦奋斗，向着把浙江大学建设成为具有显著办学特色和世界先进水平的研究型、综合型、创新型的一流大学奋勇前进，实现了跨越性发展。“东方剑桥”必然会在追求世界一流大学的道路上越走越远、越走越好，实现自己的“浙大梦”。

二、杭州师范大学的百年历程

1905年，浙江巡抚奏请清廷，希望建立以培养中学师资和小学师资为目的的全浙师范学堂。1908年5月14日，学校正式开学，校名为浙江官立两级师范学堂。浙江官立两级师范学堂建于浙江贡院旧址，校园面积约140亩。1909年夏，沈钧儒先生任学堂监督。他提出办学的两个原则：学堂的一切收支完全公开；帮助解决学生的生活困难。学堂分优级师范和初级师范，非常重视教学质量，注意因材施教，培养学生态度严肃。学堂还创立了校歌，歌词“功如忠孝，学似文成，自古名贤数浙人……”豪迈而富有深厚的人文气息，表现了学校初创时期师生对教育前景的信心和期待。浙江官立两级师范学堂所开设的课程多涉及近代科学文化知识，标志着浙江教育跨入了新的时代。

图2-3　杭州师范大学校徽

1912年，应民国政府教育部将学堂改为学校的要求，学堂更名为浙江省立两级师范学校，由经亨颐任校长。此后，学校创建了《白阳》、《浙江新潮》等刊物，并建立起了乐石社、湖畔诗社、明远学社等各种社团，注重学生全面发展。在经亨颐校长的倡导下，以李叔同、姜丹书等为代表的早期艺术教师，大胆创新，为学校留下了宝贵的艺术财富，也为中国近现代艺术教育事业作出了巨大贡献。1913年，学校停办优级师范，将普通科优级师范的部分师生并入北京高等师范学校（今北京师范大学），并更名为浙江省立第一师范学校，该校为中等师范学校，主要培养小学师资。浙江省立第一师范学校时期是该校办学取得巨大成就的时期，办学成就中有诸多全国或全省之最，如浙江最早的美术展览，浙江最早的音乐会等。经亨颐校长通过校务会议定下了“勤，慎，诚，恕”四字校训，注重人格教育，主张学生全面发展，对学生因材施教，重视个性发展，并提出“与时俱进”的口号，实施了一系列改革。浙江省立第一师范学校校歌即今杭师大的校歌，由夏丏尊作词，李叔同作曲，集中体现了学校的人格教育内涵。

五四运动后，在经亨颐校长的鼓励和支持下，学校很快接受了新文化运动的思想和观念，办学方式开放民主。学校聘请的刘大白、陈望道、李次九三位具有新思想的老师与夏丏尊老师共同主持新文化运动，被称作学校里的“四大金刚”。1923年，根据教育部的指令，学校实行中、师合校制，浙江省立第一师范学校与浙江省立第一中学合校，两校合称浙江省立第一中学。设中学部和师范部，校长何炳松。1929年，浙江省立第一中学高、初中分办，高中部分改称浙江省立高级中学师范科。1931年，浙江省议会通过方案，决定在杭州孔庙筹办浙江省立杭州师范学校，恢复独立建制，浙江省立高级中学师范科的师生也一并加入。1932—1936年，学校成立或接手了许多附属小学和辅导区，进行辅导工作，为杭州市的小学输送了众多优秀的教师。

1937年，抗日战争爆发，浙江省立杭州师范学校内迁建德、丽水。1938年上半年，省教育厅在丽水将省立杭州师范学校与省立杭州高级中学等其他中学合并，成立了临时联合中学，分设初中、高中、师范部，杭州校区停止办学。1939年7月，省立临时联合中学三部分独立。师范部改称浙江省立临时联合师范学校，校址仍在丽水。

抗战胜利后，学校迁回杭州，恢复原校名——浙江省立杭州师范学校。学校迁回杭州后，制定了处理校务的六项基本原则：礼遇、民主、和谐、自动、力行、推广。学校同时也添置了许多教务设施，比如添置图书，注意专业训练，加强学科训练，等等。学校采取了一系列训导措施，注重人格感化，实施爱的教育，培育民主精神，培育负责、建设、力行精神，加强课外活动，注重生产劳动训练。

1949年新中国成立后，浙江省人民政府接管了浙江省立杭州师范学校，开始了新中国的办学历程。1951年4月，省教育委员会将学校归于杭州市人民政府领导，更名为浙江省杭州师范学校，该年11月，学校与萧山、金华、湖州等四所师范学校被确定为浙江省重点师范学校。1951年学校改行校长制，设校长、副校长各一人，在其他组织机构系统均作了调整。1953年9月，根据省培养幼稚教师的迫切需求，将该校的幼稚师范科划出，成立单独建制的浙江省杭州幼儿师范学校。1956年，学校工作计划指出，该校的培养目标为“培养具有社会主义觉悟，有中等文化水平与教育专业知识技能，与工农相结合的全心全意为人民服务的小学教师”。50年代，由于中央美术学院华东分院（今中国美术学院）下放到浙江省办学，选中了杭州师范学校南山路的校园，经协调后，杭州师范学校于 1954 年择址文二街，1956 年迁入。

全面建设社会主义时期，学校进行了一系列教育改革，改进教法，减轻学生负担，提高教学质量，加强教育类课程和专业技能的训练。1958 年 10 月，浙江省委批准创办于 1956 年的杭州市第一所市属专科学校——杭州师范专科学校升格为杭州师范学院，招收培养本科生和专科生，即今浙江师范大学。杭州市政府为弥补师资培养的空缺，再建了杭州师范专科学校，在杭州师范学校内办学。1960 年，杭州师范专科学校(中专部)并入杭州师范学院，同年，杭州师范学院历史系并入杭州大学。1962 年，杭州师范学院撤销。"文革"开始后，杭州师范学校受到很大冲击，停止招收师范生。

1977 年，学校通过高考招收高中毕业生，培养初中教师。1977—1998 年，学校发展大致经历了"艰苦筹建"、"开创新局面"、"争创一流"的三个阶段。1977 年，杭州市委为了适应浙江教育事业发展的需求，决定在杭州师范学校的基础上组建杭州师范学院。1978 年，国务院正式批准成立杭州师范学院；杭州师范学校迁址至玉皇山路 77 号，专门培养小学教师；1999 年，浙江省政府正式批准将杭州师范学院、杭州教育学院、杭州师范学校合并筹建杭州师范学院。经省政府批准，学校创办了钱江学院，成为推进学校转型的重要力量之一。2000 年 9 月，杭州师范学校并入杭州师范大学，成立杭州师范学院初等教育学院。2000 年后，杭州教育学院、杭州工艺美术学校、杭州市法律学校和杭州医学高等专科学校相继并入杭州师范学院。2007 年 3 月，全国高校设置评议委员会全票通过，教育部批准，杭州师范学院正式更名为杭州师范大学。2008 年，杭州师范大学迎来了其百年校庆，杭州市委、市政府支持杭州师范大学建设一流大学的重点项目——杭州大学城落户杭州余杭区仓前镇。

杭州师范大学部分学院于 2012 年秋季搬迁到仓前新校区，其他学院先后搬迁，于 2014 年完全搬迁至仓前高教园区。杭州大学城(杭州师范大学仓前校区)奠基，规划总占地面积为 3250 亩(含余杭塘河)，分三期建设，其中一期占地 900 亩，2011 年 12 月完工并交付使用。规划中的仓前新校区占地 3250 亩，湘湖校区占地 558 亩。杭州大学城离良渚遗址 7 公里，离西溪国家湿地公园 2.6 公里，离浙大紫金港校区约 3.8 公里，具体范围为老宣杭铁路以南、良睦路以东、规划教三路以西、规划海曙路以北。规划地铁 5 号线将从大学城的南面经过。整个大学城建设由西至东、由南至北逐步伸展，滚动开发，总体建设 2014 年基本完成。其中，二期占地约 900 亩，基本达到总体规划设想；三期占地约 1200 亩。大学城规划可容纳 3 万多名学生，规划有医学与生命科学学科等，还将设法学院、阿里巴巴商学院。大学城建成后,杭师大未来办学空间总体布局将形成“一城两园”,总面积将接近5000亩。“一城”即余杭仓前的杭州大学城,“两园”即萧山湘湖校园(558亩)和现有的下沙校园(1174亩)。杭州师范大学启用仓前新校区后,杭州师范大学钱江学院将搬迁至下沙校区。

三、从“蚕学馆”到浙江理工大学

1897年(光绪二十三年)8月,杭州知府林启在西子湖畔金沙港关帝庙和怡贤王祠附近(现曲院风荷公园内)创办蚕学馆,揭开了中国近代纺织丝绸教育的帷幕。学校从创办时起,就以先进、科学的新学教学方法和切实服务于中国蚕丝事业的办学宗旨得到了社会的肯定,而被誉为“开全国蚕桑改良之先声”,受到清廷嘉奖。

图2-4 浙江理工大学校徽

1908年(光绪三十四年),新任浙江巡抚增韫因蚕学馆办学卓有成效,奏请清廷改校名为“浙江高等蚕桑学堂”并获御准。1912年辛亥革命后,学校改名为浙江省高等蚕桑学校。1913年改名为浙江省立甲种蚕业学校。1926年更名为浙江省立蚕桑科职业学校。1927年,从五年级起分设制丝、养蚕两专业,并开始招收女生,实行男女同校。1928年,又改称为浙江省高级蚕桑科中学。1934年,改名为浙江省立杭州蚕丝职业学校,直到1949年。1937年,日本帝国主义发动侵华战争,学校易地十处,由浙西、浙东到浙南,历尽艰辛,但师生同仇敌忾,团结抗日,坚持上课。1945年9月,抗日战争胜利,是年12月,学校搬回杭州,1946年春、秋两季继续招收新生。

新中国成立后,学校在萧山坎山设立分部。1952年春,根据中央政务院关于整顿和发展中等技术教育、实行专业化办学的指示,蚕丝职业学校制丝部分成为浙江制丝技术学校,蚕丝职业学校蚕桑部分与国立湖州高级蚕桑学校合并成立浙江蚕桑技术学校。同年底,浙江制丝技术学校改名为杭州纺织工业学校,原浙江工业干部学校的纺织科也同时并入。1953年夏,浙江工人技术学校并入杭州纺织工业学校。1949—1957年,学校几经变迁,体制不稳定,对学校发展有一定影响。

1958年,在杭州纺织工业学校的基础上成立了浙江纺织专科学校。1959年,丝工和丝织两专业开始招收四年制本科生。1960年,浙江纺织专科学校与浙江大学的部分系科及电专、机专等校合并成立杭州工学院。1961 年，杭州工学院被撤销，部分系科并入浙江大学，同时恢复浙江纺织专科学校，学制为四年制本科。1962 年，学校改名为浙江丝绸专科学校。1964 年，国务院批准定名为浙江丝绸工学院。“文革”期间，学校两迁校址，受到严重的干扰破坏。1970 年，学院被下放，改为杭州工业学校。1975 年，经国务院批准恢复浙江丝绸工学院，归浙江省领导。

党的十一届三中全会以后，学校经过调整、充实，各个方面都呈现一派新气象。1979 年，学校开始招收研究生，并先后开设了艺术类和经济类等专业。1980 年，学校成立中国第一个丝绸史研究室。1984 年，学校改由中国丝绸总公司领导。1987 年 1 月，学校改由纺织工业部(后为纺织总会)领导。1992 年，邓小平南方讲话后，学校解放思想，抓住机遇，使学校规模得到快速发展，办学效益得到显著提高。1997 年 10 月 26 日，学校举行建校一百周年庆祝仪式。经过百年办学的积累，学校已发展成为一所面向全国，以丝绸纺织为特色，以工为主，工、经、文(艺)多学科协调发展的高等学府。1998 年 9 月，经国务院批准，学校隶属关系由原纺织部直属改由中央和浙江省共建共管，以浙江省管理为主。根据新的办学形势，学校及时调整办学思路，加大为地方经济、区域经济建设服务的力度。1999 年 5 月 8 日，经教育部批准，浙江丝绸工学院更名为浙江工程学院。2004 年 5 月 21 日，经教育部批准，学校更名为浙江理工大学。

四、不断易名迁址的浙江工商大学

在“大学墙”上的众多学校中，浙江工商大学也许是曾经拥有名称最多、改换校址最多的一所院校了。在百余年的办学历程中，它共 16 次易名，13 次迁址。正是以这样的方式，这所以“工商”为办学宗旨的学校，隐约向我们诉说着中国近代化的坎坷历程。

图 2－5　浙江工商大学校徽

1911 年 3 月 15 日(清宣统三年一月)，由绅士郑在常筹资，杭州中等商业学堂建立。同年 7 月，清政府学部批准立案。当时校址在杭州市马市街黄醋园巷。1912 年 8 月第一次更名为浙江公立中等商业学校。学校于 1914 年春迁入贡院前平安桥堍，原浙江两级师范学堂部分校舍(现为杭州高级中学校址)，更名为浙江省立商业学校，后又更名为浙江省立商科职业学校，于 1927 年迁入直大方伯(现浙医二院)。1928 年，学校再度更名为浙江省立高级商科中学,校址也随之搬到蒲场巷(今大学路)钱塘道伊公署旧址。1929 年 5 月,并入浙江省立高级中学中的商科,校址在贡院前(现杭州高级中学校址)。

1937 年抗日战争爆发,学校于 7 月迁往金华琐园,随后又迁往丽水碧湖镇。1938 年 6 月,更名为浙江省临时联合中学(商科)。1939 年 8 月更名为浙江省临时联合高级中学(商科),并于 1942 年 5 月迁往青田县南田镇。1942 年 9 月,浙江省立高级商业职业中学成立,学校也迁回丽水县碧湖镇。1946 年 1 月迁回杭州,暂借银洞桥绸业会馆,同年 10 月学校迁回贡院前平安桥。

图 2-6 浙江工商大学百年校庆纪念门

1949 年,新中国成立。1951 年夏,浙江省立高级商业职业中学迁至西湖金沙港。两年后,学校再次更名为浙江省杭州商业学校,并于 1963 年夏迁至教工路,以文二路校址为分部,正式成为了杭州高教区的成员。1963 年 7 月,学校更名为商业部杭州商业学校。1965 年夏,学校两个校区功能互换,校本部迁至文二路,教工路校址成为分部。1970 年,改建为杭州师范学校,校本部重设在教工路本部。1973 年 8 月,学校更名为浙江商业学校,两个校区功能再次戏剧性地互换,文二路校区再次成为本部,教工路校区则成为分部。1980 年 5 月,杭州商学院成立,并于 1985 年夏迁至教工路,文二路校址为分部。2003 年 9 月,下沙校区启用。2004 年 5 月 17 日,教育部教发函同意杭州商学院更名为浙江工商大学。杭州商学院成为浙江工商大学的独立学院。

浙江商业职业技术学院最早也可以追溯至 1911 年成立的杭州中等商业学堂。1980 年分建杭州商学院,原中专部与省商干校合并办学,校址在教工路。1982 年,浙江商校恢复招收中专生。1983年成立省电大商干校工作站，开始招收电大生。1985年7月，杭商技校并入浙江商校，校区分为教工路校区与德胜路校区。1986年7月，浙江商校、杭商技校与省商干校分开办学，校址在德胜路，省商干校仍在教工路，并于1995年12月建立省电大直属商业厅分校。1998年3月，四所学校合署办学，四块牌子一套班子，分德胜路校区与教工路校区；经省政府批准开始筹建浙江商业职业技术学院。2000年10月，在杭州滨江省属高教园区开始新校建设，2001年9月滨江新校启用办学，校区分滨江校区与德胜路校区。2002年1月24日，省政府正式批准建立浙江商业职业技术学院。

浙江工商大学迎着近代化浪潮而成立，为了图强求变而不断更革；它随着战火蔓延而西迁，又因重归和平而归来；它的两个校区不断地戏剧性地互换角色，与杭州不少学校的关系忽近忽远、若即若离。或许，它的历史本身就可以看作一本浓缩的中国近现代高校变迁史吧。

第二节　现代化进程中的杭城文教区变迁

1952年新中国首次院系大调整以来，杭州文教区经历了半个多世纪的沧桑历史。在20世纪90年代末高校陆续迁出时，该区域已经有近百所院校，毕业生累计也已超过百万。它们为杭州做出了不可磨灭的功勋，留下了令人难忘的回忆。然而，教育要发展、高校要成长，原有的文教区空间却不能容纳院校的这一诉求；加之市中心人口的持续增加、地价的迅速抬升，这些院校的陆续搬出几乎已是必然的趋势。这个人文荟萃的杭城文教区，终将被大片的新建商店与住宅所取代。在这种情形下，如何保存文教区已往的城市记忆，传承杭州悠久的文脉传统，就成为了摆在我们面前的重要课题。

一、教育现代化与杭城文教区变迁

十年树木，百年树人。从1897年杭州最早的现代化学校求是书院的建立至今，已过118个寒暑。在这百余年的时间里，中国经历了三千年未有的大变局。从洋务运动、戊戌变法到清末新政，从辛亥革命、清王朝覆灭到北洋军阀混战，从中国共产党成立、国共合作到北伐战争，从新民主主义革命、抗日战争、解放战争到新中国成立，从社会主义建设、探索到今天社会的转型与变革……中国经历了天翻地覆的巨大变化，一代代中国人用他们的血肉为新中国的革命、建设与改革修筑着新的长城。而正是教育，为中国的革命与建设输送了一批又一批的优秀人才，使得今天的中国人有了追逐梦想与憧憬未来的可能。

历数上述十余所院校的沧桑历史，我们发现很多院校最早可以追溯到清末，追溯到那个中华民族饱受世界列强欺凌的混乱年代。正是在民族危亡的紧要关头，一批有识之士意识到不学习西方的坚船利炮就不可能战胜西方列强，而学习建造坚船利炮就必须兴办实业、开设工厂，发展军事工业。要发展军事工业，就不得不发展重工业、交通运输业、采矿业，而要发展这些工业部门，则需要大量的资金投入。小农经济社会很难积累如此庞大的资金，为了积累重工业的资金，他们又不得不进一步去发展能在较短周期内提供流通资金的轻工业，如纺织、日用品加工等等。为了实现这些目标，又需要培养大量懂得现代工业技术的专门人才，于是不得不引进新式教育，建立同文馆、译书局。“一行变甲，便思变乙，及思变乙，又宜变丙，由是以往，胶葛纷纶”（严复语），中国的现代化就是这样一个从一个点向一个面不断弥散的过程。教育的现代化正是在这样的背景下开始的，浙江大学的前身求是书院、杭州师范大学的前身浙江官立两级师范学堂、浙江理工大学的前身蚕学馆等是清末现代化教育变革中永难磨灭的丰碑、典范。

在之后的动荡岁月里，不少院校在极为艰苦的环境和相当有限的空间里尽可能地寻求着发展。经亨颐、何炳松、竺可桢等优秀的教育工作者在这一时期为杭州教育事业做出了突出贡献。即便是在抗日战争的艰苦岁月里，这一代教育家也从未放弃现代化教育的目标与理想。他们在纷飞的战火中，在弥漫的硝烟里，率领着师生远征他乡，足迹遍布大半个中国。战乱并没有止住教育现代化的发展脚步，相反地，这时期的院校大多建立了自己的校训、谱写了自己的校歌，用精神力量鼓舞着人们的斗志，培育了许多大师级人物，造就了一个世界教育史上不可复制的“神话”。

1949年，新中国成立，中国历史翻开了新的一页。如果说清末以来的院校主要处于一种自发性较强的放任自由发展状态，院校的发展主要靠著名教育家的个人决策能力的话，新中国建立后的院校调整、发展则主要由强有力的全能主义政府主导。在社会主义建设时期，计划经济使得全国成为一盘棋，中央政府为了更好地使教育为社会主义的全面建设服务，大多数的院校都经历了一个调整、重组的过程。在这一院校调整过程中，建立了国家集中计划、中央部门和地方政府分别投资办学和管理的体制。这种体制在相当长的时间里发挥了中央和地方的积极性，培养了大批专门的高级人才，为社会主义建设和社会发展做出了重要贡献。

浙江大学可以说是一个很好的例子。当时，浙江大学被分为多所单科性学校，部分系科并入省外兄弟院校，其中留在杭州的院系形成了四所学校。1952年，浙江大学师范学院的全部和文学院、理学院的一部分与之江大学的文理学院等组合，成立浙江师范学院，后定名为杭州大学；浙江大学的农学院单独分出成立浙江农学院，1960 年更名为浙江农业大学；浙江大学的医学院等成立浙江医学院，1960 年更名为浙江医科大学。院系调整后的浙江大学成为一所多科性的工业大学。

可见，当时院系调整的一个特点就是将自发成长起来的综合性院校按照学科门类拆分，并将拆分出的学科与其他院校的相应部分重新优化组合。这种调整的结果就是一批专业性很强的院校形成，这显然是有利于专业化人才培养的。正是在这一时期，一大批专业院校逐渐集中于文一路、文二路、文三路、教工路、学院路，杭州的老文教区逐渐形成。

改革开放以来，我国的政治、经济、文化、教育等各方面都得到了迅速发展。特别是 20 世纪 90 年代以来，国家的政治、经济、文化发展遇到了前所未有的机遇；国家的社会主义民主制度和社会主义法制建设也越发完善，标志着国家政治体制建设的基本完善，国家的政治秩序也因之迎来了一个相当长的稳定时期；我国在国际上的地位也日益提高，与很多国家的外交关系日益正常化、实效化；更重要的是，我国的经济体制改革取得了实质性的进展，经济发展带动着社会进步，人民生活水平显著提升，综合国力大为增强。1992 年，邓小平南方讲话时，明确提出了要在中国搞市场经济，随后召开的中共十四大正式肯定了这一极其重要的指导思想。之后，中共中央和国务院制定了一系列方针政策、法律法规，把市场经济改革目标、任务系统化、具体化，勾画出了未来我国新经济体制的基本框架和实施战略。1995 年，中共中央又进一步提出实现“九五”规划，它和“2010 年远景目标”的实行成为当时两个具有全局意义的根本性战略举措。

随着改革开放的逐步深化，国家的经济发展逐渐融入国际经济发展的浪潮中，经济全球化深刻地影响着中国经济的发展。由于国家加大了与国际社会文化领域的多方面交流，越来越多的国外文化开始融入我国的传统文化，国内学术发展更是出现了“百花齐放，百家争鸣”的局面，中国的文化氛围由一维变为多维、一元变成多元。这一系列的变化自然也影响着我国教育事业的发展。随着国外教育思想、教育理念交流的不断深入，国家越发重视教育在增强国际竞争力中的重要作用，并因此制定了“把教育放到优先发展的战略地位”的重要方略。1993 年 2 月，党中央、国务院印发了《中国教育改革和发展纲要》。1994 年 6 月，党中央、国务院召开全国教育工作会议，为教育体制改革指出了明确的方向，为教育事业的发展提供了强大的思想武器。针对当时在实际工作中教育优先发展的战略地位尚未完全落实，教育投入普遍不足、公用经费比例下降、办学条件差等问题，为了确保教育优先发展的战略地位，贯彻落实国家优先发展教育的重大举措，推动教育事业的健康发展，经过十年的讨论，《教育法》终于在 1995 年 3 月 18 日正式出台。

虽然时代已经发生了深刻的变化，但当时的高等教育体制仍是计划经济下“一包二统三分割四封闭”的旧有体制，已然不适应新时期教育现代化建设的要求。所谓“包”主要体现在办学体制、投资体制、毕业生就业制度等方面，即国家包办大学，对学校包投资、包经费，对学生包培养、包就业。这一体制的弊端在于政府“统”得过死，学校失去了自主办学的权利，毕业生也没有自主择业权，遑论人才交流。“分割”即条块分割，其弊端在于：

第一，低水平重复建设现象严重。在原有的国家全能主义教育体制下，行业部委、地方其他厅局在院校和专业设置上不可能做到全盘考虑和统一规划。同一地区、同类院校、同类专业、同一方向的重复建设现象严重，根本不能做有效的统筹规划与协调。这不但直接导致了部门和地方低水平重复设置学校和专业，资源配置极为不合理，还处处形成了小而全的封闭办学体制。这使得本来就十分有限的高校财力过于分散，造成了各校经费困难，进而引发了办学条件差等问题，不但浪费了资源，还直接影响了学生综合文化素质的培养与提高。

第二，单科院校数量过多，院校综合性不够，整体能力不强。在 20 世纪 50 年代的院系调整之后，原有的综合性大学大多被拆分为专业性院校，并且对于专业做了进一步的细化设置。这样的院校办学模式对社会主义建设方方面面有着巨大贡献的同时，也带来了一系列的问题。从学生角度说，学科之间封闭、学术气氛单一使得学生的知识结构狭窄，普遍缺乏多学科思维方法的训练，难以适应学科间的融合，更难以培养综合能力与创新能力较强的高素质、高水平人才。在经济改革的新形势下，这种人才已经难以满足社会需求。从学校自身发展角度看，高度专门化也不适应现代科学技术综合化的发展趋势，学校自身更难以跻身世界一流大学的行列，在全球化时代竞争力受到很大影响。

第三，高校的人、财、物资源利用率不高，院校组织运行成本较大。据教育局有关资料统计，1978 年前夕(改革开放前夕)全国普通高校有 598 所，在校生共 86.7 万。一般而言，一所高校在校生数量以 4000—5000 人最为合适，但当时平均每所院校仅有 432 人，其中 5000 人以上的高校只有 4 所，3000—5000 人的高校也只有 34 所，而 1000 人以下的有 348 所，占高校总数的 60%。可见，当时学校规模小，管理人员多，办学成本高的问题已经很严重。

这些现实一再提醒我们，“一包二统三分割四封闭”的高等教育体制一日不打破，就不能培养出高素质的、全能型的社会主义建设人才，就不能实现教育资源的优化组合，就不能创建世界一流的高水平大学，也就不能实现“教育强国”的伟大设想。因此，针对新中国成立之后高等教育体制形成的中央部门和地方政府分别办学与管理的“条块分割”体制及其带来的种种弊病，《中国教育改革和发展纲要》中明确提出：“改变政府包揽办学的格局，逐步建立以政府办学为主体，社会各界共同办学的体制”，“国家对社会团体和公民个人依法办学，采取积极鼓励、大力支持、正确引导、加强管理的方针”。《关于深化高等教育体制改革的若干意见》更是明确指出，高等教育管理体制改革应做到“四个有利于”：有利于提高高等教育的结构，布局更加合理，更加适应我国社会、经济、科技和文化发展的需要；有利于高等学校举办者、管理者、办学者职责分明、职能规范、管理有序；有利于调动各级政府、社会和学校广大师生员工的积极性；有利于增强高校办学活力，不断提高教育质量和办学效益。

于是，我国高等教育办学体制改革“以政府举办为主，多种形式办学，努力改变原有高等教育体制的弊端”的目标最终敲定，一场规模空前的高校结构调整、合并办学、联合办学的浪潮随之来临。1998 年，由浙江大学、杭州大学、浙江医科大学和浙江农业大学合并成“新浙大”。通过合并，浙江大学成为高等学校的巨型“航空母舰”，成为当时学科门类最为齐全的综合性大学，有文、史、哲、经、管、教、理、工、农、法、医等学科，有 106 个博士点、13 个国家重点学科、10 个国家重点实验室、2 个国家工程研究中心，全校有在校生 3 万余人，1 万多名教职工，教授多达 800 余人。这样的高校合并，在一定范围内，学校规模以及学校内部系科和专业迅速扩大，有助于带来人力资源的节约，有利于学校间老师跨校区、学区的联系，有利于降低原来多校老师联合科研的难度，也有利于培养高素质的综合型、复合型人才。合并后，大学的机构大大精简，人均实际大大降低费用，办学效益相对提升。尤其是相关相近的高校合并后，机构和领导行政人员至少在原有基础上减少了三分之一，部分教师回到了教学第一线，对其他多项校办产业及经济实体则进行分流。这就为学校节省了部分的人头费和消耗性开支，有利于提高师生比例、降低教育成本，也有利于提高物力资源的综合能力。

这次规模宏大的教育改革除了涉及浙江大学的组建外，还与杭州文教区中不少高校的变迁有密切关系。1994 年，为了进一步贯彻落实《中国教育改革与发展纲要》，浙江省委、省政府召开了全省教育工作会议，省政府制定了《关于贯彻〈中国教育改革与发展纲要〉，加快我省教育改革和发展的若干意见》，确立了 90 年代我省教育发展的目标、任务和主要措施，提出了实施“9761”工程的计划。1995 年，浙江经济管理干部学院并入浙江工业大学；浙江农村经济管理干部学院并入浙江农业大学；杭州大学、浙江政法管理干部学院签订了联合办学协议。1996、1997 年两年间，浙江省进一步深化管理体制改革，加快高校结构调整，到 1997 年底已经完成 10 余所院校的安排调整。1998 年，新浙江大学组建成功的同时，浙江交通学校升格更名为浙江交通职业技术学院。1999 年，杭州化工学校与杭州应用工程大学合并成为杭州商学院，杭州船舶工业学校并入浙江工业大学。2000 年，浙江省部属高校转为省管为主。2001 年，浙江政法管理干部学院并入杭州商学院；杭州医学高等专科学校、杭州教育学院并入杭州师范学院。2002 年，下沙新高教园区全面开工，滨江高教园区基本建成并投入使用。2003 年，滨江高教园区、下沙高教园区西区、浙江大学紫金港校区基本建成；下沙东区、小和山高教园区一期投入使用。2004 年，杭州电子工业学院升格并更名为杭州电子科技大学，杭州商学院升格并更名为浙江工商大学，浙江工程学院升格并更名为浙江理工大学，浙江广播电视高等专科学校升格并更名为浙江传媒学院。随着下沙、滨江、小和山三个杭州新高教园区的建成与投入使用，杭州老文教区的很多院校陆续开始了搬迁，而原有的地段则被新规划的商业区、住宅区所取代。

二、杭州城市的有机更新与文教区变迁

杭州城市一开始就受到附近地形影响，始终在钱塘江与西湖之间选择营造城市、拓展发展空间。由于杭州地处海边，土地盐碱化程度较高，地下水一直不能用为生产生活用水，这种情况一直到明清时期才有所改变。因此，在唐代之后，随着西湖的疏浚，杭州城市逐渐形成了以西湖为核心的发展特征。在之后的相当长一段历史时期里，杭州一直延续着沿湖生长的城市形态，由南向北缓慢地膨胀着。时至今日，杭州已经形成了以武林广场为中心、呈准辐射状发展的城市结构。可以说，现在的杭州是在古代杭州发展的基础上扩建而成的，经历了一个类似“摊大饼”的城市空间发展历程。由是之故，杭州城市的空间格局一直较小，据有关资料统计，2001 年 2 月杭州行政区划调整前，市区面积仅为 683 平方公里，在全国省会城市中排倒数第二。这种城市空间布局严重影响了杭州的现代化建设与整体发展。

在改革开放之后，杭州开始了现代意义上的大规模城市更新。在前 20 年中，杭州面对突如其来的快速现代化，市民的生活方式发生了根本性变化，城市更新的意义也体现在对传统历史沉淀的全面扬弃和对外来文化的引进吸收，城市空间得到了大规模拓展。当时最为重要的是解决随着经济高速发展带来的住房紧缺问题，因此，这种城市建设上处于粗放式发展阶段，目的性与目标感并不突出。随后，伴随着城市经济持续的发展，最初产生的工业化和现代化的陌生感与新鲜感逐渐被普遍适应，大规模的粗放式发展慢慢显露出负面效应，严重影响了城市整体持续发展。于是，城市更新的意义开始向注重城市发展的健全性、整体性、多样性转变。城市建设工程中的浮躁态度和盲动行为逐渐趋向科学与理性，“旧城改造”的理念

也逐渐取代了“旧城重建”的理念，城市可持续发展意义的全面贯彻成为城市建设的主旋律。①

随着社会经济的不断发展和行政区划的重大调整，杭州明确提出了杭州城市将从以旧城为核心的团块状布局，转变为以钱塘江为轴线的跨江、沿江、网络化组团式布局。采用点轴结合的拓展方式形成“一主三副、双心双轴、六大组团、六条生态带”的开放式空间结构，并提出了城市将实施“城市东扩，旅游西进，沿江开发，跨江发展”，实施“南拓、北调、东扩、西优”的城市发展战略。在这样的战略部署下，钱江新城、城东新城、之江新城、蒋村新区等新城建设成为杭州城市建设与发展的新亮点。

如果说20世纪90年代的教育改革是一次由中央政府“顶层设计”主导的以教育现代化为目标的重大历史变革，对于杭州文教区的变迁起到的作用主要是外在的话，那么杭州自身的城市更新与发展则对于文教区的变迁有着更为内在的、更为根本的意义。杭州文教区的形成自20世纪50年代到90年代，经过40余年的发展，已经发展为一个规模巨大的城市中心文教区。经过近半个世纪的发展，文教区的高校已成为杭州城市重要的组成部分，但随着学校所在区域的经济、文化、居住等城市功能的日趋完善，学校自身的发展空间也受到了严重制约，土地供求矛盾日益紧张。新世纪以来，文教区中的很多高校成功搬迁，并初步形成了下沙、滨江和小和山三个新兴的文教区。

自文教区大量院校外迁以来，高校自身获得了更多的发展空间，文教区周围的“老城区”土地被更多地解放出来，从而不但加速了高校原所在区域的城市发展进程，也加快了城市新区的发展，实现了高校与城市的双赢，对杭州的现代化城市建设有着十分重要的意义。从现代化城市建设角度来看，文教区院校搬迁有利于拉动杭州城市空间向外拓展，加速了杭城周边下沙、滨江等新城区的建设。在现代经济体系中，经济区位要素的形成主要是以企业为中心拉动的，随着城市化进程的展开，传统的工业经济逐渐向新的经济形态过渡，劳动力、资源密集型企业向科学技术、人才信息密集型企业过渡。在这一经济发展的新形势下，高校对高新技术企业有着很大吸引力，从而具有聚集企业的魔力。因此，高校正日渐成为培育经济竞争位势、拉动城市空间外延、加速新区建设的重要力量。大学城附近自然环境优美、文化气息浓郁、信息基础设施良好、相关配套设施齐全，这一切对都对新型企业具有强大的吸引力，满足了高新技术产业者对环境的追求，吸引他们在大学城附近从

① 叶鸿志. 城市更新背景下城市道路综合整治的研究与实践. 浙江大学硕士学位论文，2012.

事科研、创业等活动，推动了该区域的专业人才储备和技术储备进程，促进该区域的发展。

从城市土地利用角度来看，文教区院校搬迁既有利于盘活城市老城区的土地资源，又有利于拉动大学城周边的土地升值。现阶段，我国大多数城市的经济发展还是以投资驱动为主，因此，地方政府普遍选择了“房地产开发、城市基础设施建设及招商引资”的发展路径，围绕土地经营和房地产开发做文章，通过土地出让金来增加城市财政收入。然而，这一路径的问题在于，随着城市建设速度的加快，城市中心区可以征用的土地将越来越少，地方政府的财政收入将受到严重影响。因此，将市中心的高校土地出让，就成为地方政府大量储备老城区优质土地的重要渠道与不二选择。

一方面，高校需要进一步扩大办学规模以维持自身的不断充实与发展，这一目标需要校区在原有基础上进行扩建，但市中心的土地资源却越来越紧张，使得高校的扩建几乎成为一个不可能完成的任务，严重影响着高校的自身发展。另一方面，城市发展带来了人口的增加与住房紧张，对于住房的刚性需求呼吁城市尽可能多地拓展住宅用地，而相应的配套设施又将占去大量土地。于是，在高校扩招和自身空间受限这一直接动力与土地盘活和市场推动这一间接动力的共同推动下，高校从老城区向城市新区的搬迁几乎成为了国内现代化城市建设中的共同做法。

利用高校老校区所处的良好区位条件和深厚的文化底蕴，高校老校区所占用的土地往往成为地产开发追捧的热点，屡屡成为城市土地出让的“地王”。高校搬到郊区，腾出老城区土地，盘活土地资源，利用级差地租获得大量的土地和资金，既拓展了自身发展的空间，又在一定程度上缓解了老城区的土地供求矛盾。另一方面，院校向下沙、滨江等城市新区搬迁带来的集聚效益能够带动新区服务产业的发展，服务业的内容逐步由生产辅助型服务和生活服务扩展至提供经济内在需求的服务。自从下沙高教园区投入使用，该地段的土地价值就一直处于稳定的上升中，已经成为许多房产投资商在杭投资的新目标，新房盘建设争先恐后、络绎不绝。应该说，该区域土地的升值和房价的飙升是城市发展和地区建设，以及周边配套的成熟等多方面因素综合作用的结果。事实上，大学城的兴建加速了土地和房价的升值过程，使投资商和发展商看到了政府的发展意愿和城市未来的发展方向，看到了投资回报的潜力，加速了其投资的决策，加大了对该地区的投资力度。

另外，文教区院校的搬迁也能够提升城市的专业人才储备数量和层次。文教区各高校借搬迁实现了自身的跨越式发展，扩大了办学规模，多数院校的用地面积得到较大幅度的提升。异地新建校园提高了高等院校的办学种类和水平，部分院校借此契机“由学院变大学，由专科升本科”，各高校通过高校搬迁使教学环境得到了极大改善，高校的快速发展为城市储备了大量的人才，其办学层次涵盖了专科、本科、硕士、博士等多个层次。

不过，文教区高校搬迁同样也有着不可回避的消极影响。院校的迁出使得文教区公共开放空间被大大压缩。高校并不是局限于校园围墙中的教育实体，而是与社会及市民保持高度接触的一个开放性社区：一面是社会为大学提供生活、购物等服务，另一面是大学为社会提供业余教育、培训与休闲活动场所。大学校园内的运动场、体育馆、绿化环境都可以为社会服务和被社会利用，作为城市的开敞空间的高校，与城市水乳交融，为市民的生活提供了更多的可能性。然而，在高校搬迁之后，其老校址多是用作房地产开发，化作商业用地、住宅用地。为追求经济利益最大化，高容积率、高密度的开发模式取代了环境优美、低密度、高绿地率的开敞校园；严格的物业管理、连续的沿街商业网点或围墙使得城市中原有的开敞空间变成了封闭的私家大院，老城区中的绿色空间和开敞空间正在逐渐消失。大学校园浓缩的文化信息构成了城市文化的多样性和独特性，在一定程度上也代表了城市的特色和个性。但这样优秀的城市公共空间却在其自身发展和城市发展的特殊阶段灰飞烟灭，不得不说是一种遗憾。

在这一轮院校搬迁运动中，部分高校因新建大学城背负了沉重的债务负担。大学的核心竞争力在于其教学质量和科研水平，这些“软件”因素需要长时间的培养、积累和维持，这对于追求“立竿见影”的高校领导者而言，显然不是最优的选择。在现行的体制下，高校开始盲目追求数量上的增长，而忽视了质量上的提高，走上了粗放型发展之路。为了在最短的时间内彰显自己的业绩，高校纷纷大兴土木，圈地造楼，甚至斥资数亿元新建大学城，这样的做法与学校的教学质量和科学研究水平之间几乎没有任何正相关性；相反，这使得部分高校负债累累。据统计，2005 年以前中国公办高校向银行贷款总额达 1500 亿元到 2000 亿元，且几乎所有的高校都有贷款；除银行贷款外，还包括工程建设方垫付资金和一些单位的投资等债务，保守估计我国公办高校债务总计已达 4000 亿元。据相关资料显示，北方某重点大学目前已负债 30 亿元，自 2005 年起，该校每年要支付的贷款利息多达 1.5 亿元至 1.7 亿元，学校资金入不敷出的情况日趋严峻。由此可见，盲目的建设和攀比给高校未来的发展留下了极大的隐患。

更为重要的是，搬迁后旧有文教区地域校园文化的逐渐消失。文化是社会发展的不竭动力，是城市之根；高校是城市文化的根源，可以说没有高校的城市是不完整的城市。高校在潜移默化地影响着城市的文化，同时也受到城市精神的熏陶。高校的校园文化作为城市文化重要的组成部分，起到提升城市文化内涵、升华城市形象、凝聚城市精神、推动城市文化发展的作用。但高校搬迁到城市外围后，对城市文化的辐射力逐渐减小，城市内原有的文化根源、人文环境缺失，人文精神逐渐被淡忘，剩下过多的是大尺度的地产广告牌和貌似"和谐发展"的城市畅想，没有真正的文化思想，徒剩口头的文化主义。过度的商业开发将高校在老城区积淀下来的人文、历史痕迹一并抹去，而使文化的内涵仅仅停留在售楼书那薄薄的一页纸上。高校搬迁后的老城区里只见商业地产的喧哗，不见其文化内涵的沉淀。虽然我们依然还在使用文一路、文二路、文三路、教工路的名称——它们曾经是文教区的血脉，但是作为躯体的高校却早已湮没在琳琅的店铺与一片片的住宅之中。

对高校自身来说，高校发展的灵魂在于继承过去，对历史的尊重和校园传统的延续是校园文化的本质特征。新建的大学校园不仅需要具有良好的物质环境，更需要富有人文品质的精神环境。大学校园的人文环境是非物质的、无形存在的，具体体现在人的思想意识与深层结构之中，是一个抽象的概念；大学校园的人文环境必须通过具体的校园空间环境来表达和体现。众多高校大都经历了数十年乃至数百年的积累和沉淀，人文情怀较为厚重，而新建大学城往往缺乏环境的塑造，加上校园大多不对外开放、实行物业式管理，削弱了高校与城市之间的交流，因此新校区人文环境的培育成为新建大学城建设的重任。其实，在搬迁的过程中可以考虑保留一定的标志性建筑，通过有选择性地保留历史片段并将其融入新校区的建设，我们可以尽可能地保持校园文化的延续性，传承其悠久的精神与传统。

对高校原址的地域而言，高校的发展轨迹代表了其所在城市区域自身发展的部分记忆。从 1952 年被辟为文教区以来，经过半个多世纪的发展，杭城文教区已形成以高等院校为主体的现代教育基地，拥有各级各类院校近百所，毕业生也累计超过百万人。它对于杭州而言，意义不言而喻；对于这些院校的毕业生而言，重要性更是毋庸赘言。然而，它的离去却是城市化进程推进和教育事业发展的必然，这样的城市记忆如何保存？这样的悠久文脉又如何传承？

如上所述，在旧城区周边建设新城、卫星城，几乎是所有现代城市更新过程中做出的共同选择。新城区的建设既能扩展城市空间，又能减轻老城区的人口、交通压力，还能够扩大城市腹地的辐射面积，可以说是一个一举多得的绝佳选择。然而，老城区在不断扩张的城市建设中应该扮演何种角色？多年来自发形成的复杂而凌乱的道路如何整治？城市变迁中日益消逝的城市记忆碎片又如何能够拾起？

在城市更新理论中，吴良墉曾提出"有机更新"的概念，主张采用适当规模、合适尺度，依据改造的内容和要求，妥善处理目前与将来的关系，要根据改造对象现状进行区别对待。从广义的角度来看，"有机更新"理论至少包含了以下三层含义：首先，城市像生物体一样，从整体到局部都应该是有机的，彼此相互关联、和谐共处；其次，构成城市的各个组成部分应不断地新陈代谢，但必须顺应原有城市结构；最后，这种代谢的过程应该是逐渐的、连续的，应遵从其内在的秩序和规律。“有机更新”理论主张在更新改造中，按照城市的内在发展规律，顺应城市的肌理，在可持续发展的基础上探求城市的更新与发展。

近年来杭州市提出，“杭州已经到了一个要把城市更新作为城市化的战略来提的时候”。这里的“城市更新”指的是“以有机更新、和谐更新、创新更新为理论保障的，禀着科学发展观，坚持人性化可持续发展为特色，小规模、渐进式的城市更新”。杭州在积极向外扩展新区的同时，坚持两条腿走路，同样也将城市中心区的城市更新改造作为城市建设的重点，大规模的道路改造、街景小巷整治、风景区改造大大改变了城市形象。尤其是城市中心区以道路改造带动城市街景整治，使杂乱、粗糙的城市环境变得整洁、精致、美丽。杭州的旧城改造战略使得杭州城市建设进入一种良性循环：旧城改造让城市更加美丽，高品位的城市更吸引高素质的人口，高素质的人口又会给城市带来高素质的产业与文化，从而提升城市的活力与品位。

道路整治是杭州旧城区改造的核心内容。在道路整治的各项工程开始前，杭州旧城区道路普遍存在的问题有：一、通行能力不足、交通拥堵、市政设施陈旧；二、道路环境较差，整体性不强，对历史文化挖掘与保护不够，缺少反映地域特色的集中展示场所，进而影响城市整体形象；三、道路沿线缺少开放性公共空间，特色景观组织及环境质量有待进一步加强与提高；四、道路沿线建筑形象各异，没有统一风格特征，色彩不协调，依附于建筑上的广告泛滥；五、绿化不足，尤其是道路缺乏足够的绿化。① 针对以上问题，杭州先后进行了“三口五路”、“一纵三横”、“两纵三横”和“五纵六路”等一系列道路综合整治工程，老城区面貌焕然一新，城市形象得到有效提升，走出了一条“以路带整治、以路带开发、以路带改造、以路带保护、以路带管理的城市道路有机更新之路”。②

值得一提的是，在这种“城市道路有机更新”理念指导下的杭州城市道路整治更注重对于老城区城市记忆的维护与保持。在“一纵三横”（主要涉及庆春路、凤起路、曙光路-体育场路、保俶路）道路综合整治工程中，市委、市政府明确提出，在改善交通、提升人居环境的同时，不忘拾起历史的记忆，“重拾历史碎片”。在这种道路整治理念指导下，“一纵三横”工程广泛听取了各方面意见，邀请人文、历史、文

---

① 叶鸿志．城市道路综合整治方法初探——以杭州“两纵三横”道路综合整治工程为例．建筑与文化，2011(4)．

② 王国平．推进城市有机更新　走科学城市化道路——关于城市化挑战与杭州城市有机更新的思考．政策瞭望，2008(5)．

保、社会学等领域的专家学者对道路历史文化内涵进行研讨,深化历史文化挖掘与整理方案,并专门成立论证专家组,进一步完善整治方案。该工程一共重拾历史文化遗存点112处。

每个历史文化遗存点"重拾"的手法不一。有的属于突出表达的节点,譬如红楼将作为杭州市城建历史陈列馆对外开放,求是书院将作为杭州教育史陈列馆;譬如新辟一个纪念性公园,像岳王公园,建在庆春路和浣纱路的交叉口。还有的只是立块碑、建个图标,做一般表达和简要提示。该工程为存留老城区文脉、保护城市历史文化记忆、践行"城市道路有机更新"的理念起到了示范作用,有着重大意义。

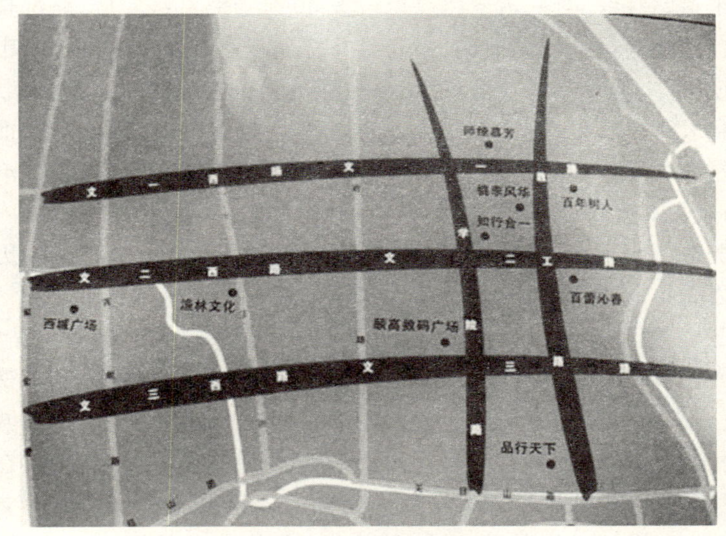

图2-7　"两纵三横"工程示意图

"两纵三横"工程。"两纵三横"整治的5条道路范围为教工路、学院路的天目山路至余杭塘河段,文一路、文二路、文三路的莫干山路至紫金港路段,全长22.5公里。各条路具体情况如下:①

文一路(莫干山路—紫金港路)长5.7公里,为城市主干道,原文一路在益乐路至教工路段宽仅为30米,其余路段宽30～40米不等,路况较差。

学院路(天目山路—余杭塘河)长2.5公里,为城市次干道,原学院路在文一路以北段道路车行道宽为22米,文一路以南段道路中间机动车道宽为18米,机动车

① "两纵三横"五条道路原先通行能力普遍不足.中国杭州政府门户网站,2008-9-22(http://www.hangzhou.gov.cn/main/zwdt/bzbd/szcf/T261246.shtml).

和非机动车混行，混凝土路面，供水管全部为铸铁管，雨污水管网老化，排水不畅，雨天积水严重。

文二路(莫干山路—紫金港路)长5.9公里，为城市次干道，原文二路的古翠路以西段机动车道宽24米，为沥青路面，古翠路以东段机动车道宽18米，为混凝土路面，路况较差。

教工路(天目山路—余杭塘河)长2.4公里，为城市主干道，原教工路为机动车双向四车道，基本为混凝土路面，路况较差，雨污水管网老化，排水不畅。

文三路(莫干山路—紫金港路)长6公里，为城市主干道，原文三路的古翠路以西段按36米道路红线实施，古翠路以东段按30米道路红线实施，路况较差。

整治前，摆在建设部门面前的，就是这5条老路。通行能力不足、市政设施陈旧、整体环境较差、建设品位较低、道路整体性不强，这就是5条道路的状况。改善道路通行情况，这是首要任务，像这么大的工程，5条路同时铺开建设，而且集中在同一个区域，交通组织和建设任务相当艰巨。此次"两纵三横"综合整治工程不仅包括道路市政、拆迁、绿化调整、立面整治、截污纳管、桥梁栏杆、亮灯、广告和店招牌整治，强弱电上改下，无缝链接等，而且深入挖掘了各条道路沿线的历史文化碎片，并通过建立主题式绿地、统一特色元素等方式进行保护和展示。

"两纵三横"道路整治挖掘出了12处历史文化碎片，通过雕塑小品、石刻铜牌等形式，向人们展示了丰富的文化内涵和历史底蕴。此次"两纵三横"整治工程很大程度上是一次传承历史的文脉工程。随着城市化快速推进，杭州主城中心区发生了很大变化，作为中国七大古都之一的历史风貌已基本不复存在，但在这5条道路及周边范围内，历史的碎片却大量散落其间。建设部门成立了历史文化遗存挖掘评审领导小组，邀请沿线浙大、浙江工商大学等高校的教授和城建、地方志研究等方面的专家共同参与，坚持原真性、系统性、协调性、连续性、大众艺术性和可识别性六大原则，整合资源、选准主题、突出重点，以雕塑小品、石刻铜牌等形式，结合绿化布置，向人们展示了杭州丰富的文化内涵和历史底蕴。其使杭州这座历史文化名城的风貌更加完整，让历史文脉在现代化、城市化进程中得以传承和延续。

道路整治后的城西，不仅通行能力大为提高，还增添了不少有趣的小品。在文一路和教工路交叉口的"百年树人"雕塑墙，就是一个对城市有机更新中城市记忆保护的美妙诠释。或许，在教育现代化与城市现代化不得不深入开展的今天，这是解决该问题的最佳抉择吧。

第三章　京杭大运河在杭州的变迁与功能变化

第一节　大运河的历史背景

交通运输在人类的文明发展历程中，扮演着重要的角色。在《史记·夏本纪》中，司马迁描述当时人们的运输交通方式共有"四载"，即所谓的"陆行乘车，水行乘船，泥行乘橇，山行乘檋"。其中，在天然的河道水系，尤其是不易修筑道路的非平原但水系发达的地区，水路运输就格外重要。有时候为了弥补天然河道在长度或者流向上的不足，人们便开凿运河加以辅助。随着社会经济文化的逐渐发展和农业技术的逐步提高，运河的开凿亦被附加上农业灌溉、文化交流、连通区域经济、满足政治需要等功能。在中国古代的历史上，出现过许多著名的人工运河，其中被后人称为京杭运河的大运河历经数朝开凿、修筑、改道、疏浚，最终在元代形成始于杭州，终于北京，绵延数千公里，贯穿中国东部浙江、江苏、山东、河北、天津、北京六省市的庞大规模。它是中国重要的历史文化遗产，凝聚了古代劳动人民的智慧与血汗，在中华大地上，是不亚于万里长城的雄伟工程。

有关大运河的历史研究，早已有无数前辈学者的累累研究硕果。且大运河从古至今开凿旷日持久，其在不同时期和不同区域的变化亦相当复杂，因而笔者无意在此长篇大论。本章所试图研究与分析的，是大运河江南段(包括杭州市内大运河的系统)对杭州物质和人文历史的影响，和在杭州城市化进程中所发挥的作用。本节首先将简略介绍大运河江南段的历史沿革，为本节，乃至本章的研究以及讨论提供一个历史背景的支撑。此后，还将讨论运河对于杭州城市空间布局、城市发展、城市记忆等方面的影响，以及运河随着杭州的城市化、现代化与产业结构调整，其在城市中的功能与角色的变化。本节关于这些方面的探索，目的是能够对研究者和读者们充分了解大运河和杭州这座城市从古至今紧密的联系有所帮助，以及通

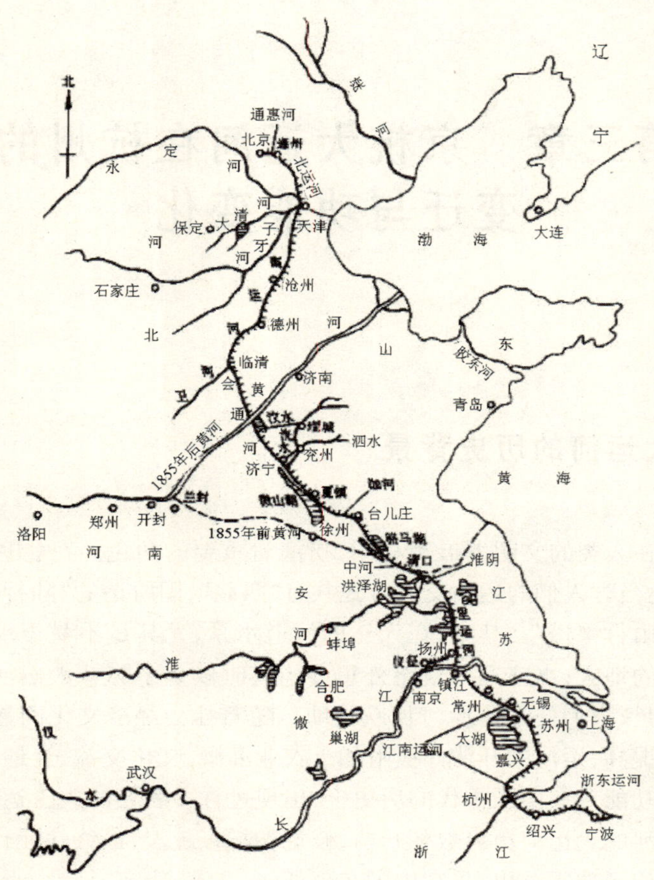

图 3-1　京杭运河全线分段示意图

过本节的内容分析解读在杭州，以至于整个江南地区历史上的地缘变迁中，大运河扮演了怎样的角色，而大运河的变迁，对于整个杭州的城市记忆，又有着怎样物质与精神层面上的深刻影响。

一、运河江南段之沿革

贯通南北的大运河，其最早出现雏形，也是古往今来运作最为顺畅的其中一段，就是本节将要简单梳理其沿革的江南运河。

江南运河以杭州作为起点，南接钱塘，北连长江。在其所经过的区域内，早在春秋时期，就有人工开凿河道的历史记录。在《越绝书》卷三《外传记吴地传》和卷八《外传记地传》中，为吴国阖闾、夫差父子两代所开凿，向北通至扬州的有吴古故水道，向南通至海盐有百尺渎、吴塘。秦汉时期，又有始皇所筑江南陵水道，俗称马塘。在东汉末三国初期，孙吴张勃记载道“句容县，大皇(孙权)时使陈勋凿开水道，立十二埭以通吴、会诸郡。故船行不复由京口”[①]。从这一项方便建业(南京)到包括苏杭地区在内的吴越之地水路运输，避免经过镇江(京口)遇到江水之险的工程记载中，可见江南运河在过去的堤堰水渠中，通过连接和开凿新渠等手段形成的雏形。孙吴末年的丹徒至云阳水道，也见诸记载。此后，虽然江南地区在东晋南北朝时期处于逐步开发发展的阶段，史料中也时见有开凿河渠、建筑堤埭等水利工程记录，但江南运河系统的开凿与形成，还是要等到隋代才显端倪。

隋炀帝的大运河由北至南，主要分为纵贯黄河、海河的永济渠，由大兴城(今西安)至黄河的广通渠，联系起淮河流域、黄淮平原以及太湖地区的通济渠，江淮地区的邗沟，以及江南运河五段。通过魏嵩山和王文楚先生根据唐李翱《来南录》、南宋陆游《入蜀记》、周必大《壬辰南归录》及《乾道庚寅奏事录》的记载，隋代的江南运河，北起镇江京口港入长江，东南经丹徒、丹阳、常州、无锡、苏州、吴江、嘉兴等地转向西南，沿上塘河至杭州与钱塘江相通[②]。清乾隆《镇江府志》卷二《漕渠》记载：“隋大业六年，敕穿江南河，自京口至余杭八百余里，广十余丈，使可通龙舟。”[③]这条运河的河道就主要建立在三国时期吴国开凿的破冈渎东面自丹阳至苏州、绍兴水道以及南齐所修筑，作为破冈渎东面延伸段的丹徒水道上。

唐代大运河大体上沿用了隋朝的人工运河体系，虽有航道调整，但大体不出故道范围。在江南地区，江南运河的开通不但使得江淮粮食得以运抵关中，也带来了江南地区经济的繁荣发展和楚州、扬州一类商业城市的兴旺发展，江南地区润、升、常、苏、湖、杭、越、宣、歙九州人口在天宝年间达到 69 万户，约 470 余万人，比起运河初开的隋炀帝时代地理位置大致相同的丹阳、宣城、毗陵、吴、会稽、余杭、新安七郡 12 万余户人口有了数倍的剧烈增幅[④]。加之五代时吴越王钱镠大力发展水利农业，江南地区更是成为著名的鱼米之乡。且由于江南运河地处较少受到唐中后期以及五代战乱波及的地区，因此在通航条件和河道状况上相较于北方中原地区的

① 朱偰. 中国运河史料选辑. 北京：中华书局，1962.

② 陈述. 杭州运河历史研究. 杭州：杭州出版社，2006：16.

③ 朱偰. 中国运河史料选辑. 北京：中华书局，1962：21. 此处注解亦引用《建康实录》孙权于赤乌八年派陈勋修建破冈渎的记载。并有《齐志》中丹徒水道记载，表示江南运河并非隋炀帝始凿“不过开始宽广耳”。注中另外提到江南运河最早可能始于秦始皇，但无深入求证。

④ 朱偰. 中国运河史料选辑. 北京：中华书局，1962：29—31.

运河更为良好，为宋代的运河水路运输也起到了重要的作用。

北宋时期，因为运河河道走向基本沿袭前朝，所以有所发展的即是闸堰工程与河道的维护与修缮。举例来说，淳化元年(990)，江南运河润州(今镇江)京口、吕城，常州的望亭、奔牛，秀州杉青等堤堰被废除，改为可以调节运河水量，方便船只运行的水闸，并在熙宁元年(1068)诏设杭州长安等三堰监护使臣，对运河进行巡视、维护、疏浚，并监督水闸运行①。日本僧人成寻在熙宁中期自杭州乘船沿运河北上，就曾经记录下杭州—盐官—秀州—苏州—润州路线上的河堰船闸状况。在杭州城市内部，苏轼在熙宁年间疏浚了沟通钱塘江和江南运河的茅山河和“大河”(盐桥运河)，建筑防止泥沙淤积河道的闸门，保障了大运河系统在杭州城区的水运顺畅。宋室南渡后，由于王朝政治中心的变更，大运河江南一段在地区乃至全国的政治经济重要性更加不言而喻。南宋王朝视江南运河为生命线，正如北宋对待京城的汴渠。《宋会要辑稿·方域》第十七卷记载时人评论：“自临安至京口，千里而远，舟车之轻从，邮递之络绎，漕运之转输，军期之传递，莫不由此途者。”通过从临安府北郭务至镇江江口的运河河道，南宋的人们可以自水路到达江淮、两湖甚至四川，所谓诗作船歌中的“苏、秀、湖、杭总弟兄”，所描写的情况即是如此。

元代至元十三年(1276)，伯颜在攻占南宋临安城后，江南发达的航运对其有极大触动，因而向元世祖表示：“江南城郭郊野，市井相属，川渠交通，凡物皆以舟载。比之车乘任重而力省。今南北混一，宜穿凿河渠，令四海之水相通。远方朝贡京师者皆由此致达，诚国家永久之利。”②元世祖对此深以为然，由此，元代大运河在经过浩大的工程之后，一改隋唐时大运河的东西布局，随着朝廷定都大都的政治中心转移，将运河改造为南北布局。对于江南运河，元代在至元二十九年(1292)疏浚了浙西河道，整置堰闸，并配合镇江一带运河的维护工作疏浚了吴淞江、太湖、练湖等处，设置海塘。对于包括了大运河起点杭州在内的江南运河南端，元延祐三年(1316)疏浚南宋故都临安城内龙山河，使其沟通钱塘江和城内故有河道，便利通航。同时早在南宋淳祐七年(1247)，由于过去承担起杭州城北运河通航功能的上塘河断流，时人引东苕溪水入西湖，又在德清奉口开河引东苕溪水至北新桥，方便漕船从下塘河奉口河北行转东。元至正时期，考虑到钱塘江北岸不断淤涨，钱塘江与杭州城内上塘河水道不畅，使得上塘河航运条件进一步恶化，便沿用南宋处理方式，整修杭州至奉口的河道为运河所用，奠定了如今的运河河道面貌。③

---

① 孙忠焕. 杭州运河史. 北京：中国社会科学出版社，2011：57.

② 姚汉源. 京杭运河史. 北京：中国水利水电出版社，1998：103—104.

③ 姚汉源. 京杭运河史. 北京：中国水利水电出版社，1998：121—122.

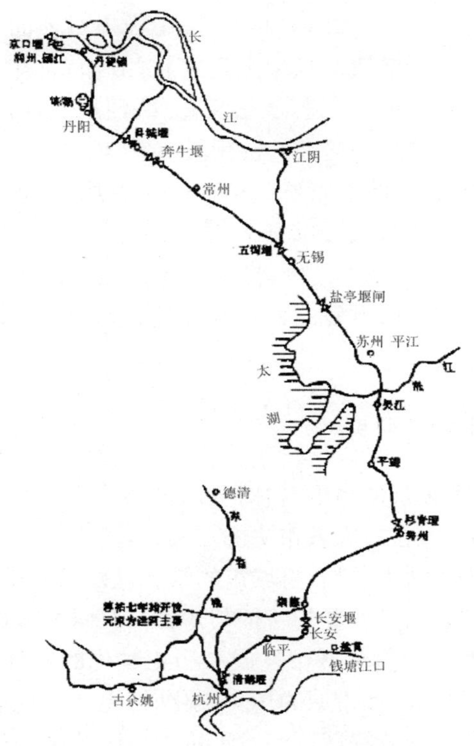

图 3-2　元代前江南运河示意图

明清两代对于江南运河，以疏浚和根据地理环境的变化来对河道进行局部改建维护为主。但是在明清两代晚期，由于政治局面不平稳，兼之经济衰退，河工逐渐不兴，河道淤塞损毁现象屡见不鲜。清同治年间，漕粮九成以上改为海运，光绪二十七年(1901)漕运停办，运河愈加破败。① 直至民国初年，长约三千余里的京杭大运河仅有天津至临清，黄淮、江淮流域小部分地区以及江南运河数段可供通行，从杭州出发，北至嘉兴府城、苏州吴江和镇江京口，人称“八百里平江”的运河河道也不复从前南北贯通，船舶桅帆蔽日的盛况。民国政府多次主持修浚维护，但由于社会动荡，战火频仍，经济捉襟见肘等原因，运河状况难以得到全面改善，直至1958 年 4 月新中国批准交通部整治运河计划，才使得京杭大运河开始重现活力。2012 年 7 月，京杭大运河列入国家申遗预备名单，运河沿线在 8 个省、直辖市的 31 个遗产区的 27 段河道和 58 处遗产点将采取共同申遗的方式，在 2014 年将方案提

① 陈述.杭州运河历史研究，杭州：杭州出版社，2006：25—29.

交世界遗产委员会会议审议。2013 年 4 月，在扬州召开的全国运河申遗大会上，国家文物局确认在一百余个遗产点中大运河杭州段首批申遗点名单，将包含 6 个遗产点、5 段河道，即凤山水城门遗址、富义仓、桥西历史街区、西兴过塘行码头、拱宸桥、广济桥，江南运河吴江—嘉兴—杭州段(余杭塘栖—杭州坝子桥、江浙省界—杭州坝子桥段的杭州塘、上塘河)、杭州中河—龙山河、浙东运河主线。[①] 这些遗产点，在 2013 年 7 月到 8 月，接受了国际古迹遗址理事会专家的现场考察评估。2014 年 6 月，中国大运河成功入选世界文化遗产名录。大运河申遗成功，无疑能够对这古老的中国奇观进行更好的保护与开发，大运河也将在新的历史舞台上焕发新的生机。

二、运河与杭州城市研究

城市作为人类文明发展的重要载体，可以说涵盖了人类社会活动中政治、经济、文化等各个方面的内容。在研究城市史的层面，作为中国城市史研究中结构—功能学派的大师，隗瀛涛先生认为，只有将城市的结构以及其功能的演变作为研究重点，才能揭示城市发展最基本、最重要的特征与规律。在研究城市结构以及其功能变化时，笔者认为可以选取一个贯穿城市发展和历史文化的标杆性对象作为研究样本。由于今人在研究杭州这座千年古城的历史文化时，无法忽视运河在这一范畴研究中的重要作用，故而本节将分析解读运河对于杭州城区范围变化以及杭州城市布局所产生的影响。由于城市历史文化研究是一个包罗万象而研究切入角度多种多样的领域，笔者无法，也不可能在一小节有限的篇幅内将运河对杭州历史文化研究产生的作用和影响多方面地详细阐述，故而只选择以上两点管中窥豹，进行解读和分析。作为杭州城市发展的见证者，运河对于杭州历史文化研究的作用尚不止于此。

（一）运河与杭州城市范围及规划变化

自隋代杭州设立州城，奠定了千年以来杭州城市的基本方位之后，大运河中的江南运河一段，即施坚雅所描述的在一个经济发达地区中，主要技术水平通过大量累加投资转化成为整个地区的社会公用建设和城市间赖以链接的交通基础结构之一[②]，就成为了杭州城市的一个重要组成部分。在研究杭州城区范围变化和规划格局的层面上，运河的存在就具有重要的参考意义。

---

① 宋意丽. 大运河申遗工作进入"迎检"阶段：杭州段 6 个遗产点 5 段河道列入首批申遗点名单. 青年时报 A6 版，2013 - 4 - 16.

② ［美］施坚雅. 中华帝国晚期的城市. 叶光庭等译，陈桥驿校. 北京：中华书局. 2000：252—253.

在西湖与钱塘江、杭州湾连通时，如今的杭州城区还是一片汪洋。长年累月的潮汐使泥沙不断淤积于杭州湾，至东汉时，杭州地块从宝石山麓到吴山山麓之间才慢慢形成陆地，开始吸引定居居民。苏轼在《钱塘六井记》中所云“潮水避钱塘而东击西陵所从来远矣，沮洳斥卤化为桑麻之区，而久乃为城邑聚落，凡今州之平陆，皆江之故地”，即是说明当时的杭州地区，原本便是建立在淤积滩涂之上。[①] 而从秦代始设立的余杭县，以及此后的钱塘县直至南朝钱塘郡，杭州湾畔钱塘江口这一地区的政治经济中心从现今的余杭转移到如今的杭州城区范围，则要等到隋代开皇年间由平叛江南的重臣杨素所主持建造杭州州城。《乾道临安志》卷二引《九域志》云“隋杨素创州城，周围三十六里九十步”，《太平寰宇记》卷九十三中则记载“(开皇)十年移州居钱唐城，十一年复移州于柳浦西，依山筑城，即今郡是也”[②]，而柳浦，据魏嵩山先生考证，即位于如今杭州城区钱塘江右岸南星桥一带，杭州州城的大致范围南北在凤凰山与今体育场路之间，东西则濒临中河与西湖。[③] 隋平定江南之后，出于对江南地区的控制，以及促进中原地区与社会经济逐渐发展，堪称鱼米之乡的江南地区互通有无，于是在秦以来古运河以及天然河道的基础上，于大业六年(610)修筑身为大运河一部分的江南运河。从此，杭州城市就和大运河紧密联系在一起了。

隋代国祚短暂，但为杭州的基本州城范围打下了基础，唐代杭州城市也就依隋旧形而建，在西湖与运河之间呈南北走廊状分布。州治据南，县治坐北，向西分别依靠凤凰山与宝石山，[④]治所之间遍布市肆坊巷。而运河处在城市的东面，除了作为城市的水路运输要道和取水来源以外，还有城市界线的标记作用，与杭州山麓的天然屏障一道，划定出了杭州城市兴起之初的基本城区范围。同时，由于在隋唐时期，杭州城市的地势与今相比要低 2—3 米，参照现今杭州城区地面高程最高地区约 8—9 米，最低处如卖鱼桥西、三墩、古荡一带则低至 3 米以下的数据，隋唐时期的杭州城区最高不过 6—7 米，最低地区高程约为 0—1 米，而当时浙江海面要比现今海面高出 1—2 米，[⑤]海潮对于城市的威胁就相当巨大。当大型的潮汛到来的时候，海水就可能淹没城市，同时将咸水与泥沙冲入运河河道，造成运河用水的污染

---

① 魏嵩山．杭州城市的兴起及其城区的发展．历史地理：创刊号．上海：上海人民出版社，1981：161—162.

② 周峰．杭州历史丛编之二：隋唐名郡杭州．杭州：浙江人民出版社，1997：15.

③ 魏嵩山．杭州城市的兴起及其城区的发展．历史地理：创刊号，上海：上海人民出版社，1981：162—163.

④ 孙忠焕．杭州运河史．北京：中国社会科学出版社，2011：33.

⑤ 孙忠焕．杭州运河史．北京：中国社会科学出版社，2011：30.

以及泥沙淤积，影响运河的灌溉以及运输功能。因此《新唐书》中记载，在万岁登封元年、开元元年和会昌元年，杭州地方修建了“东自海，经富阳城南，西至于苋浦”的富春江堤，并重修、新修了数百公里钱塘江捍海堤塘防止水患。在《咸淳临安志》中，则记载“沙河塘……在钱唐县旧治之南五里。潮水冲击钱塘江岸，奔逸入城，势莫能御。咸通三年，刺史崔彦曾开三沙河以决之。曰外沙、中沙、里沙”，其中外沙河与里沙河（今菜市桥河）至今仍可以考证其流向河道。这些在唐代杭州城市以及郊区建设起来的公共设施，使得杭州所在的平原地区免受钱江潮水的冲刷和侵蚀，作为城市生产生活运输命脉的运河河道不致淤塞，水质不受到破坏，使得已经确定下来的州城基本城区范围得到保证，从而让杭州城能够在此基础上扩大发展。

当马可·波罗于杭州州城建立数百年之后踏上杭州的土地，他对杭州城区内密集的运河水网以及运河在城市功能运作中起到的作用惊叹不已。旅行家这样记载：“（杭州）城之位置，一面有一甘水湖，水极澄清，一面有一甚大河流。河流之水流入不少河渠，河渠大小不一，流经城内诸坊，排除一切污秽，然后注入湖中，其水然后流向海洋，由是空气甚洁。赖此河渠与夫街道，行人可以通行城中各地……”①在元代的杭州，整个城市的部分交通运输与城市的排污清洁，都仰赖于以大运河为中心主干，交错密集的城内运河水运网。大运河从标记杭州城区边界的运河转变成为城市中心的水运中枢，杭州城区范围和格局的变化是产生这一变化的根本原因。因此，当研究历史上杭州城区的扩展以及城市格局的变化时，河道位置和河流流向相对稳定的运河就可以作为研究的参照物。

运河（盐桥河）连同附近的南北向坊巷主干道成为杭州城市中轴线，结合运河河道支线与支干道，成为杭州城区相互辅助、互相交错的城区交通网，这一变化起源于唐末五代时期钱镠“筑捍海石塘，广杭州城，大修台馆，由是钱塘富庶，盛于东南”的城市建设计划。这个城市建设计划主要分为三个阶段：一是起于唐大顺元年（890）“环包氏山，洎秦望山而回，凡五十余里，皆穿林架险而版筑焉”②，扩建了隋唐杭州西南方的新夹城；二是唐景福二年（893）“自秦望山由夹城东，亘江干洎钱唐湖、霍山、范浦，凡七十里”③，属于杭州城市最外围也是占地面积最大的罗城；第三次则是从唐天祐三年至四年（906—907），杭州凤凰山脚下扩大的州城与作为钱氏居住理政中心“第三重城以卫节度使居宅”的牙城。经过钱镠扩展以后的州城，东、南部临近钱塘江，西近西湖，北至泛洋湖，宫城居于城南凤凰山制高点，钱塘县

---

① [意]马可.波罗.马可波罗行纪.冯承钧译.南京：江苏文艺出版社，2008：311.

② [宋]钱俨，吴越备史.五代史书丛编：卷十，杭州出版社，2004：6180.

③ [宋]钱俨，吴越备史.五代史书丛编：卷十，杭州出版社，2004：6181.

官署居于城北，形成“南宫北城”、“前朝后市”的格局，大运河作为贯穿南北的中轴线居于城市中枢地带。这样的城市格局在古代杭州被一直沿袭下来，即便南宋定都临安后，对城区内的皇城、官衙建筑或进行整修扩建，或选择新址，推倒坊市之间的高墙，对市民居住和商业区进行了革命性的混合和重组规划，仍然在都城格局上继承了大运河与主干道(御街)共为城市中轴线的规划安排。在南宋名为大河的大运河河段，即盐桥运河，北面从五代吴越国时兴建的天宗水门流入，经城市南段保安水门流出。沿途与市河(小河)、清湖河、茅山河、菜市河等运河组成临安的城市水网，使得整座城市仿佛马可·波罗所描述的一样，所有的房屋与街道都建筑在水面上，大致保存着古都临安的风貌。直至1927年国民政府筹办杭州市政厅，出于发展城市公路交通的需要，将上述运河“各河道之无关水利者，均填平筑路”。新中国成立后至今，大运河虽不再成为杭州市城区的南北轴线，杭州也不再是旅行家游记中万桥林立的水上都市，但市民游览运河沿线仍然可以从现今的河段追溯过去的历史面貌，除去大运河以外，贴沙河、茅山河等运河水网中的河道，如今还有部分存在于市区中，成为城区内河的一部分。

(二) 运河与杭州城市布局(以南宋临安的商业区为例)

日本学者斯波义信先生在探讨城市化这一现象时，认为城市作为其辐射地域的中心，必然处于这一地区政治、社会经济、人口、文化等所有社会文化组织的顶点。因此城市的城内功能形态，可以反映出其辐射地域构造组织的情况。而城市空间的划分，也取决于不同城市机能的高低和重要性，并用机能所在区块与城市中枢点的距离来确定城市机能间的差异。在他的观点中，中国古代的城市，在很多情况下可以视为由官绅区和商业区所组成的双城市核构造。商业核在城市何处建立，建立后所存在的标准如何，这都取决于商业核所在的城市的经济活动是否繁荣开放，该城市商业区所在位置是否具备单向输送为主的集散功能以及原料、商品运输的便利，都市对周边地域资源是否有支配能力，城市中是否具有资本性行业(如钱庄、大规模手工业以及奢侈品交易等)。同时，商业核心区域还需要为销售、加工、生产提供充足的劳动力。[①]因此，古代杭州城的商业区域遍布在交通便利，人口稠密，对内可顺运河支流到达城内各个角落，对外可沿大运河航道通向全国南北的大运河两岸，就可以理解了。本节将以南宋临安作为一国之都，亦是以地区最中枢城市的时期作为样本，以此来讨论运河对于城市商业布局的影响。

在南宋时期，作为一国之都的杭州，供给其超过百万人口日常物资及嗜好品的，是在南宋朝廷管辖下，与都城距离相对适中的南方州县。自北南下的大运河，

① [日]斯波义信．宋代商业史研究．庄景辉译．台北：稻禾出版社，1997：312—316．

从镇江江口闸至苏州，经临安北郭务入城，而两湖、四川船只，亦可以沿长江而下，至镇江换乘船只进入临安。因此，在临安城远郊的江口、龙山等运河沿岸码头，就凭借着通达全国的发达航路和码头腹地城市内庞大的人口消费需求，成为了货物交汇的中心。南宋末年葛澧《钱塘赋》中"江帆海舶，蜀商闽贾，水浮陆趋，联樯接武……乃有安康之麸金白胶、汝南之蓍草龟甲、上党之石蜜赀布、剑南之缟纻笺锦。其他球琳琅玕、铅松怪石，玭珠麋丝，杶干栝柏，金锡竹箭，丹银齿革，林漆丝枲，蒲鱼布帛。信都之枣，固安之栗，暨浦之三如，奉化之海错，奇名异状，夥够堆积"，所叙述的就是临安运河码头各地货物集聚的景象。但由于这些城市远郊码头所在的地理位置离具有强大消费能力和完备商业设施的城市中枢有一定距离，在所见的资料中，此类码头聚集的区域作为商业用区块，一般主要承担的是商船停泊以及货物装卸、贮存、集散的功能。在此活动的，以行、市、团作等自发组织生产销售活动，并指定固定市场位置的同业组织为主。例如临安城候潮门外的浑水闸，即是鱼类、果品、禽畜、木材等货物的贮存场所和运往浙江大米的批发市场，货物跟随商船到达之后，由行、市、团作带领人员卸运甄选，送入仓库。从码头繁荣昌盛的景象，可以看出周边州县物资大量流入地区性中心城市的过程，然而在此期间所发生的零售商业交换活动相对有限。而接收由贮存场所分批转送的商品，并将其批发沿运河河道送往城内各个商铺的市场，则要更靠近临安城批发零售兼有的中心城区。

在临安城城门之外，"东门菜，西门水，南门柴，北门米"的谚语广为流传。与郊外作为货物集散中心的码头不同，这些城外近郊的商业区块分工明确，主要功能在于生产、贮备，并且供给城市所需的日常商品。另外，在临安城区周边，由于宋室南迁导致城区人口激增，一些居民开始向郊区迁移，并在水陆交通便利之处由小规模聚落发展成为卫星市镇。正如《都城纪胜》所言，"城之南、西、北三处，各数十里，人烟生聚，市井坊陌，数日经行不尽，各可比外路一小小州郡"。这些卫星市镇兴起于人口聚集，发展于商业交换，无论是与临安主城区之间的商品供应买卖，或是市镇自行对外交易，大运河在其中起到的物资集散、人员流动作用都举足轻重。在南宋时，较为有名的市镇有江涨东市、湖州市、江涨西市、半道红市、西溪市、临平的临平镇市、北关门外的北郭市、艮山门外范浦镇市、江儿头龙山市，这些市镇的地理位置，无不在大运河两岸的交通要冲，可谓是与城区联系密切的泛临安商业圈中的重要节点。

在临安城内，根据斯波义信先生的研究，商业区的物资集散是通过北面的大运河、余杭塘河以及南部的钱塘江与浙东运河实现的。大运河从天宗水门入城，南下到白洋池，经过梅家桥之后由通江桥南下，过保安门出城，在《梦粱录》、《乾道临安志》、《淳祐临安志》中便可得知，这一条河道，实在可以称得上是当年临安的一条"黄金商道"。《梦粱录》卷十九中有"塌房"一项，其中记载"自梅家桥至白洋湖方家桥，直到法物库市舶前，有慈元殿及富豪内侍诸司等人家，于水次起造塌房数十所，为屋数千间，专以假赁与市郭间铺席宅舍，及客旅寄藏物货并动具等物。四面皆水，不惟可避风烛，亦可免偷盗，极为利便。盖置塌房家，月月取索假赁者管巡廊钱会，雇养人力，遇夜巡警，不致疏虞”[①]。这些塌房在宋代亦作为“邸店”经营运作，邸店自唐以后，逐渐演化成为兼有旅店、商行和货栈性质的商业建筑，在明清之后，塌房分离了旅店功能，发展细化为具有近现代企业性质的商业仓库。在南宋，由于运河沿岸商务繁忙，往来客商众多，携带的商品中亦不乏贵重财物，投宿方便且货物寄存有安全保障的塌房就格外受到欢迎。在运河两岸，还有诸多劳动力充足、运作系统成熟的专门市场，例如大河南端柴垛桥下是临安当时最大的柴木交易场所，湖墅米市、黑桥一带，则是临安人批发贩卖粮米的中心市场，稻米抵达靠岸后，由官府管辖的粮食“搬运自有纲船装载……到岸则有农寺排岸司掌拘卸、检查、搜空”。而运至寻常店铺，供百姓食用的粮食在米船上“纷纷而来，早夜不绝可也。且叉袋自有赁户肩驼，脚夫亦有甲头管领，船只各有受载舟户，虽米市搬运混杂，皆无争差。然铺家不劳于力，而米径自到铺矣”[②]。从零售商铺来看，时人对临安街道“早间珠玉珍异及花果时新海鲜野味奇器天下所无者，悉集于此”的赞叹，也可以应用于城市中心的运河沿岸。在临安城内，商业区为什么会在运河河道两侧形成并发展？笔者认为其原因如下：第一，南宋朝廷所设置的与商业有关的政府机构，均坐落于城内运河流经区域。如榷货务设置在盐桥，都茶场、会子库、杂卖务、市舶务位于保安水门内外，荐桥边的都税务和回易库亦与商业区的运作有着直接关联。因此，商铺、塌房和市场坐落于运河边，办理正常的经营手续就相当便利。官署与商业区位置接近，也有利于城区内商业市场的管理。第二，临安城区由于处在市郊两大物资集积场所，即西北郊包括周边郊野在内的江涨桥和湖州市，以及东南郊候潮门外与浑水闸附近的杭州湾沿岸沙地之间，因此城区的经济活动干线就处在这两大区域之间，起到辅助大河（大运河）作用的市河，与大河平行的御街以及菜市河、外沙河辅助水系所组成的南北纵轴线。同时，城区的商业中枢地区，就处在这条南北轴线北起盐桥、南至清冷桥的地区，标志即是交引铺、金银铺等资本金融类店面的集中分布。[③] 第三，大运河盐桥西侧，由于靠近宫城和朝廷官署，是皇室宗亲以及官员豪富择址建宅的集中区域。这些城市高级阶层所拥有的资本可以成为强大

---

① ［宋］吴自牧．梦粱录．丛书集成初编 3220．北京：商务印书馆，1939：179．

② ［宋］吴自牧．梦粱录．丛书集成初编 3220．北京：商务印书馆，1939：146—147．

③ 杭州市社会科学院南宋史研究中心．南宋史研究论丛．杭州：杭州出版社，2008：108—110．

的购买力，而这些达官贵人的消费喜好以及所置办的产业（如塌房等），也影响了临安城的商业中枢在此集聚。所以，综上所述，南宋临安的城市布局中，从远郊至城市中心，商业区沿运河集聚的格局，是由运河本身在扩展后的城区中所占的地理位置以及运河在城市发展过程中的功能决定的。

第二节　运河功能在杭州的继承与变化

正如前一节所提到的那样，人工开凿的运河，具有满足人类某一方面生产生活实际需要的功能。以京杭大运河杭州段为例，江南地区素有“鱼米之乡”的美誉，从隋代江南运河开通，到清朝末年漕运终止，保障输送江南地区谷物北上的漕运畅通就成为运河的一项极其重要的功能。而在古代农业社会，运河的河水还可以因地制宜灌溉流经沿岸地区的农田，保障一年的农业生产顺利进行。除去漕运行业之外，从古至今，运河还是商业的黄金通道和水路客运的大动脉，许多古老的码头和集市被保留沿用下来，直至现在的杭州城中，还可以寻找到它们的存在。进入工业化社会之后，在大宗工业原材料和产品的运输和现代商业的物流运输上，廉价便利、单次运输量高的运河水路运输与公路运输相辅相成，为杭州转型为一个工商业的近现代城市做出了巨大的贡献。同时，随着近现代交通方式的逐渐便捷，旅游成为人民陶冶情操、放松身心的重要娱乐方式，旅游业以及相关的服务型行业亦成为城市发展的重要经济增长点。杭州兼具天时地利，拥有钱塘江和西湖等壮丽秀美的大好山水风景，是国内外驰名的旅游名胜，在这一得天独厚的基础上发展运河民俗旅游业，不但可以发掘杭州城市乃至京杭大运河杭州段沿线的新经济增长点，对于杭州城市经济结构转型亦是大有助益。

本节主要分析京杭大运河杭州段在不同时期的不同功能，以及不同功能之间随着社会变迁而产生的继承与发展。希望通过这样的梳理和分析，能够展现出京杭运河在杭州城市化过程中所起到的重要作用。

一、发展农业功能

隋大业六年开凿的江南河，即隋代大运河流经长江三角洲地区河段，《资治通鉴》第一八零卷记载“自京口至余杭，八百余里，广十余丈，使可通龙舟，并置驿宫、草顿，欲东巡会稽”，即是从江苏镇江京口出发，从东南经丹阳、常州、无锡、苏州、嘉兴、崇福、临平等地，经上塘河到达杭州，这段路径中经过的包括杭州地区在内的太湖平原、甬绍平原和宁镇丘陵地区，到唐代已经是江南一带重要的农业产区。在这段时期，江南地区政治局面相对北方和平，地区人口激增。在耕作技术上出现了“江东犁”等先进农具以及稻麦复种、水稻复种等精细耕种方式，粮食产量达到稻田亩产三石余，麦田亩产六斗余，稻麦复种田亩产四石余[①]，较之六朝时期“火耕水耨”的农业水平，得到了长足的进步发展。杜甫曾以“云帆转辽海，粳稻来东吴”来说明海运而来的江南米粮对于军队的作用。到了中晚唐，贞元初年两浙地区运输的岁运米就达到 175 万石，比其他南方地区的总和还多出 46%，可谓“衣食半天下”[②]。由此可以看出，在唐代江南运河流经的区域中，农业占据了多么重要的地位。在白居易《钱塘湖石记》中，“自钱唐至盐官界，应溉夹官河田，须放湖水入河，从河入田。准盐铁使旧法，又须先量河水浅深，待溉田毕，却还本水尺寸”[③]的记载，就说明了早在唐代，被称为“官河”的江南运河就由盐铁使进行管理，并在杭州到盐官地区制定水位测量标准，以便在保证运河航运顺畅的情况下有计划地借道官河灌溉沿岸农田。大运河的灌溉用水，配合李泌于大历年间所建造用来引西湖水溉田的石函桥、闸，长庆年间经过白居易治理后的西湖，会昌六年(846)李播所筑钱塘江堤，咸通二年(861)崔彦开沙河塘，以及唐之后吴越国修建的钱塘江捍海塘等水利工程，有效地保障了杭州农业的发展，使其到五代吴越国时能够具备发展成为古代农业社会中“昔之汪洋浩荡，今成沃壤平原，东南水土长生，亦可储精气之美，人文之盛。今则征科有据，常赋无亏，岁获屡登，民亦奠业”的东南都会的条件。

与此同时，隋唐之后，由于大运河的系统性建设，作为重点的杭州由小型县治发展成为区域内的重要都会城市，随之迎来的是北方移民的移居，以及在本地土著和移民共同作用下的新一轮江南地区的开发。在斯波义信先生的研究中，大运河的堤坝构筑在长江三角洲的中部地区造成的截断效应，使得吴淞江等河流的余水排泄功能和冲刷淤积泥沙入海功能减弱。这直接导致了长江三角洲下游周边阻隔三角洲中部地区水流外溢的沿岸微高地的形成，并产生了大量的堤坝工程。在堤坝内围垦出盐田和水田的开发工程也在不断进行。从五代直至宋亡之后，长江下游三角洲地区经过长久的排水造田和农田水利工程，已经成为大面积的围田。到了明初，在唐宋时期业已形成的以大运河为重要组成部分的农田水利网络的作用下，仅是经过排水造田开垦出的官田就已经是南宋末期的三倍，同时农业生产专业

---

① 李伯重. 唐代江南农业的发展. 北京：农业出版社，1990：141—148.

② 李伯重. 唐代江南农业的发展. 北京：农业出版社，1990：276—294。

③ 孙忠焕. 杭州运河史. 北京：中国社会科学出版社，2011：27.

化、商品化和集约化的程度大幅度提高。[①] 到了清代，由于运河之便，杭州周边地区出现了仁和、钱塘、余杭、海宁等 28 个农副业集散中心[②]，每季的农产品和农需用品都在这里得到买卖和置换。

但需要注意的是，运河的灌溉功能在实际发挥中，与河道的航运功能产生的冲突始终存在。引河水灌溉农田，容易造成水位降低，在一些地势较高，需设立船闸调节水位的地区，就会影响船只通航。因此，将漕运作为国家命脉的历代朝廷，都设立政策，以严厉惩罚引水灌田者的手段，对运河的这一功能进行限制。对此早在唐宋时即有说法，称"盗决者罪比杀人"，"盗决侵耕之法著于令"，明代规定"灌田者不得与转漕争利"，《清圣祖实录》卷二八五记载，康熙下令"运河各闸照依漕规启闭，有官员经过，不许徇情擅自开放泄水，以致漕船稽迟。违者朕决不宥"。因此，运河沿岸的农业生产在得到运河水灌溉的实利同时，更会因为漕运的实际需要而受到损失。只有在河网密布，水量丰沛，且地势平坦，不需要船闸调节运河水位和人力牵挽船只的长江三角洲地区，如《清史稿》卷一二七《河渠志・运河》记载"无锡而下，直抵苏州，与嘉杭之运河，因皆清流顺轨，不烦人力"，运河灌溉通航的功能才能兼顾，形成前文所述以杭州为例的江南农业发展局面。

二、漕运功能

漕运，即是由水路将米粮供给政治中心或是边防驻扎军队。通过运河来漕运粮食物资，历来是封建社会的一项重要政策。《册府元龟》卷四百九十八《漕运篇》开篇绪言即云："若乃京师大众之所聚，万旅百官之仰给，邦畿之赋，岂足充用？逮于奉辞伐叛，调兵乘鄣，或约赍以深入，或赢粮而景从，何尝不漕引而致羡储，飞挽而资宿饱。乃有穿渠凿河乘便利之势，创法立制极机巧之思。"[③]隋代开凿大运河的目的之一，就是将中原地区的粮食运抵都城所在的关中地区，以供京城君臣百姓以及分配给各地驻军使用，还不曾成规模地开发江南漕运。然而到了唐朝开元天宝年间，朝廷内外文武官员总计达到 17686 人，几乎是太宗时官员的两倍有余，与此同时，关中地区的人口数也在不断增长，急速增加的官员俸禄和百姓军队粮米需求，大大加重了原先以运输中原地区粮食为主的漕运负担，以至于官员表示"往者贞观永徽之际，禄廪数少，每年转运不过一二十万石，所用便足……今升平日久，国

---

① [日]斯波义信. 宋代江南经济史研究. 方健，何忠礼译. 南京：江苏人民出版社，2000：195—206.

② 孙忠焕. 杭州运河史. 北京：中国社会科学出版社，2011：241.

③ 潘镛. 隋唐时期的运河与漕运：附录五. 西安：三秦出版社，1987：124.

用渐广，每年陕、洛漕运数倍于前，支犹不给”[①]。在这个时期，正如先前所提到的，江南地区的农业得到了一定的发展，农田面积、农业耕作技术和农田产出都得到了提高，具备了在自给的基础上输出余粮的能力。而且江南运河在隋唐两代地方的管理维护下运输便利，无天险阻碍。因此朝廷认为改革漕运，增加江南粮食物资的运输，才是解决问题的根本之法。安史之乱之后，黄河流域的生产生活受到严重的破坏，《旧唐书》卷一百二十《郭子仪传》云“百曹荒废，曾无尺椽，中间畿内，不满千户……东至郑、汴，达于徐方，北自覃怀，经于相土，人烟断绝，千里萧条”。战争造成的破坏直接导致了北方物资上的缺乏，因此“赋取所资，漕挽所出，军国大计，仰于江淮”[②]。江淮地区就成为了此后唐中央政权赖以维持的经济重心，江南地区的运河漕运也就成为影响社会经济发展和政治稳定的重要因素。与此同时，为了适应漕运途中人员、物资和运输的需要，以及运河水运的便利带来的大量南下北方移民以及先进技术的推动，一大批商业城市开始在江南地区出现或繁荣。以杭州为例，到唐代时，随着运河带来的城市繁荣，它已从隋代设立的小小州城，发展为“东南名郡，咽喉吴越，势雄江海，骈樯二十里，开肆三万室”的东南一大都会。

五代吴越国定都杭州，在吴越王钱镠的经营下，不仅城市范围大面积扩大，运河与钱塘江中的商船漕船辐辏连绵“不见首尾”，具有相当规模。钱镠曾经为此夸耀：“吴越国地去京师三千里，而谁知一水之利，有如此耶！”[③]此后北宋定都汴梁，漕运主要集中在大运河的汴渠、惠民河与五丈河部分，包括杭州在内的江南地区漕运并未得到太大发展。直到靖康之后宋室南渡，南宋建都临安，大运河江南段的漕运功能以及杭州一类东南都会的城市化进程，才进入了一个新的发展局面。

南宋时期，作为都城的杭州的城市地位上升至具有全国地位的政治经济中心，以及运河漕运的中心地区，无论人口还是城市化水平都达到了空前的高峰。吴自牧《梦粱录》中记载“杭州人烟稠密，城内外不下数十万户，百十万口。每日街市食米，除府第、官舍、宅舍、富室及诸司有该俸人外，细民所食，每日城内外不下一二千石，皆需之铺家”[④]。朱熹在《李公椿墓志铭》中记载：“京师月需米十四万五千石，而省上仓之储多不能过两月……籴洪、吉、潭、衡军食之米，及鄂商船并取江西、湖南诸寄积米，自三总所运输以达中都，常达二百万石，为一岁备。”在已经得到高度发展的城市中维持如此庞大的城市人口，以及大量粮食的稳定供给，大运河的漕运

① 潘镛．隋唐时期的运河与漕运．西安：三秦出版社，1987：176—177.

② 权德舆．权载之文集：卷四十七．论江淮水灾上疏.

③ 李治亭．中国漕运史．台北：文津出版社，1997：143.

④ ［宋］吴自牧．梦粱录：卷三．丛书集成初编 3220．北京：商务印书馆，1939：145.

功能不能不说居功至伟。正如南宋宁宗嘉定年间朝廷官员所说："国家驻跸钱塘，纲运粮饷，仰给诸道，所系不轻。水运之程，自大江而下至镇江则入闸，经行运河，如履平地，川、广巨舰，直抵都城，盖甚便也。"因此可以说，在南宋时期，以长江与大运河中江南运河部分为骨干，杭州为中心，连接江淮、两湖与四川的漕运网络，是南宋一朝像杭州这样具有庞大消费人口，正在逐渐向商业化过渡的城市的重要保障。

宋代卢襄曾说："今则每岁漕上给于京师者，数千百艘，舳舻相衔，朝暮不绝。盖有害于一时，而利于千百载之下者。天以隋为吾宋王业之资也。"全汉昇在《唐宋帝国与运河》中，持有与卢襄相同的观点。他认为长江中下游地区在唐宋时期已经成为中国的经济最发达地区，而能否有效利用这一经济资源，并将这一地区的物资顺利迅速地通过运河输送到首都通常所在的华北地区，就是中央政府能否成功统治全国的关键。而唐宋六百多年，王朝的兴衰，以及地方势力与中央力量的强弱变化，都可以从运输漕运物资的运河的状况中反映出来。[①]

元统一全国之后，仍将江南粮食漕运看作维持统治的重要因素。据《元史·食货志》记载，元代每年总收取的粮食，总计为 12114708 石，其中来自江浙的就有 4494783 石，比第二位的河南省多出近两倍[②]。但由于元之前北方长期战乱，大运河北段交通多有淤塞，因而大部分的漕粮通过海运这一新的运输途径前往大都。《元史纪事本末》中史臣为此评论："元都于燕，去江南极远，而百司庶府之繁，卫士编民之众，无不仰给予江南。自伯颜献海运之策，而江南之粟分为春夏二运，盖至于京师者，岁多至三百万余石。民无挽输之劳，国有储蓄之富，岂非一代良法与！"[③]然而，这并非表示元代统治者放弃了利用运河漕运这一古老的功能。元初南北运河尚未畅通时，使用运河运输北上漕粮，采用的是水陆两运法，即漕船从杭州出发，经江南运河至京口过长江，再由扬州运河入黄河至中泺改走陆路，至河南淇门再转船运由御河至大都。[④] 元世祖至元年间再次的大规模浚治，将隋代大运河在洛阳和开封地区盘桓的河道截弯取直，将杭州与大都以及北方中原地区再次用运河连接起来，保障了中国南北地区的沟通。元代，杭州城内大运河的主航道，经过元世祖对航道的全面疏通以及元顺帝至正六年到七年(1346—1347)对江南运河杭州段干线"南起龙山，北至猪圈坝，延袤三十余里……郡中郭外，支流二十余里。其深三尺，广仍其旧，悉导湖水注之"的疏浚工程之后，已经从南宋盐桥运河

---

① 黄仁宇.明代的漕运.北京：新星出版社，2005：10—11.

② 李治亭.中国漕运史.台北：文津出版社，1997：248.

③ 陈邦瞻.元史纪事本末.北京：中华书局，1979：99.

④ 朱偰.中国运河史料选辑.北京：中华书局，1962：60.

(今中河)改为城外运河(贴沙河),并在运河沿岸设驿站,配有船只以及驿站站户若干,供漕船等使用。且杭州作为大运河的终点,城市区域密布以大运河河段(贴沙河)为骨干,接驳盐桥运河、市河、外沙河、清湖河、菜市河等运河水运网络,并连通西湖、浙东运河、钱塘江水系以及北上漕运,前往南洋、西洋的海运航线,在继承了南宋发达完备的水路运输网的基础上还有跨越式的发展,在元一代,俨然已经成为东南的交通重镇。

明初定都应天府(今南京),以其为中心,"江西、湖广之粟,浮江直下;浙西、吴中之粟,由转运河;凤、泗之粟,浮淮;河南、山东之粟,下黄河"的漕运新格局便自然出现了。从而出现了"太祖都金陵,四方贡赋由江以达京师,道近而易"的情况,江南漕运的重心也就随之转移到南京。[①] 永乐十九年(1421),国都正式迁移到北京,由于全国政治中心的再度北移,如何从江南地区转运更多粮食物资来应对庞大的官兵、官僚、宗室和京城居民的需要,就成为了明王朝所面临的一个重大问题。明王朝初期使用的海路漕运法漕船造价昂贵,一艘配备百名水手、载运量一千石的海船所耗费用,可造二十艘只需用水手十名、载重二百石的河运漕船,因此从成祖起,就在南北大运河的原有基础上发展河运,贯彻"河为正运,海为备运"的方针[②],运河漕运因而再度获得繁荣。清代沿袭明制,从浙江、江西、安徽、江苏、湖北、湖南、河南、山东八省征收漕粮,供王室官员俸禄以及八旗官兵米粮之用。嘉庆之前,江南漕粮的运输量每年约在 400 万石以上,因此京杭大运河就成为了维持清政府存续的生命线。《清史稿》卷一二七《河渠志》记载:"进口依赖,运河惟徒、阳、阳武等邑时劳疏浚,无锡以下直抵苏州,与嘉、杭之运河,固皆清流顺轨,不烦人力。"[③]即说明了在清前期,运河顺畅的通航能力,使得漕运功能得以有效地发挥。直至乾、嘉、道三朝之后,清廷怠于河工,加之咸丰三年(1853)黄河决堤,运河航道失修败坏,通航能力大大下降,光绪二十七年(1901)停办漕运后,运河的漕运功能完全停止,京杭运河亦开始走向衰落。在明清两代,杭州作为京杭运河南端的漕运城市,虽失去了南宋时全国性的中心地位,但在城内均设有粮道卫所等管理机构,漕船运输也相当繁忙。与此同时,出于保障漕运的目的,杭州所在的京杭大运河江南运河航段一直处在良好的通航状态,甚至在朝廷停止漕运,江淮地区以及黄河流域大面积航道淤塞无法通行的情况下仍然能够航行船只。这就为商品经济逐渐发展的杭州地区提供了有利的交通条件,促使杭州城市完成朝着商业城市的转型以及近代

① 彭云鹤.明清漕运史.北京:首都师范大学出版社,1995:93.

② 彭云鹤.明清漕运史.北京:首都师范大学出版社,1995:95—97.

③ 孙忠焕.杭州运河史.北京:中国社会科学出版社,2011:188.

工业的发展，而京杭运河的杭州段，承担工商业运输的新功能也在此时走向成熟。

三、促进城市工商业发展功能

在封建社会中，农民和手工业者在封建租赋和自给之外，当生产技术发展到一定的阶段，就会产生一定的剩余产品。这时候农民将剩余产品出售，就会产生如孟子所说“农有余粟，女有余布”，“纷纷然与百工交易”的情况。但正如马克思和恩格斯所言，这样的行为已经“具有一种以流通、以设定交换价值为目的的趋势”[①]，假如投入交换的剩余产品的数量增加到一定程度，就会推动农业和手工业的市场从使用价值生产转向交换价值生产。在生产水平相对不高且地区局限的情况下，剩余产品的交换方式就会表现为以农村墟市为主、市镇交易为辅的方式，即列宁所说的“地方小市场的网”。但当某地的商品生产变得发达，同时又有便捷的交通来进行商品集散，农民和手工业者都需要商业资本来实现产品价值和帮助再生产，农村市镇这样的小型市场就会被有着长途商品运输渠道的商业市镇网所取代。而封建社会的城市，虽然本身的商品生产的基础较为薄弱，是一个商品的消费市场，但也可以凭借便利的商品集散渠道成为产品运输的中转站，还可以是从消费中心和贩运市场上发展起来的手工业中心。在此基础上，封建社会的城市逐渐发展商品经济，并与其他地区产生联系，细化社会分工，逐渐成为近现代成熟的工商业城市。[②]因此，本节在分析京杭大运河如何发挥其作为商品集散渠道促进杭州地区工商业发展和城市化进程的功能时，就需要将这一功能所产生的作用分为不同的阶段来解释与分析。

一个地区要从自给自足的封闭状态得到发展，交通无疑是举足轻重的一个因素。在《史记·货殖列传》中，江南地区“地广人稀，饭稻羹鱼，或火耕而水耨”，“无积聚而多贫”。而隋代开凿了江南运河：向北连接广通渠、通济渠、山阳渎和永济渠等运河河道，沟通了江、淮、黄、海等自然水系；在南方则与钱塘江和隋之前就已存在的水运网络相连通，达到了在浙江全境内的水运通畅和江西、福建、安徽等南方省份的紧密联系。可以说，在隋代大运河畅通之后，杭州就从余杭一个小小的县治，成为了深处中国空前发达的水运交通网络中的新兴州城。仅仅在江南运河开凿到隋代灭亡的数年之间，《隋书》卷三一《地理志》中江南地区的经济情况已是“丹阳旧京所在，人物本盛，小人率多商贩，君子资于官禄，市廛列肆，埒于二京……京

---

① 马克思恩格斯全集：46卷.北京：人民出版社，1979：210.转引自方行.中国封建经济论稿.北京：商务印书馆，2004：219.

② 方行.中国封建经济论稿.北京：商务印书馆，2004：218—230.

口东通吴会，南接江湖，西连都邑，亦一都会也……宣城毗陵、吴郡、会稽、余杭、东阳……川泽沃衍，有海陆之饶，珍异所聚，故商贾并辏”[①]。由此可见，在隋末，由于江南运河便利的水运交通提供了良好的物资集散渠道，江南地区包括杭州在内的各个城市联系逐渐紧密，出现了农业和手工业品的大量交换，杭州等郡城也就成为交通运输线上的一个货物贩运中心，经济发展得到了便捷的运河航线上商人频繁活跃的商业活动和城市消费者对“珍异”消费品产生需求的有力支持。

运河不仅仅可以进行产品的流通，将商品运送到像杭州这样的沿线城市供当地商人和消费者贩卖消费，也会产生对范围更广的外地商人的集聚作用，使他们可以通过这一条运河渠道抵达运河沿线的城市。除了在隋代的运河交通网的基础上从全国各地到达杭州的客商，在唐代的杭州，亦出现了从明州（今宁波）和澉浦登岸，由浙东运河和江南运河来到杭州的海外商人。宋人姚宽《西溪丛语》中就记载“海商船舶畏避沙滩，不由大江，惟泛余姚小江易舟而浮运河，达于杭越”。除了客商以外，外地的先进手工业技术也随运河传入杭州，推动了杭州手工业的发展，从而以质量和数量都居于领先的产品拉动本地以及有经济往来的周边城市的消费需求。以江南地区较为普遍的蚕桑丝织业为例，《杭州重建观成堂记》记载“昔褚河南孙名载者，归自广陵，得机杼之巧，而绸业以张”。广陵（今扬州）与杭州一样，都是坐落在江南运河沿线的城市，在南朝时期，就已经是江南丝织业的重镇，刘宋时期更有“扬部有全吴之沃，鱼盐杞梓之利，充仞八方，丝绵布帛之饶，覆衣天下”[②]的美名。褚载即是唐朝书法名家褚遂良的后裔，于唐代晚期从扬州迁至杭州居住时，将扬州的丝织技术传播到杭州，被杭州的丝织业奉为开山祖师，在今杭州城东，历史上供奉褚载的机神庙就坐落于此。明代姚震《通圣庙记》云：“遂良九世孙名载者，性行端洁，学问渊博，人咸敬仰。其先家广陵，获织绫锦法，世袭为业。载殁，……郡邑大夫立庙祀之，祠厥牲牢，题曰通圣。……迄今一乡之人织绫锦为业，由乎神之始也。”通过生产技术的进步，杭州丝织业得到了长足的发展。在唐代江南道的出产中，以白编为代表的丝织品成为贡品，而在进贡丝绸州县的列表中，杭州作为进贡三种以上不同丝绸产品的城市，被列在“上州”的优良等级[③]，除贡赋之外，丝绸也成为闻名天下的特产商品。在丝织品生产并非是以大工厂生产保证稳定质量而是取决于手工工匠技术和作坊工具是否先进的古代，像这样跨地域的生产技术传播使整个杭州的丝织业得到发展，从而使杭州丝绸成为重要的畅销商品，若没有

① 孙忠焕．杭州运河史．北京：中国社会科学出版社，2011：26.

② 卢华语．唐代蚕桑丝绸研究．北京：首都师范大学出版社，1995：6.

③ 卢华语．唐代蚕桑丝绸研究．北京：首都师范大学出版社，1995：35.

京杭运河的推动作用，是不容易实现的。

斯波义信先生在《宋代商业史研究》中，认为由唐宋时期农业生产力各地发展的不平衡和各地自然条件的差异所造成的产业特产分布，在商品流通和各地交通发展的情况下，形成了全国性的特产市场。而商品主要产地的形成所引起的大量物资流动，就是宋代商业繁荣的一个原因。正如欧阳修所言，"治国如治身，四民犹四体。奈何窒其一，无异釱厥趾。工作而商行，本末相表里"。为了适应经济发展，宋代的城市取消了唐代的坊市制度。坊墙倒塌以后的宋代城市，商业得到了空前自由的发展。到了南宋时期，"高宗苍黄渡江，驻跸吴会，中原、陕右尽入于金。东划长、淮，西割商、秦之半，以大散关为界，其所存者两浙、两淮、江东西、湖南北、西蜀、福建、广东、广西十路而已"[①]。从北方南渡而来的皇室、官吏、士兵和大量移民涌入临安，为临安城提供了数量极大的消费人群，南下的工商业者带来了靖康之前商业繁荣兴盛如《清明上河图》所描述一般的汴梁等地的商业资本和经营方式，且由于失地造成北方交通不便，仍然运行畅通的江南运河，就成为了联系南方诸郡县，乃至于通过内河航运连接全国市场的渠道。而临安城中物资的运输和大宗货物的专门批发市场，就遍布在运河沿岸，为支持临安的商业活动和日常消费发挥了举足轻重的作用。斯波义信先生概括临安城运河沿岸商品集散的状况时，认为物资运输的方向主要是沿城北方向的大运河、余杭塘河，以及城南方向的钱塘江、浙东运河两条南北轴线进行。在《武林旧事》中，候潮门外有鲜鱼行、南猪行，新门外霸子头有菜市，北关外水冰桥有鱼市，北关外黑桥头有米市，[②]《咸淳临安志》亦云"新开运河，在余杭门外北新桥之北，通苏、湖、常、秀、润等河。凡诸路纲运及贩米客船，皆由此达于行都"，《梦粱录》赞叹运河沿岸商业繁荣景象为"穹桅巨舶，安行于烟涛渺莽之中，四方百货，不趾而集"。

明清时期杭州的商业，与前代相似的运河沿岸的货物专门市场和各类手工艺特产品店铺仍然处于繁荣的状态。万历《钱塘县志》中，杭州"民萌繁庶，物产浩穰……水陆之要冲，盖中外之走集，而百货所辏会"。清代杭州城内运河沿岸集中了胡庆余堂、张允升、孔凤春等老字号名店，城外运河北关至湖墅一带被称为"十里银湖墅"，《西湖志》记载此处"水路辐辏，商贾云集……市不在于日中，而常至夜分。且在城之外，无金吾之禁，篝火烛照，如同白日。凡自西湖归者，多集于此，熙熙攘攘，人影杂沓，不减于元宵灯市，洵熙时之景象也"。与此同时，以工厂丝织和近代金融业为代表的具有早期资本主义萌芽特质的商业，也借助便利的运输条件和繁

---

① 林正秋.南宋都城临安.杭州：西泠印社，1986：267.

② 周密.武林旧事.西湖书社，1981：92.

荣的运河市场,在明清杭州的运河沿岸发展起来。和其他长江下游地区具有资本主义萌芽的丝织机房一样,明代的杭州,也出现了拥有雇佣织工的丝织工坊。到了清代,借由杭州地区盛产蚕丝和运河交通便利的有利条件,清末在拱宸桥、湖墅和塘栖等运河沿岸地区出现了以机器为动力的近代大型棉纺厂和丝织厂,而杭州繁盛的商业和雄厚的商业资本也使得一批具有商业头脑的商人和官员投身于金融业。其中光绪十五年(1889)杭州士绅丁丙、王震元和湖州商人庞元济开办的通益公纱厂,光绪二十一年的世经缫丝厂、光绪二十二年的大纶丝厂和塘栖波华织绸厂,清末胡雪岩开办的阜康钱庄、光绪年间开办的浙江兴业银行、宣统年间的大清银行和浙江省银行,都是其中的著名代表。

除去商品市场和商业模式的发展变化,大运河沿岸由朝廷所设立的商业税收机关,也是运河令杭州工商业繁荣发展的证明。早在唐代后期,《杭州场壁记》就记载"国家始以输边储寒,不足于用,遂以盐铁榷估为助……于郡县近利之地,得为院场之署,以差高下之等。顾杭州虽一场耳,然时南派巨流,走闽禺瓯越之宝货,而盐鱼大贾所来交会,每岁官入三十六万千计"①。北宋时在城外运河起点码头设税务机关浙江场,据《宋会要辑稿·食货志》记载,仅在熙宁十年(1077),浙江场所收商税就达到26000余贯,约占杭州城市商税总收入的三分之一。明代于宣德四年(1429)在北新桥附近设立钞关,收取京杭运河的船料钞以及商税,一直沿用至清代。在明代弘治年间(1488—1505)"每年岁料,约计四千余两",但到了清代康熙二十五年(1686),《大清会典》中所收取的北新关税银,加上增铜斤水脚银,总额就已经增加到一十二万三千零五十三两六钱五分。

辛亥革命以后,随着民族资本主义的兴起和发展,在京杭运河杭州段的沿线,尤其是拱宸桥地区,产生了一大批以丝绸轻纺为重点,包括了造纸业、卷烟业、印刷业、电器业、自来水业等26个大类的近代工业。这其中原因有:一、清末以后,杭州积累了雄厚的工业资本,在全国仅次于上海、广州、天津和武汉,是开办新工厂,购买近代机械和雇佣员工的有力支持;②二、因地制宜,杭州桑蚕棉麻的种植历史悠久,在元明清三代,杭州是江南地区乃至全国的丝绸业中心,在前代的基础上发展民族工业有天然的优势;三、民国时期,尽管京杭运河疏于疏浚,只能够分段通航,但杭州地区的航段处于江南水网之中,仍然十分通畅。从民初到抗日战争前夕,杭州的轮运业、木帆船排筏业、造船业的发展和规模都达到鼎盛,与此相关的过塘行、报关行管理也趋于成熟。加之运河水运载货量大,价格便宜,不受班次影响,

① 孙忠焕.杭州运河史.北京:中国社会科学出版社,2011:39—40.

② 周峰.民国时期杭州.杭州历史丛编:之六.杭州:浙江人民出版社,1997:176.

较之公路运输和新兴的铁路运输有一定的优势。在民国运河沿岸，有杭州第一棉纺厂的前身、光华火柴厂、庆成缫丝厂、杭州缫丝厂、开元丝织厂等大型现代工厂，堪称近代杭州工业的摇篮。

而在传统商业方面，由于铁路运输的发展，大运河独一无二的运输地位被取代，因此过去由便利的物资集散渠道所产生，号称"十里银湖墅"的黄金商业区域开始衰落。民国二十一年(1932)《杭州经济一瞥》记载："城北沿运河，曰湖墅，司嘉兴、湖州、松江、苏州一带之贸易，市街延长，亦约十里。距湖墅三里，有拱宸桥，甲午以后，根据中日和约所开之商埠也，故设有海关，通小轮。嘉、湖、苏、松及上海之货物，在铁路未通以前，皆由小轮运载。拱埠商业，曾盛极一时，惟汽船至沪，需二十小时，故自铁路通行，即不复与之争利，湖墅商场，亦由此衰弱。惟江干之贸易，因有钱塘江之关系，其流域及于金华、衢州、严州、绍兴四府，故其重要，殊非湖墅之仅恃苏州、吴兴等地者所可比拟……"①

四、客运及民俗旅游功能

京杭运河船只往来便捷，除了满足农业和工商业运输需要以外，还能为往来游人过客提供客运服务。运河客运的繁忙和人员通过运河的大量流动，在某种程度上也促进了南北之间的经济文化交流。

早在南宋，临安的客船从大小来分类，就有舫船、航船、飞篷船等不同种类。其中使用较多的，是被称为航船，主要来往于临安以及苏州、湖州、常州，以及江淮地区的一种大中型客船。赵彦卫《云麓漫钞》对其解释道："六朝自石头东至运署总二十四度，皆浮航往来。建康城外有朱雀航，即今之浮桥是也。今浙西临流川县，凡载行旅之舟，谓之航船，义或取此。"②

由于航船航程较长，常常于夜间行驶，所以也称为夜航船。夜间旅程无聊漫长，乘客三教九流混杂，攀谈的内容便包罗万象。曾有一则讲述一名僧人和一名文士在夜航船中的故事："昔有一僧人，与一士子同宿夜航船。士子高谈阔论，僧畏慑，拳足而寝。僧人听其语有破绽，乃曰：'请问相公，澹台灭明是一个人、两个人？'士子曰：'是两个人。'僧曰：'这等尧舜是一个人、两个人？'士子曰：'自然是一个人！'僧乃笑曰：'这等说起来，且待小僧伸伸脚。'"明代文人张岱因此而感叹"天下学问，惟夜航船中最难对付"，从而编写了收录有天文地理、古今知识四千余条的小

① 魏颂唐，韩祖德，王宪煦．浙江财务人员养成所经济调查处编纂发行．杭州市经济之一瞥．杭州：浙江印刷公司，1932：534.

② 孙忠焕．杭州运河史．北京：中国社会科学出版社，2011：111.

型百科全书《夜航船》，使读者不至于在夜航船中这样的场合因为知识不足而出丑。

元代南北大运河贯通之后，从杭州坐船，便可以直达大都。阿拉伯旅行家伊本·拔图塔在游记中记载，“从汗沙(杭州)至汗八里城，为六十四日程”，而波斯学者拉斯特丁的南下旅程则省去了更多时间，从大都南下至杭州，只需四十天而已。[①]

有清一代，人们进出杭州多走水路，官员述职、举人赴考乘船北上京城，外地商人香客等亦从长江等河道转运河入杭。在运河之上，有与苏南、浙西、浙东相通的定班航船，到了清末，以木船为主的客运船只中，还出现了机器为动力的小火轮，使得人们出行更加便捷。《续东河新棹歌》中即云：“报关游历远人多，航埠乌篷密织梭。我听桥头三老语，卅年前见火轮过。”[②]清代光绪十二年(1886)，招商局开通申杭内河小轮航线，以此开杭州轮船客运之先河。杭州开埠后不久，在1897年即有戴生昌、高源裕、芝太富、通裕轮船局和浙江商务局在公司官轮船局的名下开张为船运公司。清末沪杭铁路修通，一些追求赶路速度的旅客便开始选择这一种新兴的交通方式。但在火车未能停靠的区域，运河客运与之前的三百年一样受到人们的欢迎。

辛亥革命之后，尽管杭州地区已经开通现代公路和铁路，运河客运业仍然得到一定发展。其原因有三：一是运河客运开始采用公司化现代管理，较之过去运作更成体系，船只亦多改为现代轮船，改善了过去航船手摇、桨划、拉纤、起帆等烦琐流程，因而通航班次、船上服务和航行质量更有保障；二是“一战”期间，西方帝国主义国家忙于战争，给予了中国民族船运企业生存发展的空间；三是民国军阀混战的时期，铁路公路的运输受到战争的破坏，但是在杭州地区，运河航道始终保持通畅的状态，旅客选择船只作为出行方式也就在情理之中。

1912—1927年，杭州轮船航运业发展迅猛。其中规模较大且较为稳定的有宁绍内河轮船公司、长杭轮船局、源通轮船局、招商内河轮船股份公司、钱江商轮公司、振兴商轮公司、大华航业股份有限公司、杭诸汽船公司、前浦商轮公司、永安轮船公司等，主要码头在江干及拱宸桥，客运范围以杭嘉湖地区以及江苏、上海等长三角地区为主。1932年时，以杭州为始发点的固定班船有如下四种：[③]

杭湖班——自杭州经双林、菱湖至湖州，约一百八十里。

杭苏班——自杭州经湖州、南浔至苏州，计三百二十里。

---

① 孙忠焕．杭州运河史．北京：中国社会科学出版社，2011：139．

② 孙忠焕．杭州运河文献集成：第三册．杭州：杭州出版社，2009：84．

③ 魏颂唐，韩祖德，王宪煦编，浙江财务人员养成所经济调查处编纂发行．杭州市经济之一瞥．杭州：浙江印刷公司，1932：535．

杭申班——自杭州经崇德、嘉善至上海，计四百五十里。

杭新班——自杭州至德清之新市，计一百零八里。

在运河客船输送的旅客中，有一部分是前往杭州游览的乘客。在运河通航的早期阶段，这一部分人群由于农业生产和封建社会中央政府对流动人口的限制，数目较为有限。因为航运经过的是固定的航道，因此旅客多从运河沿岸城市登船，再沿河流来到杭城。同时，这些旅行者的主要目的也并不是游山玩水，观赏杭州"三秋桂子，十里荷花"的胜景。他们的身份以前来杭州做生意的商人、宦游官员、外交使节和赴考学子为主。而在杭州城市周边的运河沿岸乡村地区，一些民间的风俗活动，很可能会成为周边地区的民众沿运河乘坐舟船前往某个集会区域以及杭州城区进行以祭拜神灵或庆祝节令为目的的短途旅游的原因，其中最著名的，莫过于明清杭州的香市习俗。

杭州俗称"东南佛国"，寺庙之多，自吴越国起就颇有盛名，灵隐寺、香积寺以及三天竺，都是杭州城内和外地香客定期朝拜的古刹名寺。从明清时期开始，就有外地香客乘船经运河，从嘉兴、湖州、苏州、无锡、常州，甚至北方的山东一带来到杭州进香，称为"西湖香市"。明代张岱在《陶庵梦忆》中描述进香盛况时说："山东进香普陀者日至，嘉湖进香天竺者日至，至则与湖之人市焉，故曰香市……数百十万男男女女老老少少，日簇拥于寺之前后左右者，凡四阅月方罢，恐大江以东，断无此二地矣。"[①]香客或去普陀进香借道杭州，或去西湖边三天竺进香，在拜谒之余，还参加了因进香者开辟的集市，游览了杭州风光，可以称得上是造就了明代杭州季节性的旅游经济。而这样由短途旅游带来的集市盛况，运河起到了相当重要的作用。同样，清代咸丰、同治年间，学者范祖述所记载的下乡香市，就是杭嘉湖苏锡常一带的香客，沿运河来到杭州时形成的庙会式集市。在《杭俗遗风》中，范祖述这样描写："下乡者，下至苏州一省，以及杭嘉湖三府属，各乡村民男女，坐船而来杭州进香，均泊于松木场……其船有千数之多，早则正月尽，迟则二月初，咸来聚焉。须于看蚕时返棹，延有月余之久。其能来者，均系乡下土财主，所带银钱，无不丰足，故昭庆寺前后左右，各行店面，均皆云集，名曰'赶香市'。"[②]

历史进入近现代，随着交通的逐渐发达，生产力发展和生产方式的解放使得人们不用被终年束缚在土地上，近代城市的兴起使得新的生产生活方式开始遍布全国。同时，随着国门打开，中外交流逐渐频繁，人们对于旅游也有了新的认识。1904年10月21至22日《大公报》载文，即言"旅行者，人生之第一快乐事也。出一

---

① 顾希佳. 杭州运河风俗. 杭州：杭州出版社. 2006：209.

② 范祖述. 杭俗遗风. 上海：上海文艺出版社，1989：9.

社会,入一社会,人情风土,随处不入,眼界为之一开,心界为之一变,愉快之情,当不可名状。然此不过就其浅者而言之也。若夫名山大川,都邑名胜,有登临之美,有游览之娱,又得考其国风,察其政俗,友其贤士大夫,聆其学说,绪论其移易性质,增长学识,为益岂可以道里记哉?古人有言'读万卷书,行万里路',斯言也,殆深见旅行之益,而知足不出乡里者不足以言学问也。……物质文明既有如火如荼之盛,精神之文明自有日新月异之观。若环游一周,见见闻闻,实为最有兴味之事"[①]。在这样的思想指导下,从 1927 年杭州建市到抗战爆发之前,杭州市政府都将杭州市的长远规划定为以发展旅游业为主导,从而使得杭州这座城市,从农业社会的地区中心,到封建式的商业消费城市,逐渐完成了到近现代以服务业为主导发展方针、工商业为辅助的城市产业结构蜕变。因此,民国时期的杭州,既有美丽的湖光山色,深厚的文化底蕴,又有便捷的公路、铁路、船运交通,发达的旅馆业、餐饮业、旅游业和完备的市内马路、自来水、交通电讯等公共设施规划,在民国时期就已成为著名的国际旅游城市。像 1926 年由商务印书馆出版的《西湖游览指南》,沈雨苍、张国雄所撰的《西湖名胜快览》《游杭快览》,以及 1948 年英国人乔治·伯德的《杭州游记》(*HangChow Holidays*),都为杭州的旅游业做出了宣传作用。此时的京杭大运河轮船班次往来频繁,同铁路和公路一起,成为了迎接国内外游客前往杭州的一个重要渠道。

进入新中国以后,国家对于发挥运河的旅游功能同样十分重视。20 世纪 50 年代起,京杭运河从武林头至塘栖,余杭运河堤塘、德胜坝至垦山港进行了疏浚和拓宽,便于船只行驶。1989 年实现了运河与钱塘江的再次通航,使得运河与长江、钱塘江、浙东运河、曹娥江、甬江等水系全线贯通,形成了以杭州为中心的水运网。而在 2003 年 7 月,杭州市又出台了提升运河"文化、旅游、生态、休闲、商贸、居住"六大功能,使运河达到水清可游、景美可赏、岸绿可憩、文润可品的"绿色生态带和旅游景观带"的方针。2006 年 10 月 1 日,运河"一馆两带两场三园六埠十五桥"的运河主城区景观完成。2008 年国庆节则推出了特色运河旅游和游船,建成了桥西历史街区重点保护区。[②] 旅客通过 2004 年付诸使用的水上巴士,可以从武林门一路航行至拱宸桥,杭城运河美景和运河积淀千年的文化,在这一段航程中,就显示得淋漓尽致。

---

① 彭勇.中国旅游史.郑州:郑州大学出版社,2006:194.

② 孙忠焕.杭州运河史.北京:中国社会科学出版社,2011:309—313.

第三节　运河在近现代的整治与意义

历史进入近现代，由于漕运的终止，政府官吏维护不力以及从19世纪末期便开始的战乱和动荡，运河逐渐陷入衰落和荒废的境地。尽管民国时期政府多有整治计划，但由于政治局面不稳定，经济上捉襟见肘，因而始终无法彻底复兴具有千年传统的京杭运河。新中国成立之后，经过政府的疏浚和管理，京杭运河逐渐走上复兴之路。最近的十余年来，杭州政府在管理和整治京杭运河上颇出成效，不但使得这条古老的河道保持运营的状态，更是通过发掘运河的历史文化底蕴，以及申请世界文化遗产的方式，令运河焕发新的生机。本节在简要分析运河的衰落原因之后，将展示近现代运河的整治与复兴历程，并且讨论运河在未来对于杭州城市的经济与文化意义，以及运河应当如何保存并发扬其历史积淀，使其真正融入杭州城市化的步伐，而不是作为单纯的历史遗物进行标本式的展示与重建。

一、近代运河衰落的原因与状况

大运河自隋代开凿起，作为水路运输的大动脉，随着朝代更替和流经区域的地理水文变化，通航状况时起时伏。而历代朝廷定鼎之初，为了保障通航漕运，对运河的管理和维护都比较重视；但到了朝代末期，中央政府在政治上的无力，在经济上的贫乏，加之战乱动荡，对运河河工就无暇管理，致使运河陷入衰败境地。而在自然环境上，运河经过地区的泥沙淤积，以及以黄河为代表的自然河流改道决堤，都有可能使产生变化的运河河段功能停止。清末到民国时期，由于黄河水文变化、漕运终止、中央政府无力主持大规模的水利工程和战乱等原因，大运河逐渐水利失修，航运衰败，进入了发展滞后的时期。

造成近代运河衰落的原因，主要可以分为自然原因和社会原因两个方面。

运河衰落和航运停止的自然原因，主要是黄河水文变化对于北方河段的影响。《清史稿·河渠志》卷二《运河》记载“自嘉庆之季，黄河屡决，致运河淤垫日甚，而历年借黄济运议者，亦知非计，于是有筹及海运者”。道光五年(1825)，两江总督琦善说：“自借黄济运以来，运河底高一丈数尺，两滩积淤宽厚，中泓如线。向来河面宽三四十丈者，今只宽十丈至五六丈不等，河底深丈五六尺者，今只存水三四尺，并有深不及五寸者，舟只在在搁浅，进退俱难。济运坝所蓄湖水虽渐滋长，水头下注不过三寸，未能畅注。淮安三十余里皆然，高、宝以上至运河全赖湖水，其情大可想见。”[①]可见随着黄河泛滥决堤破坏运河航道，清政府在漕运方面“借黄济运”以来，运河河道淤积，已经严重影响通航。到咸丰五年(1855)，《山东通志》卷一二六《运河考》记载“河决河南铜瓦厢，冲山东运堤，由张秋东至安山，运河阻滞。值军务未平，改由海运。于是河运废弛，十有余年”[②]。黄河至此改道由山东利津入海，这一带的北方运河航道便彻底失去航运作用，此后亦不曾恢复通航。而江南地区的运河功能发挥亦不可避免地受到局限，不及当年作为南北大动脉时的全国性地位。

而大运河衰落的社会原因，就比较复杂。第一就是清末漕运的废止。漕运经历千百年发展，到清代末期已经可以说是“漕为天下之大政，又为官吏之利薮”，漕运业中腐败横生，对百姓又层层盘剥，每年保漕无视河流自然规律和沿岸百姓生产生活需要，“朝廷岁漕江南四百万石，而江南岁出一千四百万石，四百万石未必尽归朝廷，而一千万石常供官旗及诸色蠹恶之口腹”，“江南州县，且日就贫瘠，小民逋负不已，势必逃亡；逃亡不已，且有不可言者”。[③] 社会矛盾因此激化，江南地区农民的逃亡和反抗，影响了中央朝廷的统治。清末太平天国运动爆发后，所经运河沿线“粮仓与运船俱废”，等到太平军占领南京、扬州、镇江等东南经济发达城市，便截断了江南漕粮北上的通道，“以致湖南、湖北漕船停运一年，江西江安漕粮全数截留，合计四省粮米颗粒不能抵通”。包括杭州在内的江南地区的漕粮无法北上，可以说是清政府的“切肤之痛”。因此清廷不得不改变政策，向东北征粮，同时自咸丰三年(1853)起，江苏省所属苏州、松江、常州、镇江、太仓四府一州以及浙江省漕粮通过海运北上，江浙以外其余原有供粮省份则将粮折色[④]，正如光绪二十七年(1901)朝廷谕称：“漕政日久弊生，层层剥蚀，上耗国库，下腹民生。当此时事艰难，则用匮乏，亟宜力除靡费，逐加整顿。著自本年为始，直省河运海运一律改征折色。”[⑤]这种赋税货币化的行为放宽了粮食商品化运销和贩卖政策，但也直接加速和导致了漕运制度的瓦解。运河在封建社会漕粮的主要功能受到动摇，作为运输命脉的地位下降，就逐渐走向衰落。

1840年鸦片战争爆发，中国逐渐开始沦为半殖民地半封建社会。鸦片战争之后所签订的《中英南京条约》以及在此之后清政府与其他帝国主义列强签订的《北

---

① 朱偰．中国运河史料选辑．北京：中华书局，1962：133—134．

② 朱偰．中国运河史料选辑．北京：中华书局，1962：137．

③ 彭云鹤．明清漕运史．北京：首都师范大学出版社，1995：187—189．

④ 李治亭．中国漕运史．台北：文津出版社，1997：309—310．

⑤ 李治亭．中国漕运史．台北：文津出版社，1997：318．

京条约》、《马关条约》、《辛丑条约》等一系列不平等条约，使中国丧失了大片领土，以及司法和关税等主权。沿海以及主要内河沿岸的城市被迫开放，帝国主义列强取得了内河和沿海的航运权，这在一定程度上打破了清政府对于运河的控制和管理，使漕运业难以为继。而外国资本主义的工商业产品大量倾销入中国，又动摇了中国传统的自然经济的地位。可以说，资本主义列强入侵所带来的中国社会经济上的变化，是导致漕运停止的一个直接原因。

运河衰弱的社会原因之二是清末到民国连绵不断的国内战争破坏。1851 年太平天国运动于广西金田发起，在极短时间内就席卷长江中下游地区，1853 年太平军攻入天津、静海、临清，次年李开芳入山东高唐州，甚至太平天国定都南京，其战斗的重点地区均在运河沿岸，包括江南运河地区在内，由于太平军的攻入和清军的镇压，运河航道和码头船只等航运设施受到破坏，航运亦不畅通。捻军起义后期，起义军多次攻入山东，运河运道受到严重影响，无法进行正常航运作业。而民国从 1912 年成立到 1949 年覆灭，前期有各路军阀全国范围内的混战，后有 1937 年起长达 8 年的日本帝国主义侵华战争和 4 年的国内解放战争。这使得不仅仅是原本因为黄河改道而终止功能的运河航道彻底废弃，中国东部经济发达地区不复往日繁华，社会矛盾尖锐丛生，运河沿岸广大居民正常稳定的生产生活得不到保障，大运河水利失修导致衰败就是不可逆转的趋势。

运河衰弱的社会原因之三，就是现代交通方式和公共设施对传统运河水运的冲击。随着清末洋务运动的兴起和海运的发展，李鸿章等人开办了轮船招商局来承载粮食运输，由于轮船运载量大，船体坚固，船速更快，且航行中不需要传统河运拉纤扬帆等人力程序，因此基本将运河河漕的功能全部取代。而在内陆客货运方面，清末至民国，铁路和公路已经遍布中国东部。以杭州地区为例，光绪三十二年(1906)沪杭甬铁路浙江路段开工，三十四年杭州至长安通车，宣统元年(1909)杭州至枫泾通车，与原有光绪十三年开工的沪杭甬铁路江苏段相接。而杭江铁路从杭州贯穿浙江全省渡江至江西玉山，连通江西、福建干线共 330 公里，于民国十八年(1929)亦宣告通车。[①] 宣统元年，杭州市在火车站附近修筑了第一条现代马路。1913 年，浙江省议会成立以阮性宜主持的规划工程事务所，拆除杭州旗营和旧城门，开辟迎紫路(今解放路湖滨至青年路)、延龄路(今延安路解放路口至庆春路)、湖滨路(今湖滨路六公园至南山路涌金门)、平海路 4 条一等路，以及吴山路、岳王路、东坡路等 23 条二等路，奠定了杭州主城区城市道路的基本格局。

---

① 白寿彝.中国交通史.中国文化史丛书：第一辑.上海书店，1937：242.

表 3-1　20 世纪 20 年代杭州主要公路干线表

线路名	起讫点
杭余路	由杭州松木场至余杭山西巷
杭富路	由杭州武林门至富阳善祥弄
杭塘路	由杭州清泰门至塘栖镇
杭绍路拱三段	由杭州拱宸桥至三廊庙
杭长路	由杭州至长兴
杭平路	由杭州至平湖
杭海路	由杭州至海宁
京杭路	由南京至杭州

1927 年建市之后，杭州市政府提出城区计划，认为“各河道之无关水利者，均填平筑路，其应行保存者，则于河岸开辟道路”，因此城市内的运河交通，在杭州已成体系的城内公路系统和逐渐增多的汽车以及公交线路下退居次要地位。而在杭州城外，从 1916 年起，杭州连接毗邻县市的浙赣线、浙闽正线、浙闽副线、浙皖正线、浙皖副线、浙苏线六条公路干线全面开工。[①] 这些公路干线经过了杭州城区，以及浙江富阳、桐庐、绍兴、萧山、余杭、嘉兴、吴江等运河附近县市，因此原本弥补铁路无法到达县市交通需要的运河，也就失去了其有利的地位。因此，在现代便捷的公共交通设施和交通工具的冲击下，运河昔日的辉煌便一去不复返了。

二、运河在现代的整治与意义

在运河交通运输地位下降，使用功能衰退的同时，运河某些航段的疏浚治理却一直在进行着。在运河尚能通航的区域，民国政府进行了规模不等的整治和管理来维持其运营现状。进入新中国之后，政府对运河进行了大规模的疏浚整治。近十数年来，在运河一直保持通航的杭州，政府制订了一系列运河保护和复兴的计划，使得运河不单单可以作为水路运输渠道而存在，更可以发掘出运河在城市文化中的价值，以及运河在杭州的城市化过程中所留下的痕迹。

国民政府对大运河杭州段的整治，主要有两个阶段：第一阶段是在国民政府定都南京后十年，这段时期政局相对平稳，国民政府努力发展生产，民族资本主义

① 何王芳. 民国时期杭州城市社会生活研究. 浙江大学博士论文，2006：52—55.

也有了良好的发展时期，其中工业的年增长率超过8%，是工业近代化的一个重要高峰阶段；第二阶段则是在1927—1937这十年间，此时江浙地区远离内战纷争和日本帝国主义威胁，工农商业生产发展都具有良好的社会局面，因此政府也就有余力来整治运河，减少水患发展航运，使得运河能够为沿岸工农业生产作出一定的贡献。在杭州城内外的运河水系，除去1936年填塞筑路的运司河、涌金池水、三桥址河、东浣纱河，以及1946年填河筑路的市河以外，其余运河河道与清末相比基本无明显变更(除去完善稳固钱塘江海塘以及杭州城外河道的护岸工程)。

表3-2　民国杭州政府在杭州城内的河道整治工程表①

年　份	施工单位	工程内容
民国十六年(1927)	浙西水利议事会上塘河工程处	疏浚上塘河
	—	整顿中河
民国二十三年(1934)	浙江省水利局	在闸口设吸水站，为旱灾年份干涸河道补充水量
	杭州市政府	疏浚百丈井、沿山河等，并开始将一些城内大运河支流河道填平筑路
民国三十五年(1946)	—	拓宽观音桥至卖鱼桥河道，并拆除沿岸房屋砌石护岸
民国三十六年(1947)	运河堤塘紧急抢修委员会	分贺家塘至王家庄、拱宸桥至塘栖两期工程砌石保护堤塘，第一期工程完成于次年11月，第二期工程到1949年5月停止
	—	整治上塘河，措施有：从海宁及杭县新设的灌溉系统引水；整修河岸石塘
	—	修武林门清河闸、中河龙山闸，疏浚湖墅东新关至小万安桥、龙山闸至小桥河段
民国三十七年(1948)	—	疏浚浣纱河、艮山门至笕桥河段
	—	再次疏浚中河及东河

新中国成立后，党和政府在1958年成立了大运河建设委员会，国家交通部长任主任委员，建设部长及苏、浙、鲁、冀四省副省长任委员，并在有关省市设立大运河工程管理局及工程指挥部，在整套完备的方针计划下，对运河进行全面整治。在

① 陈述.杭州运河历史研究.杭州：杭州出版社，2006：121—122.

《杭州运河历史研究》一书中，将京杭运河杭州段建国以后的整治工程，总结为以下五个方面。①

（一）重新贯通自明代以来就不再通航的京杭运河与钱塘江，从 20 世纪 50 年代进行勘察规划起，历经三十余年，于 1988 年 12 月 31 日竣工。运河全长增至 101 公里，形成以杭州为中心，连通运河、长江、钱塘江、浙东运河、曹娥江、甬江等水系的水运网络。

（二）疏浚拓宽杭州城内外运河航道，清淤除污，砌石护岸。

（三）整治城内运河。其中较大工程有从 20 世纪 50—70 年代疏浚浣纱河至涌金门到武林门外城河的清淤改建、砌筑河埠等项目，1982 年 8 月结合旧城改造的中、东河综合治理工程等。

（四）修建桥梁。新中国成立后，市政府在维修改建为主、新建桥梁为辅的方针下，整修杭州运河河道上原有的木质、石质桥梁，将其中一些改为钢筋混凝土材质，便于车辆通行；并按照市政需要拆除填平河道上的桥梁，兴建中山北路桥、新大关桥、中河新吊桥等桥梁。

（五）编制运河综合整治与保护开发总体计划。在 2005—2010 年间，运河的综合整治与开发保护计划围绕着八大工程展开，即水体治理、路网建设、绿化景观、文化旅游、商业贸易、夜景灯光、居住休闲、河岸整治。近年来，杭州积极筹备大运河以及其文化的世界文化遗产申请工作，为了能够将千年运河列入世界文化遗产名录，对于运河的整治和文化发掘如火如荼地进行。

在民国末期，京杭运河的通航地位已经远不如前，航道多段废弃，即使在尚可通行的运河杭州段，也不复往日“钱塘自古繁华”的胜景。然而为何新中国成立之后，国家要投入如此多的人力物力来整治发展京杭运河，而不是任其成为杭州地区一段普通河道，抑或是干脆将其填塞成为公路或另辟他用呢？这当中的原因，很大一部分还是京杭运河所存在的经济价值、文化潜在价值和环境价值。

从经济价值上看，正如前文所提到的那样，运河具有货物运输和促进城市工商业发展的功能。虽然从清末到民国，漕运被废止，新兴工商业和现代交通运输方式取代了由运河水运的便利而兴起的商业市镇和运输地位，但在杭州地区，以杭州为中心的江河水运网络尚属完整，通航状况也较为良好，因此在建国之初各业百废待兴的阶段，运河作为物资交通运输渠道之一，对城市的复兴建设起到了一定的作用。而由于水运具有运量大，运输费用便宜的优点，所以在大宗物品的运输上，也颇得人们所青睐。举例来说，改革开放之后，在公路、铁路乃至航空运输逐渐发展

① 陈述．杭州运河历史研究．杭州：杭州出版社，2006：122—127．

的数十年间，杭州市1998年的客运人数是1978年的五倍，但运河客运量在各种现代交通工具的冲击下，占据的比例由原来的7%下降到0.11%，而货运量却在20年内同样增长五倍的情况下，相对比例仍然保持在15%左右，从货运的基数来说，是不降反升的。同时，像杭一棉等在建国之前就已经分布在运河沿岸的工厂，以及建国后在杭州运河沿岸拔地而起的新厂房，其排污和用水，都在一定程度上依赖着运河的存在。因而可以说，运河对于建国以后杭州的工业发展，有着一定的支持作用。

更重要的是，中国以山西、陕西、内蒙古等北方煤炭输出省份向华东、华南等煤炭消费区提供煤炭的"北煤南运"工程中，京杭运河是一条对于江苏、浙江等省市地区用于发电、工业生产和人民生活的煤炭供应来说相当重要的运输线。2008年2月，新华网曾经发表过题为《古老京杭大运河成为电煤南运关键通道》的新闻报道，文中提到，在2008年中国南方50年未遇的雨雪冰冻灾害中，南方大面积电网瘫痪，铁路公路运输也受到严重影响，用于发电的煤炭运输成为棘手的问题。但是京杭大运河受到雨雪冰冻天气影响较小，所以在此期间担当起了运输煤炭的重任。新闻中写道："'目前江苏所需电煤中超过90%通过大运河输送。'江苏省交通厅厅长潘永和告诉记者，为全力保障电煤供应，京杭运河江苏段目前超饱和运输，运输量已超过通航设计能力的3倍，每日运输量达江苏全省需求量的91.3%……江苏省内的电厂每天平均用煤23万吨左右，京杭运河江苏段平均每天运送电煤21.9万吨。苏南运河的设计通过能力为4950万吨，目前的运量已达到1.5亿吨，京杭运河江苏段通航能力已处于超饱和状态。在经济发达的著名园林城市苏州，每天得到从大运河运来的电煤约6万吨。……从2月2日起，南方的雨雪带已南移，京杭大运河的终点——浙江省杭州市再次迎来暴雪，京杭大运河也成为向这座美丽的旅游城市运送电煤的'生命线'。"①

从文化潜在价值上看，保留并且整治京杭大运河，对杭州而言，包括运河河道本体在内，以及沿岸古建筑等物质遗产，既可以成为拉动第三产业发展、促进经济增长的旅游胜景，又可以作为重要的历史遗迹，发掘并研究杭州的城市历程和沧桑变迁。新中国成立后，根据"修旧如旧，似曾相识"的理念，杭州运河流域像拱宸桥、高家花园、小河直街、桥西街区、塘栖古镇、珠儿潭、大浒路、大兜路、清代杭州海关、通益公纱厂遗址、富义仓、乾隆御碑、同福泰官酱园、广济桥等一大批历史文化遗存得到修复和保护。同时，政府弘扬运河文化，是打造杭州除去西湖和钱塘江外的另

---

① 石永红. 古老京杭大运河成为电煤南运关键通道. 新华网新华财经栏目，2008年2月3日。http：//news.xinhuanet.com/newscenter/2008/02/03/content_7561661.htm

一张文化名片。运河文化包括的方面多种多样，有历史学范畴的文物鉴赏、历史研究，也有社会经济方面的运河运输文化、运河商业文化，以及运河娱乐生活文化，而运河沿岸的民俗文化，不但是研究运河沿岸地方社区文化历史变迁的活教材，也可以像京杭运河的物质文化遗存一样，成为杭州城市旅游产业的一大亮点。

京杭运河杭州段全长 31 公里，集水面积为 766 平方公里，水道穿过江干、下城、拱墅、余杭四个人口稠密的区。在这四个区内，有着众多的工厂、养殖场和居民住宅。从 20 世纪 80 年代开始，随着杭州市经济的迅速发展和人口数量的增加，工业废水、生活污水和农业化肥农药以及养殖场废物倾泻入京杭运河，使得污染加剧，严重影响市民生活以及城市市容，对于运河原本的水体环境和支持沿岸农业养殖业功能的发挥都有严重影响。因此，政府通过清淤、截污、绿化、引水等手段整治京杭运河的自然环境，既可以改善运河流经地区的杭州市容，也可以提高沿岸居民生活质量。同时，水质改善后的运河水体，生物多样性将得到提高，吸收热量和空气中飘浮颗粒物的能力也会对整个城市大环境的质量产生重要的作用，使得杭州更不负“天堂之城”的美誉。

三、大运河复兴整治与杭州城市记忆的保护

在人们通常的印象中，大运河是一处凝聚了千年历史的文化遗产，具有高度的史学价值。同时，从普通市民而非学者的角度来说，自古至今大运河周边也是杭州城市中居民较为密集的场所，见证了长久以来杭州的风俗民情与市民的日常生活。近年来杭州运河沿岸的一些整治工程重建并保护了一批具有杭州历史文化传统的街区和居民聚居点，这可以说是将运河周边打造成一个系统性旅游产品的行为，同时，在某种程度上，这样的整治复兴行为也重拾和保护了杭州市民对这一区域的记忆。

在此处所说的记忆，与人们平常所指的，富有个人生活印记和个人情感轨迹的往事回忆有所区别。如果拿通常意义上的记忆同历史来比较：第一，记忆是现在的过去，而历史则是过去的复现。第二，记忆是主观的，它以记忆的主体“我”为中心，可以说，记忆寻求的是对它的主人的感官的忠实，它受制于人的信仰；历史则一直以客观为诉求，总是以非主体的面貌出现，追求的是真实。第三，记忆总是具体的，带有感情色彩的，并且是复数的，有多少个个体和群体就有多少种记忆，记忆与记忆之间充满着错位和冲突。同时，在主观情感或是不同观察角度等因素的影响下，记忆很容易产生扭曲，或者被篡改和操纵。与之相比，历史则带有客观抽象的批判意味，并且对于历史问题，历史学者做出的是客观理性的分析和解读。第四，

记忆与遗忘相辅相成，有记忆必有遗忘，记忆允许有缺口和断裂，历史则追求连续和完整；记忆可以是跳跃式的，无关因果联系的，历史则完全关注因果链，强调时间的连续和次序。[①] 所以本节提到的大运河在整治复兴中所展示出的城市"记忆"，则更接近于史学和社会学意义上的"集体记忆"范畴。

什么是在社会学和史学意义上的集体记忆？作为提出这一概念的学者，法国历史学家兼社会学家莫里斯·哈布瓦赫在他的《论集体记忆》中解释：人们大部分的记忆具有社会意义。在社会中，人们获得他们的记忆，回想起这些记忆，辨认出这些记忆，给这些记忆以正确的定位。人们唤醒记忆是为了回答别人的问题或我们假设要回答别人的问题，此外在回答这些问题时，人们把自己置于提问者的视角中，人们看问题就如他们是这一群体的一部分或与提问者处于同一群体之中。当人们回忆时，是别人刺激了他们的回忆，别人的回忆唤醒了他们的回忆，这些回忆有别人回忆的支撑。正是从这种意义上说，存在着记忆和集体记忆的社会框架。即使是完全属于个人的记忆，也不可能是完全孤立和封闭的。一个人为了回想起他的过去，经常需要借助别人的回忆。他通过身外存在的、社会为他确定的参照点才能回忆起来。更有甚者，没有言词、思想这些工具，没有这些个人无法发明、只能借用他人的工具，个人的记忆便不能运行。[②] 也就是说，记忆具有相当的公众性。无论是历史记忆还是自传记忆，记忆都必须依赖某种集体处所和公众论坛，通过人与人之间的相互接触才能得以保存。就像法国历史学家皮埃尔·诺拉所认为的，集体记忆就是具有身份认同的鲜活群体对过去的、被赋予神奇化的经历的回忆，或是这些回忆的总和，不论这种回忆是有意识的还是无意识的。这一群体的认同是通过对过去的感情整合而形成的。[③] 对于居住在大运河沿岸或者熟悉运河沿岸风貌的杭州市民来说，他们的记忆，有相当一部分是与运河沿岸的日常生活、民俗传统、街坊互动和街巷风景紧紧结合的。大运河，以及周边的居民街区，就是这一批杭州市民关于运河的集体记忆的参照点、集体处所和社会框架。假如在杭州城市化的进程中，通过运河的现代化整治分散了这些居民，用现代的旅游文化设施取代了旧有街区，抹去原有的一切风貌，那么关于运河的这一段集体记忆也会随着时间的流逝和居民世代的交替而逐渐消失。这也许并不像有形的物质遗产消失那样受人瞩目和为人所察觉，但是它们一旦消失，就很难再次复原，通过运河来研究杭州的历史文化和城市化变迁的工作就失去了一个重要的研究角度，不可不称之为一

---

① 沈坚．记忆与历史的博弈：法国记忆史的建构．中国社会科学，2010(3)：211.

② [法]莫里斯·哈布瓦赫．论集体记忆．上海：上海人民出版社，2002：69.

③ 沈坚．记忆与历史的博弈：法国记忆史的建构．中国社会科学，2010(3)：209.

项憾事。

为了详细说明现今的运河复兴整治工程与保护杭州城市记忆及其载体之间的关系，笔者于2013年初前往位于拱宸桥附近的桥西历史街区以及小河直街历史街区进行实地考察。在这两个经由运河复兴整治工程焕发新生的街区之中，展现和保护了两种各具特色的城市集体记忆与载体：一是房屋建筑、桥船码头、工厂药局等承载了城市历史文化和市民生产生活记忆的有形载体；另一种则是民间手工艺等非物质内容。在接下来的内容中，笔者将借助实地拍摄的相片，来进行详细的阐述。

作为本节考察对象的桥西历史街区位于京杭大运河河畔拱宸桥侧，与邻近的小河直街历史街区一样，在明清时代是杭州大运河水系上繁忙的水陆码头。直到民国时期，这一区域既是杭州市民聚居的场所，亦是汇集了商铺、仓库、手工作坊的工商业中心。然而随着时代的发展，伴随着新式交通方式和经济模式的发展，这一片地区成为杭州的老城区，陈旧的厂房、仓库、码头等生产设施，以及居民长期未得到改善的卫生与住房条件，都限制着这一河畔城区的发展脚步，使其落后于杭州整体城市化的进程。

然而在认识到桥西和小河直街两区的问题时，也应当注意到，拱宸桥畔的这一片老旧建筑林立的杭州城区，在改造前尽管不及如今杭州中心市区和西湖沿线景区现代时尚，优美动人，却具有不亚于前两者的深厚城市历史文化积淀。它就像城市的“岩层剖面”，在运河河畔的方寸之地展示出从清代到民国，以及新中国成立后杭州城市建筑和生产生活设施的不同风貌。因此，如果将其看作城市的“破烂”而粗暴地拆迁旧屋建设新区，无疑是对城市记忆的严重破坏，失去了历史积淀和城市记忆而留下空有现代光鲜外表的“新城”，也不是杭州城市化所追求的目标。

相较于小河直街历史街区，桥西历史街区的建筑和设施从形态和作用更为多样化。在这不到八公顷的区域中，聚集了各个时期的普通民居，古迹建筑，各式商铺，以及兴起于清末的杭州第一棉纺织印染厂厂区建筑，可以说是集中体现杭州清末至新中国成立初期依托运河而形成的近代工业文化、平民居住文化和仓储运输文化的文化复合型历史街区。[①] 对于一批较为年长的杭州市民而言，可以被桥西历史街区的工厂旧址以及各式民居唤起过去在此处工作以及生活的集体记忆，然后将这种记忆通过口述、文字记录、影像资料等方式让更多人了解；而对于这部分杭州城区更早的记忆，则由桥西历史街区所保存的古建筑承载，并传承给如今的杭

---

① 谢洁青.改革开放30年品质杭州新面貌——运河黄金旅游线特别报道：桥西历史街区保护区.杭州网，2008-9-22.http://www.hangzhou.com.cn/20080902/ca1575309.htm

城居民。因此，在运河沿岸城区的改造和整治中，最大限度地保留历史街区内建筑以及生产生活设施的原貌，对于保存和传承杭州的城市记忆有着重要的作用。

图 3－3　中心集施茶材会公所旧址

既然本节所探讨的是运河整治修复工程对保留运河沿岸的城市集体记忆以及其载体的情况，那么所需要讨论的对象就必然和在这一区域范围内的居民和他们进行生产生活活动有关。以上一组图片展现的是桥西历史街区中重要的古迹建筑之一——中心集施茶材会公所。公所位于拱宸桥西吉祥寺弄，其建筑和墙角“拱埠中心集界”界碑属于 20 世纪 20 年代的民国初期文物，距今已有八十多年历史。公所名称中所谓的“中心集”，与杭州是著名的茶叶产地，也是浙、皖、赣、闽茶叶运销集散之地有关。中日甲午战争后，拱宸桥一带被辟为商埠口岸，茶叶贸易十分繁荣。因此单从“公所”这一具有同业公会性质的称号来看，这座院落也许当年就是拱埠管理茶材商业的民间组织。然而更重要的是，这幢建筑中所存在过的民间组织，还发挥过扶弱济困的民间慈善机构的作用，公所名称中的“施茶材会”，即是施舍茶水给他人，以及发放棺材收殓无力负担丧葬费用的死者的意思。对于这个公所组织的来历，从桥西历史街区的古迹介绍中，游客可以了解到“妓女筹建公所建筑行善”，“码头挑脚工组织街坊成立公所”和“道士筹建房屋供施舍茶水和搬运工人集会”三个版本。尽管这些流传在民间的传说故事在细节上并不一致，但可以从其中确定的是，公所是由当年居住在桥西一带的下层普通民众自发组织的，目的在于服务和救济运河沿岸从事工商业、运输业和服务业的劳动者的民间组织。中心集施茶材会公所所遗留下的建筑，以及围绕着公所院落所留下的关于民国初年杭州市民自发自动的民间慈善活动记载，对于现代人研究清末民初杭州民间组织以及慈善活动的程序、规模和组织形态有着重要的研究意义。在 2007 年，这幢建筑被列入杭州市第三批历史建筑保护名单，在运河沿岸街区的整治工程启动时，这里还聚居着为数不少的居民。在动迁了这些住户之后，工程队修复了公所原有的建筑结构，而具有历史意义与时代特征的建筑部分，包括拥有石刻牌匾的大门、界碑，檐口、踢脚、硬山屋顶，以及屋顶坡面老虎窗都被妥善保护在原始的状态。游客拜访时，就可以从这些保留着昔年风貌的建筑和古迹中，了解和体验当年拱宸桥畔的贸易景象，劳工生活，以及杭州市民是怎样互帮互助，热心公益的古老记忆。

如果说中心集施茶材会公所的出现，与杭州以茶叶为代表的传统贸易以及运河运输业相关，那么坐落于拱宸桥畔，杭州第一棉纺织印染厂的前身——1889 年由杭州富绅丁丙、王震元和湖州南浔富商庞元济等筹建于拱宸桥运河西岸的通益公纱厂，就可以说是清末民初正在经历政治、经济、社会重大变革的杭州城中所兴起的近代棉纺织工厂之一，同时也是正在走向现代化的杭州城中拱墅地区近代工业区形成、发展的“奠基石”，是杭州近代民族轻纺工业创建、发展史的实物见证，是浙江省棉纺缫丝业进入近代工业的标志。由于运河便于材料以及货物运输，同时运河沿岸人口密集，劳动力充足，毗邻洋关，生产用水可以就地取材等因素，通益公纱厂选址在离拱宸桥不远的桥西地区，此后工厂几经更名易主，直到新中国成立后的数十年，厂房都在此处屹立不倒。在 2005 年 3 月 16 日，通益公纱厂旧址上的三座厂房以及一幢办公楼被浙江省人民政府公布为浙江省第五批省级文物保护单位，原有的厂房改做传统手工艺展示场馆，成为了桥西历史街区重要的历史建筑，同时也成了杭州运河文化与杭州城市文化记忆的展示中心之一。

浙江省省级文物保护单位
通益公纱厂旧址
浙江省人民政府
杭州市人民政府立

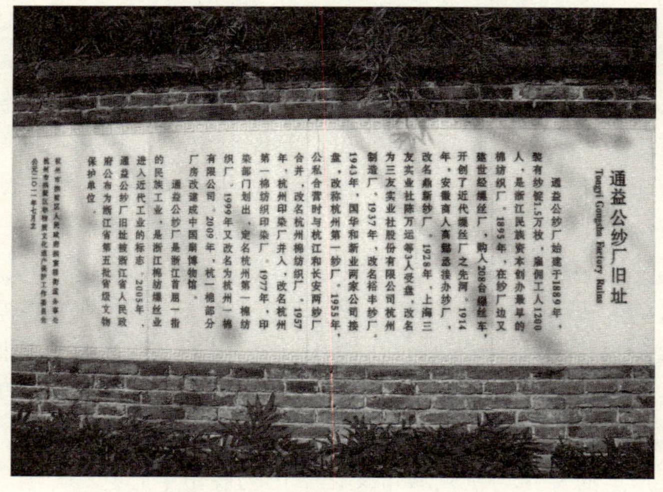
通益公纱厂旧址
Tongyi Gongsha Factory Ruins
通益公纱厂始建于1889年，装有纱锭1.5万枚，雇佣工人1200人，是浙江民族资本创办最早的棉纺织厂。1895年，在纱厂边又建世经缫丝厂，购入208台缫丝车，开创了近代缫丝厂之先河。1914年，安徽商人高懿丞接办纱厂，改名鼎新纱厂。1928年，上海三友实业社陈万运等3人受盘，改名为三友实业社股份有限公司杭州制造厂。1937年，改名裕丰纱厂。1943年，国华和新业两家公司接盘，改称杭州第一纱厂。1955年，公私合营时与杭江和长安两纱厂合并，改名杭州棉纺织厂。1957年，杭州印染厂并入，改名杭州第一棉纺织印染厂。1977年，印染部门划出，定名杭州第一棉纺织厂。1999年又改名为杭州一棉有限公司。2009年，杭一棉部分厂房改建成中国扇博物馆。
通益公纱厂是浙江首屈一指的民族工业，是浙江棉纺缫丝业进入近代工业的标志。2005年，通益公纱厂旧址被浙江省人民政府公布为浙江省第五批省级文物保护单位。

图 3－4　通益公纱厂旧址

当年留存至今的三座厂房建筑是典型的民国时期二三十年代的建筑，整个厂房保存相当良好，与昔日的旧照片比较时可以看出大体的结构和建筑外观都还保留着原貌。从照片中可以看到搭建厂房的是与一般钢筋结构不同，秉承了中国建筑传统的木材承重结构，在过去的记载中，这些用于厂房建筑的木材为美国红松，连接房梁、房柱的是来自英国的金属构件。从建筑的外部来看，现在还能看到和老照片如出一辙的锯齿形屋顶设计，为保存棉纱不受阳光直射而特别设计的全北向窗户。这种中西合壁的独特风格正像是清末民初，在传统的中国社会中摸爬滚打寻求发展的近代企业的写照，这样特别的厂房在今天仍然继续为人们使用，游人到此参观，与现今全钢筋混凝土的工厂厂房作比较，亦别有趣味。图 3－5 所展示的，则是前身为清末通益公纱厂的杭州第一棉纺厂厂房旧址以及车间内的生产设施——货运通道。厂房中间这条货运通道的滑梯，当年是专门为从库房运送沉重的棉纱产品到 3 号厂房所设计的，现在外部的仓库和运货滑梯的上入口处已被拆除，只保留了厂房中的这一段，让参观者得以了解百十年前杭州近代工厂的生产运作情况。这样的生产设施容易在厂房拆迁整修的过程中被拆除破坏，因而在其他地方确实难得一见。

当然，论及桥西历史街区中杭州第一棉纺厂的历史建筑与集体记忆之关系，就不能不提到在城市中生活多年的众多普通市民与之相关的生产生活。杭州第一棉纺织厂，老杭州亲切地将其称为“杭一棉”，作为民国至新中国成立前期杭州重要的工厂，有许多工人与职员在其中工作，而这一批人中有相当一部分都聚居在厂区附近的桥西直街与吉祥寺弄。民国期间，杭一棉的工人上工和收工都有固定的时间，每日早晨六时和下午六时，厂区的汽笛就会鸣响提醒时间，因此在一段相当长的时间里，拱宸桥附近的许多人家都是听着汽笛准时鸣响来安排淘米做饭生活作息的时间。因此，这些职工以及其家庭的日常生产生活活动就和杭州第一棉纺织厂产生了密切的联系。在这些老杭

图 3－5　通益公纱厂厂房建筑内保留的货运通道滑梯

州人的生活记忆中，时时会出现厂房的旧影，建筑成为了一个坐标，只要看见它，想起曾经在厂区中每天准时响起的汽笛声，就能够唤起他们在这附近生产生活多年的共同记忆。

图 3－6　老东纺旧厂房鸟瞰——细纱、筒摇厂房

图 3－7　拱宸桥上远眺老东纺

在运河及其支流沿岸的历史街区中，具有历史文化价值的，不仅仅是过去所遗留下的建筑。早在清代，小河处于卖鱼桥和大关桥之间，便有喻陈埠和芦荡埠两处河埠装卸搬运货物，抗日战争后，在两个埠头的废墟上建立起挑土码头，新中国成立后被建设为哑巴弄货运码头。而原系木材堆场的小河码头，在新中国成立后由人民政府于 1952 年移交杭州航运公司经营管理。在短短的一段小河河道两侧，这些码头承担起了杭州至上海、苏州、无锡、平湖、湖州、德清、余杭等地的客运与货运

业务，有效地补充了公路铁路运输的不足之处，使杭城的水陆交通网得以完善。如今虽然古老的码头所承担的运河水运任务已不像过去那样繁重，但在小河直街历史街区的河堤上，仍然留下了生动的城市雕塑，既有对不同时期船工和搬运工劳作场景的刻画，亦为游客展现曾经在河岸两侧的货运码头上起吊机矗立如林的景象。这些雕塑就像凝固的时间画卷，吸引观者去了解和想象从清代、民国，到新中国成立初期小河码头船只往来繁忙，客货上下如流水的繁盛情况。重要的水运通道，对于一个城市来说无疑是提升经济和政治地位的重要因素，会在各种方面对城市产生影响，改变城市以及城市居民的生活与命运。在运河桥西地区以及小河直街地区的旧城改造与运河河道整治过程中，杭州市保留了运河的影响在杭州不断发展的城市工业、商业、航运、社会事业中留下的痕迹，以各种静态的古迹与设施留存来彰显运河文化的一角，还原城市历史的一部分面目，而非将它们掩埋在推土机驶过的废墟下，只剩老杭州人记忆中逐渐淡薄消失的记忆。

图 3－8　小河地区码头雕塑

除去具有历史意义的古建筑与城市设施之外，在桥西历史街区，以及以展现运河畔居民日常生活为主的小河直街历史街区中风格各异的民居，则像一册册敞开的杭州市民回忆录，展现不同时代、不同风格功能的建筑中所居住过的老杭州人们凝聚在木材砖石之间的生活记忆。也许古建筑与不似往日繁华的码头是标本式的，在时间流动中静止的城市记忆片段，那么在整治工程之后，迎来回迁入桥西历史街区与小河直街历史街区的老住户的各式住宅，就会更加生动、更加鲜活地体现运河畔的杭州人对运河的记忆与情感，而这些记忆与情感，会一代一代地被安家在此处的杭州人深化、填补。

图 3-9　小河直街历史街区姚宅

小河直街历史街区的姚宅，建于 20 世纪 40 年代，坐落于小河直街西侧，为一幢四坡屋顶、青砖实叠的两层砖木结构洋楼。姚宅正门门楣挂有"永达五金店"字样的牌匾，虽然经历时光洗礼、风吹雨打而表面斑驳，但仍然可以清晰辨认匾上字迹。从资料的介绍中，笔者了解到姚宅最初的主人，是浙江永康商人姚金淼，此人在小河直街有一家名为"永达木行"，充当木材贩卖的中间商的"塘店"，还在杭州拥有广大珐琅厂、热水瓶厂等产业，因此有可观的家资来建造设计新式风格的房屋，用于自家家人居住和作为永达木行职员的员工宿舍。从外观上看，姚宅采用了水磨石地坪、压花玻璃窗户等偏向西式的装修风格，是民国初期运河河畔市民住宅由传统中式住宅向多层砖木结构的近代城市住宅转变的代表。

这座运河畔的二层小楼，具有民国时期西洋式建筑的风格，其中房屋的一些细节，亦可以从杭州清河坊、北山路、南山路等地的同时期建筑上见到。当年在这一片相对于上述街道而言较为陈旧的老城区中，出现这样新式的，紧贴城市近代化潮流的建筑，与运河沿岸商业的发展变化有重要的关系。首先，在姚宅出现的时代，运河沿岸传统的木材贩运业仍然占据着运河商业带的一席之地。明清时期，徽州木商贩运木材，江南地区是必经的货物集散地区，到清朝末年，徽商中盐、典、茶三派相继衰落，但木材贸易依然兴盛直至民国。在这一段时期内，杭州是徽州木商在江南的重要木材转运基地，光绪《婺源县志》中即有商人"购木钱塘"的记载。[①] 同时，江浙一带在明清造船业发展迅速，但可用于船只的木材则出产不多。而随着商品经济的发展，江南市镇与城市人口急速增加，伴随着城市化步伐的加快，对房屋建材、家具农具用材的数量就尤为可观。在这些原因的综合作用下，以杭州为其中一个代表的江南地区就成为了徽商木材转运销售的重点市场。从清代乾隆朝到新中国成立，以徽商为代表的木材商人销售货物的方式，主要是委托木行中介交易，木行则从中提取部分佣金。而木行不但可以作为中间人帮助交易，亦可以作为信用机构为资本不足的商人提供贷款，接受贷款的商人便将木材存于木行销售。[②] 姚宅主人姚金淼，就是运河边"永达木行"的主人，他建造房屋所用的资金，可想而知有一部分是来自从事这一运河重要商业带，且具有长久历史传统的商业活动所得的盈利积蓄。姚宅兴建的历史，发挥的作用，和作为历史文化古迹存在的建筑本身，就是能够令杭州人回溯追寻运河传统商业文化的鲜活资料。第二，杭州自《马关条约》签订之后开埠，对往来船只车辆征收税费的海关（亦称为"洋关"）就坐落在运河河畔的拱宸桥地区。随着城市的逐渐开放，外国资本、外国商品以及人员纷纷涌入杭州，西式文化也开始逐渐被杭城居民所接受，并影响他们的生活。居住在洋关附近的姚家人，属于在生活和商业活动中可能较多接触到西方事物的一类杭州人，同时也有令外来文化改变日常生活的财力，因此姚宅不像传统的中式宅院，反而从外观上是西式的二层砖木结构小楼，就能够体现出运河之滨的一批杭州人，在中西文化碰撞的社会变革时期，在居住观念和居住审美上产生了怎样的变化。

图 3-10 的河畔民居摄于小河直街历史街区，这种沿河而建，具有清末民初传统风格的建筑，可以说是街区内形式最为古老的民居。早在宋代《梦粱录》中，当时的人们就已经描绘过临安城密布的河道水网两侧鳞次栉比的市民住宅。如今在小河直街历史街区所见到的房舍，依稀还能够看到从古老的王朝一脉相承流传下来的影子。对于居住在这些沿河住宅中的杭州人来说，他们的日常生活中，运河水供他们淘米做饭，洗衣涤器，不少人家还在河畔树立了石墩，建造了由住屋入水的阶梯和小型平台，以供自家船只拴系缆绳，停泊靠岸接送人货，充满了浓浓的江南水乡风韵。

小河直街的这些民居，虽然现今看来赏心悦目，展现出老杭州河道两侧白墙黛瓦倒映清波的美丽生活图景，但在街区进行整体改造之前，是城市中设施较为落后的老城区。这个地段房屋多为具有七八十年历史，甚至更长时间的平房和二层木结构小楼，极少配备有下水道等卫生设施，年久失修且具有火灾隐患，由于建设较

---

① 李琳琦.徽商与明清时期的木材贸易.清史研究，1996(2).

② 李琳琦.徽商与明清时期的木材贸易.清史研究，1996(2).

早，管道、水电、网络等设施相比市区的其他地方要落后陈旧。在小河直街老住户的回忆中，他们常常数代同堂蜗居在狭小的房间中，每天都需要倾倒、清洗马桶，更不用提台风暴雨等恶劣天气来临时旧屋的漏水和安全问题。因此在京杭大运河"申遗"的过程中，拱宸桥段小河直街历史街区的改造就势在必行。

图 3-10　小河直街沿河民居即景

图 3-11　桥西历史街区手工艺活态展示馆

然而，历史文化街区的保护和改善居民住房与生活条件在不少地方都是一对矛盾。很多时候，历史街区的改造保护，会在不经意间"变味"：改造者们会翻新现有的房屋成为商铺、餐厅、酒店，来打造具有"古街风韵"的仿古旅游街区，而这片街区的原住民，就被迁移到别的地区，他们在原有街区经过数代形成的特色风俗、生活技艺、社区情感纽带和集体回忆，就会随着居民们搬迁分散而渐渐削弱消失。这样的"改造"，如同将旧酒瓶的标签贴在新酒瓶上贩卖，空有名号却失去了历史积淀的厚重感、真实感，而城市社区真实生动的生活记忆也就渐渐"死去"了。假如人们来到这样的"空壳"旅游点，街坊邻里之间杭州方言的问候被叫卖声替代，屋檐下悬挂的"万国旗"和酱鸭鱼干等杭州人家手工土产变成店铺招牌和霓虹灯，水埠桥头只有摩肩接踵的游客和小贩，这对于京杭大运河申请世界文化遗产的重点河段来说，无疑是一个遗憾。因此，早在保护工程论证期间，专家和政府就一致表示：历史街区保护要避免发生"重硬件轻软件"的毛病，建筑要保，活的民俗文化更要保。不能等房子修好了，原住民一个都不见了。而在事先的民意调查中，小河直街重点保护区内的 285 户居民中有半数以上要求工程竣工后回迁。在百姓、专家与政府三方达成一致的情况下，负责这一工程的拱墅区就在制定重点区域内居民搬迁政策时，以优惠措施鼓励居民回迁以达到为城市留下活的记忆的目的。据拱墅区城市建设发展中心副主任管森祖介绍，愿意回迁的每户居民原有住房建筑面积与杭州市的最低安置标准 48 平方米之间出现的差额，可按照每平方米 670 元购买；小河地区的民居在保证建筑外表历史风貌的同时，在建筑内部将进行彻底的翻修和改造，各种管线将埋设到位，并会为住户解决卫生间、低洼积水等问题，并扩大每套房子的面积，以便在保留街区“活的记忆”的同时，满足小河直街历史街区回迁居民现代生活的基本要求。①

图 3－12　手工艺活态展馆内部即景

理查德·库林曾在其论著《博物馆和非物质遗产：死的还是活的文化?》中说：“(文化遗产对博物馆来说)不是死气沉沉、冰冷的器物……而是鲜活而充满生命力的，并于今天复杂世界中努力生存的人们在认同感和精神上紧紧相连。”②在时代的变迁和城市化的进程中，随着人们生产生活方式和观念的改变，在生产工业化、标准化，生活电子化、网络化的时代，一些人们的传统生产方式与技艺就随着城市环境的变化、社会生产方式的发展、从事人员群体的老化和缩小逐渐淡出现今的城市生活。但是这些传统技艺还没有成为人们只能从史书和博物馆中的工具与产品

① 金波. 杭州小河直街历史街区保护鼓励居民留下. 浙江日报，2007－1－16。

② 陶学锋，许潇笑. 从“无形”到“有形”——杭州手工艺活态展示馆保护和传承非物质文化遗产的实践. 国际博物馆：全球中文版，2011(1). 上海：译林出版社，2011：59.

实物来研究揣摩旧日风貌的历史化石，时至今日仍然存在并传承，同时它们展现出所在地域特殊的自然、社会、人文环境与价值体系，是地方与民族历史、文化、精神、记忆的反映。因此，这一些古老技艺与生产方式，就被视为非物质文化遗产的一部分。

在历史上就具有手工业盛名的杭州，像丝绸、西湖绸伞、张小泉剪刀、王星记扇子、萧山花边等手工特产闻名全国，在长期的生产与制造过程中反映出了杭州本地的经济特色、艺术价值观与文化内涵。其中，西湖绸伞、王星记扇子和张小泉剪刀还被列入了第一批国家级非物质文化遗产名录。因此，保护这些地方特色手工艺，有着揭示其蕴含的非物质文化遗产精髓与保留传承杭州手工业的城市记忆的意义。在运河桥西历史街区，一些老工厂的厂房被改造成了刀剑剪、扇、伞博物馆以及杭州工艺美术博物馆。值得一提的是，由杭一棉老厂房改造而成的手工艺活态展示馆中，收藏展示了以剪、扇、伞等为代表的传统杭州工艺所需的竹料、手工风箱、火镰、轴钉等原材料、工具与半成品；展馆内还复原了旧日的生产场景和生产流程，允许游客现场观摩并参与体验。油纸伞的制作步骤被重现在清晰的流程图和图片影像上，游人能亲身体验如何绘制纸伞、团扇，捏制一把属于自己的紫砂壶；而在复原的剪刀坊中，民国式的木顶、火炉、剪刀胚，和现场工艺大师的剪刀打制，从听觉、视觉、触觉等多重方面有效地向前来参观的人们传播教育了非物质文化遗产的内涵。这些具有杭州文化色彩与运河特色的展馆与体验设施集展示、收藏、研究、培训和交流为一体，构成了运河文化、历史建筑与传统工艺美术的和谐统一。

在一期的手工艺活态展示馆投入使用后，杭州工美馆准备启动手工艺活态展示馆二期扩容工程，拟将杭一棉建筑面积为1500平方米的2号厂房进行再利用，与之前的3号厂房连通，引入更多特色传统手工艺，为观众搭建更大的与非物质文化遗产近距离接触的平台。可以想象，在新馆落成后，将更好地保护杭州非物质文化遗产的“香火”传承，使这些古老手工艺能够在现代的杭州重新焕发生机，不至于被城市所慢慢“遗忘”。

第四章　中山中路“南宋御街”与清河坊历史文化的继承与重构

南宋御街与清河坊，是近年来杭州市发掘重建的历史文化旅游街区。南宋御街即现今杭州城区的中山中路，依托的是南宋的历史背景，保留有皇城临安从宫城至皇帝祭天处的主要干道遗址。从南宋至今，中山中路经历了由政治性为主的街道到商业金融中心，再到现代社会的商业旅游景点“南宋御街”的变迁，在实际地理位置和历史记录上都存在着变化和讨论，本章将对中山中路的历史背景、主要功能变化以及从这条街带来的历史想象和历史记忆构建的讨论进行介绍和分析。清河坊同样最初出现于南宋时期，因南宋重臣清河郡王曾在御街太平巷居住，这一带由此得名。清河坊历经南宋、元、明、清、民国各个历史阶段，是张小泉、王星记、胡庆余堂、方回春堂等地方老字号的所在地。2000年起，杭州市政府对这一片区的历史建筑群进行了保护和开发，经过十数年的开发经营，现已成为占地面积约1366公顷的以传统特色为卖点的文化、旅游、娱乐、商业街区。目前的清河坊，介绍中的历史背景可以追溯到南宋，而所保留和兴建的建筑主要风格倾向于明清建筑。然而在整个街区的经营和设计中，却存在着现代设计和商业化模式与传统历史街区相冲突的现状，本章在介绍清河坊的历史背景的同时，也会对这一现状进行讨论，从而能够与中山中路一道，分析探讨杭州历史文化古街的文化继承与重构。

第一节　中山中路与清河坊的历史背景

一、“世界上最美丽华贵的天城”与临安御街

靖康二年(1127)，在北宋灭亡之后，康王赵构在应天府(今河南商丘)登基为帝，南宋的历史就此开始。由于金兵的武力威胁始终存在，据《宋史》卷一一四《礼志・巡幸》记载，南宋朝廷君臣“自南京移淮甸，自淮甸移建康而会稽，播迁之远，极

于海隅”，可谓颠沛流离。在骑兵为主的金兵主动进攻的事态下，建康、镇江等靠近前线的城市在南宋朝廷看来太过危险，不如杭州地处后方，蒙受战祸较少，且水网密集，湿润低平，“钱塘有重江之阻”[①]，高宗赵构认为“朕以为金人所恃者骑众耳。浙西水乡，骑虽众不能骋也”[②]，在战略上易于防守。同时，自唐以来，杭州的城市规模迅速发展。唐开元年间，杭州人口约为8万余户，而据《宋史·地理志》记载，到了北宋徽宗崇宁年间，杭州人口激增至203574户，成为江南地区人口最多的州郡。而杭州的城市经济，到南宋年间，已有足够的力量支撑起城市作为首都的运作。杭州有发达的丝织业，在唐宋时期，已然成为江南丝织业的重镇。北宋在至道元年(995)于杭州设织务，管理收购州县丝织产品。《咸淳临安志》中记载仅熙宁十年(1077)的夏税，杭州及所属县城便可提供绢95831匹，绸4486匹，绫5234匹，绵45000匹。北宋末年的造作局，亦设于苏州以及杭州。在杭州，雕版印刷、酿酒、造船等行业也相当发达。且杭州一城商业繁盛兴旺，交通往来发达。熙宁十年，杭州商税高达173800余贯，为全国商税缴纳最多的州城。大运河漕运便利，杭州港“道通四方，海外诸国，物资丛居，行商往来，俗用不一”。[③] 从欧阳修在其《有美堂记》中所做出的对比，就可以看出南宋朝廷选择杭州作为首都的原因：

> 若乃四方之所聚，百货之所交，物盛人众为一都会，而又能兼有山水之美，以资富贵之娱者，惟金陵、钱塘。然二邦皆僭窃于乱世，乃圣宋受命，海内为一。金陵以后服见诛，今其江山虽在，而颓垣废址，荒烟野草，过而览者，莫不为之踌躇而凄怆。独钱塘自五代时尊中国，效臣顺，及其亡也，顿首请命，不烦干戈，今其民幸富足安乐。又其俗习工巧，邑屋华丽，盖十万余家，环以湖山，左右映带，而闽商海贾，风帆浪舶出入于江涛浩渺，烟云杳霭之间，可谓盛矣。[④]

因此，原本作为北宋南方州府一级城市的杭州，在南宋被定为首都，承担起了更高级别的政治、经济以及社会民生等多方面的重担。

在介绍南宋首都临安的御街之前，值得一提的是从北宋中期开始，城市规划中的一大重要变革。在宋以前，中国古代城市的基本模式即是各个封闭街区所组成的闭合结构。除去官方管理机构和含有政治意义的区块以外，其中根据街区的功

① 三朝北盟会编：卷一二五.

② 建炎以来系年要录：卷二十七“建炎三年闰八月丁亥”条.

③ 林正秋.南宋都城临安.杭州：西泠印社，1986：33—34.

④ 欧阳文忠公文集.居士集：卷四十.

能不同，被分为占城市面积大多数的居住区“坊”和商业区“市”两种，于早晚定时开闭街区大门。坊与坊之间的大街设有临街店铺，只有极少数达官贵人可以拥有住宅的临街大门。[①] 这样的城市街道规划和城市形制，使得商品只能在有限的时间和地点进行有限的交换。因而到了北宋中期，随着城市人口的增加和城市工商业的发展，这种坊巷制度最终趋于崩溃，街道两边出现长时间经营的各色店铺，居民区内也开设了市场，这时候的城市街道，才逐渐趋近于现代人“街道”的概念。南宋之前的杭州，也存在过这样的坊巷制度，自唐以后，政府规定的可以进行商业活动的区块，就局限在杭州城市中心，即现代杭州的官巷口至羊坝头一带。南宋定都临安之后，皇室、官员、军队以及大批北方移民南下，“四方之民，云集两浙百倍于常”，杭州迎来了居民数量的一个高峰。从《梦粱录》卷十八的记载中看，《太平寰宇记》中北宋初太宗兴国年间杭州的人口主户有 61680 户，客户有 8857 户，到了南宋《中兴两朝国史》的年代，便激增到 205369 户。《乾道临安志》中杭州的户口数有 261692 户，《淳祐临安志》主客户 301335 户，767739 口，到了《咸淳临安志》卷五十八中，主客户人口加起来共有 391259 户。[②] 这样庞大的人口，杭州范围有限的原有商业区就无法容纳为了满足新增居民生活而出现的店铺，而居民们也更希望可以有更多时间就近购买所需商品。因此，南宋临安就出现了三个商业闹市区。这三个区块，是沿着定都之后纵贯杭城南北的御街（今中山路）形成的。

《建炎以来朝野杂记》甲集卷二《太庙景灵宫天章阁钦先殿诸陵上宫祀事》云：“国朝宗庙之制，太庙以奉神主，一岁五享，朔祭而月荐新。五享以宗室诸王、朔祭以太常卿行事。景灵宫以奉塑像。岁四孟飨，上亲行之。帝后大忌，则宰相率百官行香，僧、道士作法事，而后妃六宫亦皆继往。”[③]御街设立之初，就是为了皇帝从皇宫出发，前往景灵宫祭拜先祖所用。嘉定四年（1211）十月，在《御街行》一词中，当时的临安居民记录下了宁宗皇帝经过御街前往景灵宫举行孟冬朝飨礼的情景。词云：“时康三载升平世，恭谢三朝礼。群臣禁卫戴花回，龊巷儿郎精锐，战袍新样团雕拥，重隘围子队。绣衣花帽挨排砌，锦仗天街里，有如仙队玉京来，妙乐钧天盈耳。都民观望时，果是消灾灭罪。”[④]

在《咸淳临安志》卷二一中，记载了一件御街整修事件。“御街，自和宁门外至景灵宫前，为乘舆所经之路，岁久弗治。咸淳七年（1271）按抚潜说友奉朝命缮修，

---

① 李春棠. 坊墙倒塌之后：宋代城市生活长卷. 长沙：湖南出版社，1993：17.

② 吴自牧. 梦粱录. 丛书集成初编 3220. 北京：商务印书馆，1939：159—160.

③ 方建新. 南宋临安大事记. 杭州：杭州出版社，2008：70.

④ 林正秋. 南宋都城临安. 杭州：西泠印社，1986：88.

内六部桥口至太庙北，遇大礼另除治外，袤一万三千五百尺有奇……易其阙坏者凡二万，跸道坦平，走毂结轸若流水行地上，经途九轨，于是为称。”[①]这在侧面给后人揭示了作为南宋都城规划以及建设布局中轴线的御街的地理位置，即南起皇宫北部和宁门外（今杭州凤山门附近），经朝天门（鼓楼）、众安桥、贯桥、天水院桥，北至武林门中正桥，由朝廷都水监所属的街道司管辖。在《梦粱录》的记载中，御街“自和宁门杈子外，一直至朝天门外清河坊”。朝天门即今杭州鼓楼，相比《咸淳临安志》所载，御街的范围要略小一些。据《宋史·职官志》，如果皇帝出宫途经御道，街道司就要同东西八作司派兵卒修整路面，排除污水，以供御驾通行。[②] 在御街两侧路口，各有木质牌坊表明坊名。杭州路名常见坊巷字眼，由此肇始，现今清河坊、太平坊、市西坊、寿安坊、修文坊、里仁坊、弼教坊、睦亲坊、同春坊等地名，均来自御街两侧古坊巷名。[③]

在宋元交替的历史阶段，杭州“九衢之市肆，不移一代之繁华如故”，并没有毁于元军南下的战火之中。元至元十三年(1276)二月，南宋灭亡，元军“以临安为两浙大都督府，派忙古带、范文虎入城视事”，进行和平交接。次年，元世祖立杭州路，并将杭州设为江浙行省治所，以及浙西宣慰使、江南行御史台、浙西按察使、两浙都转运盐使司、行宣政院正机构的驻地，即“行宣政院、财赋都府、肃政府、转运、儒学、军、医、金帛、杂造诸司，鳞比棋布”。同时，元政权还“用兵日本，江淮、福建、湖广之兵将十万众，皆齐集资食于杭”。杭州虽然失去了国都的地位，但仍然是中国东南沿海极为重要的集政治、经济、军事于一体的重要城市。与城市地位一样，杭州城的规划和街道布局，也没有因为改朝换代受到显著影响，宋代留下的御街仍然是城市中轴的主干街道，其余道路按市河纵横排列。所有道路均“两旁铺有砖石，各宽十步，中道则铺细砂，下有阴沟宣泄雨水，流于诸渠中，所以中道永远干燥”[④]。马可·波罗曾经这样描述他游览杭州时的见闻：“城中有大市十座，沿街小市无数，尚未计焉。大市方广每面各有半里，大道通过其间。道宽四十步，自城此段达于彼端，经过桥梁甚众。”[⑤]旅行家笔下穿越杭州全城的大道，即是南宋皇帝曾经祭祖的“十里天街”。

经过元明交替的战乱以后，明代杭州再次复兴之际，城市街巷出现了一定的变

---

① 方建新．南宋临安大事记，杭州：杭州出版社，2008：89．

② ［英］史蒂文·蒂耶斯德．国外城市规划与设计理论译丛：城市历史街区的复兴．张玫英，董卫译．北京：建筑工业出版社，2006：765．

③ 马时雍．杭州的街巷里弄，杭州：杭州出版社，2006：51．

④ 周峰．元明清名城杭州．杭州历史丛编：之五．杭州：浙江人民出版社，1997年：116—118．

⑤ ［意］马可·波罗．马可波罗行纪．冯承钧译．苏州：江苏文艺出版社，2008：311．

化。而随着杭州城市的变迁，南宋古御街，即观桥以南大街和普宁坊组成的主干道在明清两代的位置也出现了一定的争议。明代文人田汝成所撰的《西湖游览志》中认为：“中正桥，俗称斜桥，自此而南，至正阳门，为宋时御街，长一万三千五百尺，旧铺石板，横从三万五千三百有奇……”[①]但林正秋先生认为，由于明成化年间《成化杭州府志》中将普宁坊斜桥至观桥的小巷统称为大街，普宁坊之名仅保留在清远桥以西一小段道路，因此杭州大街(御街)观桥以北，出现了“坊街互换”的现象。这样的变化造成了《西湖游览志》中所附《南宋京城图》上被田汝成认为是古南宋御街的斜桥经天水桥至观桥的路径，要比御街观桥以南的部分偏窄。而《咸淳临安志》和《梦粱录》中御街观桥至新庄桥段，即《成化杭州府志》里被修改为武林坊的路段，路宽与御街大致相仿，于是便出现了两相矛盾之处。[②] 而清代同治六年(1867)的《咸淳临安志》补刊本，将《西湖游览志》中京城图修改补入，采用了田氏对御街地址的认定，这其中，应当还是有需要商榷之处。然而无论对于御街考证的争议如何，南宋古御街所在的区域，从明代《成化杭州府志》中花市的“百工技艺蔬果鱼肉诸物之所聚贸，夜则燃灯，货糖果面米市食”，到清代“寿安坊市，俗呼官巷口，其南属钱塘，北属仁和，郡市之盛，惟此为最”[③]，都是商铺林立的商业中心。1929 年，民国政府自江干三廊庙经御街至湖墅建江墅路，1945 年，为纪念孙中山先生，凤山门至天水桥一段江墅路被命名为中山路。中山路以鼓楼和众安桥为界，可以分为中山南路、中山中路和中山北路。[④] 如果以街巷城区作为划分标准，自鼓楼(古为南宋朝天门)到官巷口共分为五段：第一段名为清河坊，自鼓楼到高银巷口；第二段太平坊，从高银巷至惠民街口；第三段保佑坊，终点在保佑桥弄口；第四段保佑桥至湖南会馆名为羊坝头；第五段羊坝头到官巷口十字路口，名为三元坊。从民国初到抗日战争胜利之前，中山路沿街遍布各种商会、金融机构、银行钱庄、南北百货、中药店堂，是杭州最重要的商业中心之一。

新中国成立之后，中山路新旧民居商铺混杂，成为一条普通的杭城街道。2008 年 1 月 1 日，杭州市委、市政府开展了中山路街区整治的计划，对中山路历史街区实行了全面历史保护和有机更新的战略。对中山路的古今建筑则采用了“保真、修复、完善、整饬、置换、拆除、加建”的策略。以中山路为轴，吴山为核心，坊巷为基础，总体空间格局为“甲”字形，从西湖大道至鼓楼为游客步行街的南宋御街历史文

① [明]田汝成撰.西湖游览志.杭州：浙江人民出版社，1980：221.

② 林正秋.杭州古代城市史.杭州：浙江人民出版社，2011：231—232.

③ 郑沄，邵晋涵修.乾隆杭州府志：卷三.乾隆四十九年刻本.

④ 马时雍.杭州的街巷里弄.杭州：杭州出版社，2006：60.

化街区，其综合保护工程进行了一年左右，于2009年“十一”黄金周期间正式开街，迎接各方游客。2012年9月28日，在原有南宋御街街区的基础上，以南宋太庙遗址为核心，覆盖万松岭隧道北、伍公山麓以南、中山南路以西、紫阳山麓以东，占地面积约为4万平方米的南宋御街二十三坊开放游览。这些坊巷大多得名于南宋时期，现存院落建筑多建于清代、民国或新中国成立初期，且有乾隆上山御道、施公庙、普福庵等历史遗迹，可谓是杭州保存最为完好、最能体现杭州市井风味的街区，为现代的中山路注入了民俗文化的活力。

二、清河坊的兴起与发展

正如在前文所提到的那样，当临安成为南宋的都城，激增的城区人口和迅速发展的城市工商业将从北宋中期开始就逐渐趋于崩坏的城市封闭式坊市格局彻底打破，带来了新兴的坊巷式城市布局。在杭州城内，原本高大的坊墙纷纷倒塌，取而代之的是在街巷入口处表彰中举者或是标记新设街巷与机构所在所设立的坊表。同时，各个方向以街巷为中心，将街巷两边的地段区域划归为一个街区，官衙、显贵府邸和普通民宅相杂而处，过去因为坊市模式而被隔离开的情况不复存在。最后，城市坊巷模式最具革命性也最令南宋临安城接近现代人城市和街巷想象的是，商业店铺的地理位置和营业时间不再受坊市开关坊门的限制，“自大街及诸坊巷，大小铺席，连门俱是，即无虚空之屋……最是大街一两处面食店，及市西坊西食面店，通宵买卖，交晓不绝。……杭城大街买卖昼夜不绝，夜交三四鼓，游人始稀，五鼓钟鸣，早市者又开店矣”[①]。而为了适应新兴的坊巷制度，昼夜维护城市安全，南宋朝廷将北宋汴京的都城治理方式引进临安，增加了“厢”这一城区划分级别以及负责相应划分区块的治安机构，到淳熙十年(1183)，全城共分为九厢，遂成定制。本段内容所要详细叙述的清河坊，便脱胎于这种坊巷制度。

清河坊，《乾道临安志》云：“清河坊，清河坊巷。”《咸淳临安志》中则补充“清河坊，宗阳宫御路对”。在《乾道临安志》和《淳祐临安志》中，这一块坊巷区域归属于东起市西坊(今羊坝头)、南自朝天门、西到丰豫门、北至清波门的左一厢的北厢管辖。[②]

在南宋三部《临安志》中关于各坊中巷径俗名记注来看，各坊的名称一般是选择某处的美称加以修改，并根据时代的好恶进行变化。当朝廷为了表彰孝子节妇，或是科举考试中中举者时，也会修改坊名以志纪念。清河坊一名的出现，

---

① 吴自牧.梦粱录.丛书集成初编3220.北京：商务印书馆，1939：113—115.

② 宋·周淙.乾道临安志/宋·施谔.淳祐临安志.杭州掌故丛书，杭州：浙江人民出版社，1983：29、116.

与南宋时将领张俊受封清河郡王有关。《宋史》卷三百六十九,《列传》一百二十八记载:“十二年十一月,以殿中侍御史江邈论之,罢为镇洮、宁武、奉宁军节度使,充醴泉观使。初,桧以俊助和议,德之,故尽罢诸将,以兵权付俊。岁余,俊无去意,故桧使邈攻之。寻进封清河郡王,奉朝请。十三年,敕修甲第,遣中使就第赐宴,侑以教坊乐部。”①因张俊的府第坐落于御街太平巷,因而这一带的坊巷便被命名为清河坊。由于南宋一朝清河坊临近御街面对宫阙,形成“前朝后市”的格局,因此达官贵人和富裕居民纷纷在此聚居。为了满足这一批城市高消费主力人群的需要,位于御街附近的清河坊除去居住生活功能以外,作为城市组成的区块之一,还有相当发达的商业和社会娱乐功能。《都城纪胜》记载:“自大内和宁门外,新路南北,早间珠玉珍异及花果时新海鲜野味奇器天下所无者,悉集于此;至朝天门、清河坊、中瓦前、灞头、官巷口、棚心、众安桥,食物店铺,人烟浩穰……坊巷市井,买卖关扑,酒楼歌馆,直至四鼓后方静;而五鼓朝马将动,其有趁卖早市者,复起开张。无论四时皆然。如遇元宵尤盛,排门和买民居作观玩幕次,不可胜计云。”②而周密在《武林旧事》中提到:“平康诸坊,如上下抱剑营、漆器墙、沙皮巷、清河坊……皆群花所聚之地。”其中的各色艺伎歌女,无不“靓妆迎门,争妍卖笑,朝歌暮弦,摇荡心目”。③

明朝书画家徐渭所言“八百里湖山知是何年图画,十万家烟火尽归此处楼台”,正是对当年清河坊繁华盛世的描绘。作为清河坊街区中重要的街道,河坊街东起佑圣观路,西至南山路,共长 1571 米。明代《西湖游览志》称其为旬宣街,晚清时期,河坊街自东向西分段称宗阳宫街、塌牌楼、司前街、龙舌嘴、流福沟、荷花池头。到民国时期,清河坊巷则被称为新宫桥、河坊街、司前街、府前街,如今对于当年清河坊的这一条街巷的称谓,便是使用了民国河坊街的说法。1945 年抗日战争胜利后,中山中路以东改称河坊街,以西称为竹斋街。新中国成立后,这段街道于 1953 年统一命名为河坊街,并将石板和弹石路面整修成为现代化的沥青路面。④ 这个区域直到民国都是杭城重要的商业中心,像清代著名老字号胡庆余堂、万隆火腿庄、孔凤春、方回春堂、叶种德堂、景阳观、状元馆等店铺均坐落

① 脱脱.宋史.北京:中华书局,2004:11476.

② [宋]灌圃耐得翁.都城纪胜.南宋古迹考:外四种.杭州掌故丛书.杭州:浙江人民出版社,1983:80.

③ [宋]周密.武林旧事.杭州:西湖书社,1981:95.

④ 政协杭州市上城区学习文史委员会、政协杭州市上城区文史资料编委会.清河坊.杭州:浙江古籍出版社,2003:2—3.

于此，直到民国时期依然生意兴隆，顾客盈门。

新中国成立以后，在 1983 年由国务院批准通过的《杭州市城市总体规划》中，将杭州市的城市性质确定为“省会所在地，国家公布的历史文化名城和全国重点风景旅游城市”，因此在城区中，包括河坊街在内的文化积淀深厚的地区和其中的历史建筑，得到了政府和民间的双方面的重视。继 1997 年 3 月开始，可能会对沿街历史建筑造成破坏的河坊街改造工程停止之后，2000 年 12 月 29 日，杭州市政府出台了第 164 号市政府令，即《杭州市清河坊历史街区保护办法》。在《办法》中，杭州市政府将清河坊历史街区的范围划定在杭州市上城区范围内，东临中河路、西至光华巷、南及吴山和鼓楼、北至高银巷，延伸段包括了东面的元宝街、胡雪岩故居以及背面于谦故居的整个区域。对这个街区的保护，杭州市则坚持有效保护、合理利用、科学管理的原则，并在《威尼斯宪章》的参照下，坚持全信息原则、可逆原则、可识别原则，以及多样性、多元文化原则，对所有建筑分门别类，区别对待，达到保留历史文脉与再现传统街区风貌的有机统一。① 2003 年，杭州历史文化名城保护规划通过市级专家评审，在保护规划中，河坊街被确定为地方特色街。同时，保护规划还圈定了清河坊历史街区、小营巷旧城风貌保护区、中山中路传统商业街保护区、湖边邨近代典型民居保护区、北山街历史建筑保护区、西兴老街保护区、思鑫坊近代民居保护区、小河直街历史街区、拱宸桥桥西历史街区和长河老街保护区十个杭州历史文化街区。② 至此，以河坊街为主干通道的清河坊历史街区，在现代的杭州城区中，就成为了一个集商业、旅游、历史文化保护于一体的城市组成部分，关于清河坊历史街区在杭州城市化进程的不同阶段中所发挥的功能，在后面的章节中会进行进一步的梳理和分析。

第二节　南宋御街与清河坊的兴衰及其文化继承与重构

一、从皇都天街到商业街道的几度沉浮

从南宋的皇城天街，城市的中轴线、主干道到如今集商业旅游和文化保护为一体的街道，御街在千年的风风雨雨中，经历了从政治性为主、商业性为辅，到商

---

① 杭州市清河坊历史街区保护办法，2000－12－29。

② 杭州历史文化名城保护的根基是三面云山一面城．杭州网转载杭州日报通讯，2003－4－29．http：//www.hangzhou.com.cn/20030101/ca239731.htm

业性占据主导地位而后又转变为商业与地方历史文化传承和城市文化展示相结合的功能变化。在这一段漫长的历史过程中，杭州政治、经济地位的变化，城市功能和主要发展方向的转变，以及在城市化过程中城市格局和形态的变化，都是导致古御街随着时代变化产生功能变化的原因。本节就将从以上几方面入手，来分析和解读这一条千年古街的兴衰沉浮。

首先，南宋时期，贯穿城市南北的大街既然被冠以“御街”之名，毫无疑问它在一国的都城当中就与统治阶级的帝王相联系，具有政治性和仪式性的功能。在前面的章节中已经提到，御街的初始作用是专供皇帝从皇宫出行，前往景灵宫举行祭祖仪式所用，为了显示皇家威严，一般官员百姓都被禁止踏上御街主道。这固然是显示御街具有凸显统治者至高地位和天家仪规庄严崇高性的政治需要的一个方面，但御街作为城市的中轴线，其中亦涵盖了中国古代社会关于城市和王朝统治宇宙理论的意义。

在《周礼》中，有这样的一段话：“惟王建国，辨方正位，体国经野，设官分职，以为民极。”早在汉代，城市，特别是京城，就清楚地体现了这一段记载中将以京城为代表的地域中心作为位置方正、秩序井然的空间坐标方格网的中心，并将礼乐教化随着这个坐标网发散到国土各地的思想精神。而建筑国都并规划其布局，就需要选择“天地之所合也，四时之所交也，风雨之所会也，阴阳之所和也”的方位，在格局上又要求“(城墙)方九里，旁三门，国中九经九纬，经涂九轨”，并且在都城中，必须将王侯宗庙居左，社稷坛居右，宫室居中，南朝北市，左右对称，显示出国都作为中国处于天地世界秩序中心的象征地位。尽管从日后的隋唐长安城以及北宋的开封来看，帝王们并不完全按部就班地运用这样的宇宙理论来建设首都(例如城市不完全是规整的正方形，在宇宙论中处于正北的市场位置会有所变动等)，往往实用性的管理和交通上的便利，以及城市的功能区块划分会战胜古制的规定。但首都规划者们仍然会使用一定的宇宙论观点，例如城市南北中轴线、太庙与社稷坛的位置，以及城坊巷数目符合天地和合的象征等，以便体现其规划的国都所在的王朝是自古以来遵循《周礼》一脉相承的王室正统，而居住在此处的帝王，正是大一统的封建帝国中唯一合法的统治者。[①]

这种使用复古的象征体系宣示正统的行为，在国家受到外来威胁，处在风雨飘摇之际，或者需要抚平战乱创伤的时候，就会被统治阶级格外珍而重之地摆上台面。在经历了长久的争论之后，南宋皇室最终选择杭州作为新的首都，为了证

① [美]施坚雅.中华帝国晚期的城市.叶光庭等译，陈桥驿校.北京：中华书局，2000：60—68.

明尽管半壁河山失于金兵铁蹄之下，两位皇帝和大批宗室成为俘虏，宋王室仍然是儒家礼乐教化的维护者和四海之内的正统，皇帝也依然是受到庇佑的天子与宇宙中心，包括南宋皇室、官员以及儒生在内的统治精英阶级，就急需将城市宇宙论的象征性意象投射在临安的建设中。然而，与处在广阔平原地区的开封，和过去在几个朝代和割据势力下作为故都的南京相比，朱熹就曾经说“临安如入屋角，房中坐视，外面殊不相应”。杭州城市地狭人稠，总体呈南北长、东西窄的腰鼓形状，且依山面湖，靠近钱塘江和大海，地势狭长低平，街道斜长曲折，与古制上方正规整的理想城市形态相距太远。因此，南宋皇室只能在有限的区域内，尽其所能地让这座“腰鼓城”带上一些来自中原地带古典都城的色彩。

从图 4－1 看，即便是在定都百余年后，临安的城市格局仍然无法称之为城市宇宙论的理想模板。但可以看出，城市建设者们仍然在城市的建设中加入了一些符合

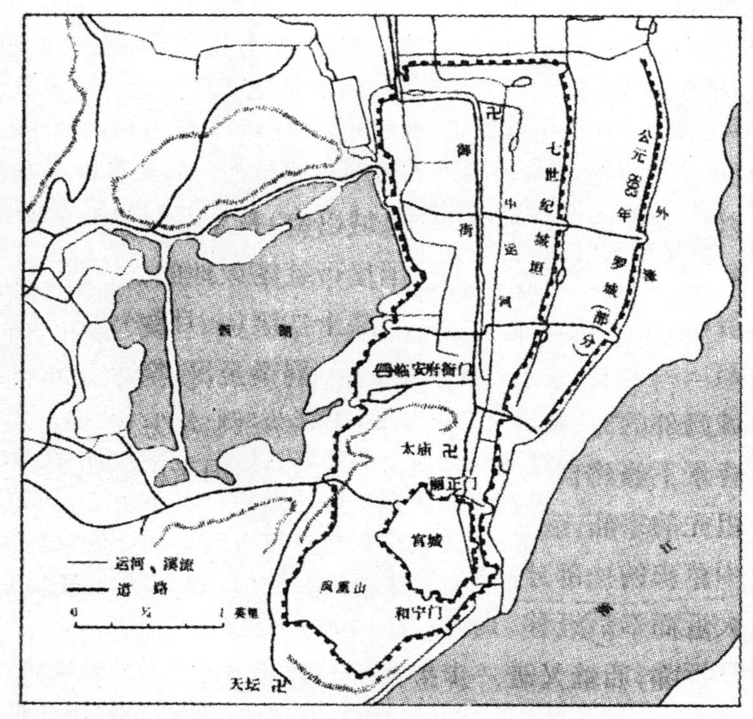

图 4－1　据莫尔(A. C. Moule)复原图所绘制的 1274 年南宋临安平面图①

① ［美］施坚雅. 中华帝国晚期的城市. 叶光庭等译，陈桥驿校. 北京：中华书局，2000：69.

这一古老理论的元素，以此来彰显皇室的正统和礼教的传承。宫城被安置在方位最尊地势也相对较高的城南凤凰山麓，宫城的正门虽为南方的丽正门，但出于天子面南的考虑，南门的实际功能却交付于北面的和宁门。同时，在皇城之南，即被皇室所确认的南郊建设了四层十二级，用来祭祀天地五方的祭坛。在这其中，从城市规划的整体来看，最重要的无疑就是南北向贯穿整个临安城的御街。它将城南的宫城与城北的坊巷市肆连通成南朝北市的格局，太庙与社稷坛两个重要的仪式机构按照礼制分布在御街两侧。更重要的是，御街作为不规则城市的南北中轴线，它直线的形态、宽阔的路面和端正的方位起到了象征性对称分割城市的作用，经过数代的整修并铺以石板维护，从凤凰山登高临远，十里御街在万家灯火中如一条长龙，在这东南一隅的城市中，过去大一统王朝在中原地区统驭六合君临天下的威严气韵犹存。

当然，值得注意的是，与纯仪式性的城市道路不同，御街是由皇室专用的主道和民间使用的两侧道路部分结合起来的一个整体。这一点仿造了宋室定都开封时御街和街道两旁街景的模式。

经历过宋初由坊内店铺到临街店铺，北宋中期由临街店铺到侵街店铺，又在之后由侵街店铺转变为夹街店铺的演变过程，《东京梦华录》中所描述的北宋都城开封的御街“约阔二百余步，两边乃御廊，旧许市人买卖于其间，自政和间官司禁止，各安立黑漆杈子，路心又安朱漆杈子两行。中心御道，不得人马行往，行人皆在廊下朱杈子之外。杈子里有砖石甃砌御沟水两道，宣和间尽植莲荷，近岸植桃李梨杏，杂花相间，春夏之间，望之如绣”[①]。南宋临安的御街，形制上与南渡前变化不大，杈子内是皇家禁地，杈子之外就是民居商铺，正是“自大街及诸坊巷，大小铺席，连门俱是，即无空虚之屋。每日清晨两街巷门浮铺上行百市，买卖热闹……客贩往来，旁午于道，曾无虚日”。这样的安排，比起过去坊市时代封闭森严的古典都市主干道，更多了一些蓬勃生气。

自宋以来，由于人口不断增长，于自给自足的自然经济之外，工商业也在不断地发展壮大，除了在城市中出现行会等同业组织以外，工商从业人员作为“坊廓户”正式列入国家户籍，工商业者子弟允许参加科举等种种变化，都表现出城市工商业者社会地位的提高和城市产业结构的变化。在“商借农而立，农赖商而行”的思想指导下，壮大的工商业群体，以及其所在的新兴的市民阶层一起，在临安城中推动了城市社会关系的重新组合，使得在过去城市中依靠宗法观念中的世袭身份等级划分转向商业观念下职业和资产的城市人群划分，重商的市民思想和世俗化的市

① [宋]孟元老．东京梦华录．北京：中国商业出版社，1982：12．

民文化开始影响长久以来作为封建帝国城市意识形态的儒家思想和文人精英文化。[①] 在原本神圣威严的御街两侧，据资料统计，具有店名以及地址的铺席有一百五十余家，按照名称与经营范围统计，又分为日用品、酒楼饭店、医药、文具书籍、金银交引、布帛服饰以及休闲娱乐七种。在经营模式上，出现了集中售卖一种产品的日用品专门商店，按照店铺特色和经营资本多寡而产生不同经营档次的餐饮娱乐店铺，官府私人资本并存的药局、瓦市、书肆和酒楼，以及出现了现代银行金融性质的金银铺。这些商铺生意兴隆，顾客如织，代替坊市时代只有高官贵戚能够设门于街侧坊墙的城市街道景象，就是南宋一代城市人口结构变化，市民阶级兴起，且在消费型为主的城市产业结构中工商业比重扩大的明证。

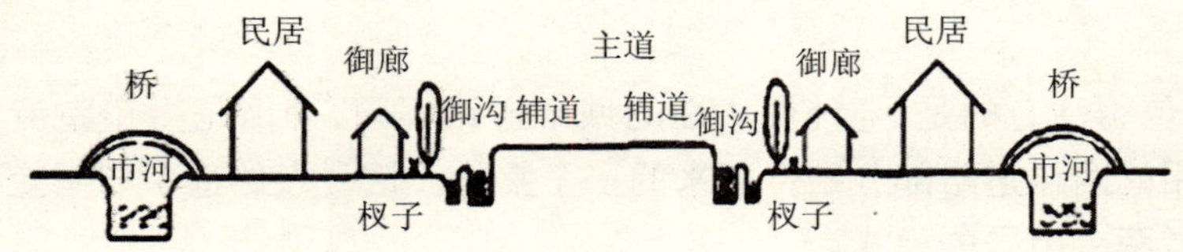

图 4－2　南宋御街复原结构[②]

自南宋灭亡之后，元军接管临安，御街所代表的南宋皇室统治正统性和神圣象征性的功能就随着王朝的覆灭而自然地消失了。在元代的统治者看来，这条城市的主干道不过是江浙行省治所所在地中一条较为宽阔长直的道路罢了，尽管他们在大都的建设中，所秉承的思想理论和这条道路所承载的相一致。但是正如杭州城失去了都城的地位，却仍然是中国东南重要的商业交通枢纽和全国数一数二的商税重镇一样，原先作为繁荣的城市市民经济体现的御街所拥有的商业功能并没有因为改朝换代而减弱。在马可·波罗对杭州这座"地上天城"的观察中，沿着宽约四十步的御街，每隔四里就有一所大市，沿路全程共有十所，方广每面半里，周围二里。在这些沿着御街分布的大市，或是说街区中，"贯穿全城从这一头到那一头的主要街道的两边，房舍与豪华的宫殿鳞次栉比，当中还镶嵌着与前两者配套的花园，在房舍的当中还间隔着从事各种手工业的商号。你总是可以看到，人们熙熙攘攘，来来往往，干着他们的营生。只有在集市之日，亲眼目睹这些市场上挤满了买货与卖货的人，以及极其充足的，从水路运输调运到省城商号来的货源和可供出售的形形色色的商品，才会相信有足够的粮食用来满足那么多人口的消费"[③]。

---

① 陈国灿.论南宋江南地区市民阶层的社会形态.史学月刊，2008(4)：85—91.

② 董军.南宋御街复原研究.山西建筑，2009(11)：50—53.

③ 周峰.元明清名城杭州.杭州历史丛编：之五.杭州：浙江人民出版社，1997：54.

元末至正十九年(1359),张士诚占领杭州后,调集民夫重建杭州在元代被拆毁的城墙,同时将城东延伸三里的范围,将菜市河划归城内;又向南缩进约二里,将原本处在城南角凤凰山麓的南宋皇城划于郊外。这样的城市规划变动,大致确定了明清以来杭州城市的形态,随着东边和南边城市范围的变化,御街也不再居于城市的南北中轴线上。到明代万历七年(1579),在《万历杭州府志》中,杭州被冠名为“宝极观巷”,成为城市众多街巷中的普通一员。[①] 元末明初时,杭州经历战乱,不复宋元时期繁盛景象,直至明代中后期才有所改观。万历《杭州府志》曾云:“嘉靖初年,市井委巷,有草深尺余者。城东西僻有狐兔为群者。今民居栉比,鸡犬相闻,极为繁庶。”在古御街这一过去的城市经济中枢地区,就有被称为“郡市之盛,惟此为最”的寿安坊市和清河坊市。在杭州本土手工业产品上,像金箔、丝织品、酒类、杭粉、刻印书籍行销全国以及海外,甚至“大抵日本所须,皆产自中国。如室必布席,杭之长安织也。妇女须脂粉,扇、漆诸工须金银箔,悉武林造也”[②]。在古御街两旁,销售这些名优特产的商铺比比皆是。

到清末民初,从老照片中的街景来看,原本在宋元时期宽阔的路面成为石板路面的小巷,街边店铺进一步侵蚀街道面积,旗帜、雨棚、店招交错密集,几乎在空中相接。尽管这条街道已经成为窄小的街巷,它依然是清代杭州城中重要的商业中心。在晚清,杭州商业最著名的特色,为“五杭四昌”。“四昌”指清代四大南货店,因店名中均有“昌”字而得到这一总称;“五杭”则是指杭州的五样著名商品,即杭扇、杭烟、杭线、杭粉、杭剪。在清代,这“五杭”的代表店家为芳风馆(扇)、张允升(线)、裘鼎聚(粉)、达昌(烟)、张小泉(剪),它们均坐落于古御街的街道范围之内。

历史进入民国时期,有两件大事对古御街的面貌和命运产生了重大的改变。一是于1926年和1929年发生的两起重大火灾。这两起火灾将清河坊和官巷口一带的店铺建筑烧为灰烬,给予了这两处重新规划建设街道建筑的机会,同时也令商人们和市政部门意识到在这一商业中心防止火灾的重要性。二是杭州市公路交通和汽车运输的出现。长久以来,古御街一带的货运需要通过城内的运河来实现,在杭州建市之后,开始大力发展公路交通,整修或填塞一些城内的运河河道。为了适应这种货物运输方式的改变,原本狭窄的道路就需要加以拓宽建设。于是在这两件大事的基础上,在20世纪20年代后期,古御街道路两边的店铺和火灾废墟被拆除,取而代之的是中西建筑风格交汇,主体为较能防火的砖石水泥结构的新式建筑。同时,杭州市政部门对道路进行了拓宽,原本不足四米的窄巷被改建成八米宽

① 林正秋.杭州古代城市史.杭州:浙江人民出版社,2011:18、228.

② 韩大成.明代城市研究.北京:中国人民大学出版社,1991:77.

的江墅路，方便了车辆的通行。①

在民国时期，古御街的商业功能也出现了新的变化。从前面的章节中，早在南宋，御街上就已经出现了具有金融营业性质和银行作用的商铺。到了20世纪前半叶，这条曾经拥有日进斗金的金银交引铺的古街上，因为欧风美雨的洗礼和国外资本主义以及国内民间资本主义的影响，如雨后春笋般涌现出众多的银行，如盐业银行、浙江第一商业银行、浙江省银行、中国农工银行、兴业银行等。据学者调查，到了20世纪40年代后期，中山中路，即古御街鼓楼至官巷口路段的352家企业中，就有14家银行、8家钱庄，数目甚为可观，可谓是杭州城的“银行一条街”。

然而中山路从南宋时起作为杭州城市商业龙头的地位并没有保持到民国末期，造成这一结果的原因，笔者认为有二：第一是在近代城市化的过程中，杭州湖滨等城市新商圈随着城市空间布局的改变而兴起。自杭州通行铁路以来，前有江墅段铁路，后有沪杭甬铁路，杭州车站由清泰门外至城站，两易其址。由于交通便利的关系，杭州先后在清泰街和城站附近出现了新的闹市区。1913年，在中华民国成立不久之后，杭州政府将原本地处西湖湖滨的杭州旗营，以及环绕西湖的城墙尽数拆除，从而使杭州市民与外地游客可以方便直接地抵达西湖景区进行游览。为了方便湖滨交通，延龄路和湖滨路两条新式公路被修建起来。原本旗营城墙拆除的砖瓦，便用来在道路两侧建房营业。借着旅游黄金地段的东风，服务游客的商铺纷纷在这两条街道上出现，新式的菜馆、旅馆、游戏场、百货公司、土特产品商店带给杭州市民和游客极大的新鲜感和消费满足感。以1922年为例，浙江省长张载阳筹建大世界游艺场，国货陈列馆从中山路附近的惠民巷迁至迎紫路与延龄路路口。此时恰逢提倡国货风潮席卷全国，湖滨商圈因此兴旺，并不断发展壮大，成为中山路商圈不可小觑的竞争对手。直至新中国成立之后，杭州闹市区除延安路(原延龄路)外，更向红太阳展览馆一带延至武林门，又在东面沿电车线解放路同延安路相连接，将中山路商圈的商业龙头地位彻底取代。②

中山路商业功能衰落的第二个原因则更容易理解，20世纪前期连绵不断的战乱，对杭州城市的商业发展造成了负面的影响。尤其是杭州沦陷于日寇之手后，日伪军与地痞流氓对中山路上老字号商店以及银行的破坏、敲诈和劫掠，沉重打击了这条古街上原本繁荣兴旺的商业面貌。而抗战后国统区经济的崩溃导

---

① 张学勤，王利民．中山中路的历史建筑与商业文化．杭州：杭州出版社，2009：1—5.

② 政协杭州市上城区学习文史委员会，政协杭州市上城区文史资料编委会．清河坊．杭州：浙江古籍出版社，2003：140—141.

致物价飞涨，货源和客源都出现了衰退，这对于中山路的状况，更可谓是雪上加霜。

虽然中山路的商业功能在杭州城市中具有的影响力逐渐减退，但这并不妨碍其发挥新的功能。在中山路上，既有展现各个时期杭州市民不同居住方式的民宅，也有原本供银行和商铺使用，充满西洋风情的民国建筑。2008 年，在中山中路 112 号的考古现场，还发掘出了南宋御街的排水沟“御沟”遗址和铺设街面的香糕砖，以及元、明、清、民国不同时代的路面遗迹。[①] 1975 年，罗(Rowe)与凯特(Kotter)在《拼贴城市》一书中，认为城市“断续的结构，多样的时起时伏的激情，一系列周游列国的记忆，一起呈现为我们所说的拼贴”。这样的理论，不但适用于城市设计，同样适用于现在的人们观察像杭州这样的历史文化名城所采用的角度。像中山路这样凝聚了千年历史风雨的历史文化地标，就像著名城市规划专家吴良镛院士说的那样，只要依照它原有的历史文化脉络进行保护开发，就会是“一件生活中永远在使用的绣花衣裳……随着时间的推进，它即使已成了‘百衲衣’，但还应该是一件艺术

图 4－3　南宋御街遗址以及覆盖在御街之上的元代大街遗址[②]

① 杭州发现完好南宋御街遗址．新浪网转载《今日早报》新闻，2008－3－27．http：//vic.sina.com.cn/20080327/09103158.shtml

② 杭州发现完好南宋御街遗址．新浪网转载《今日早报》新闻，2008－3－27．http：//vic.sina.com.cn/20080327/09103158.shtml

品，仍蕴有美"[①]。这种美，即是古御街承载、保存并传播杭州历史文化的价值与功能，它吸引学者对它进行研究，吸引各方游客前来欣赏；同时，它还像是不断发展变化的现代杭州中一本记载着城市旧日风貌的书籍，用来供杭州人民了解与铭记自己所生活的城市历史。

二、中山路与清河坊的特色区块：城市记忆与文化的重拾与仿造

经历千年的沧桑变化，清河坊与中山路同南宋时期穿越城市的通衢大道"十里天街"和中心城区相比，在面貌上已经有了相当大的改变。在如今人们站立的路面之下，和矗立在街道两侧的各式建筑中，凝聚着属于这个城市和这条街道的历史和社会变迁。近年来，杭州政府对中山路和清河坊进行了修复与重建，希望以此来修复杭州的城市记忆，保留杭州老城区的文化底蕴。在中山路与清河坊，在城市历史所造成的特殊环境下，形成了代表着某一段时期的城市记忆的特色区域。这些区块与相应的杭州城市记忆之间的关系，就像皮埃尔·诺拉在1978年为《新史学》所撰写的论著中所提到的那样，"（这些场所）是社会（不论是何种社会）、民族、家庭、种族、政党自愿寄放它们记忆内容的地方，是作为它们人格必要组成部分而可以找寻到它们记忆的地方，这些场所可以具有地名意义，如档案馆、图书馆和博物馆；也可以具有纪念性建筑的属性，如墓地或建筑物……这些场所都有它们的历史"[②]。

在这些街道区块所承载的城市记忆中，有一些经由这些建筑的重建与修复，从历史河流的深处如沙里淘金一般被拾取出来，而另一些则是对城市文化记忆的"仿造"。本节将选取中山路与清河坊不同时期具有城市发展特色的区域，对这一话题进行分析。

在本节中加以讨论的中山路与清河坊的特色区块，大致可以分为以下几项：清河坊一带清代中医老字号集聚的"中药一条街"，中山中路及河坊街外围"四拐角"颇受西风东渐影响的民国商业及金融业建筑群，中山路充满市井气息的"御街二十三坊"，以及河坊街改造工程之后新建的仿古式建筑。

（一）"中药一条街"：古老城市记忆的重拾与新生机

著名的民间故事《白蛇传》中，白素贞与许仙结为夫妻后，在杭州开中药铺为生。在传说中，这家名为"保和堂"的药铺就坐落于吴山脚下的清河坊一带。民间故事中的保和堂药店是否在历史中真实存在过这一点暂且不论，但可以确定的是，

---

① 赵志荣."拼贴"与"有机更新"——浅论历史风貌地段的保护与更新.新建筑，1998(2)：28—30.

② 沈坚.记忆与历史的博弈：法国记忆史的建构.中国社会科学，2010(3)：217.

明清两代，在清河坊一带，确实出现了药铺林立的景象。始创于明代万历年间的朱养心膏药店，其大井巷旧址即作为杭州第一批公布的七十五处历史保护建筑之一，归属于清河坊二期保护工程。晚清至民国时期，胡庆余堂、叶种德堂、万承志堂、方回春堂、张同泰和泰山堂这杭州著名的“国药六大家”中，被称为“江南药王”，有“北有同仁堂，南有庆余堂”盛名的老字号胡庆余堂自不必说，叶种德堂与方回春堂亦坐落于河坊街上。由于此六家药店当时在杭城中医药界及杭州药材市场上的地位举足轻重，可以说细数清河坊一带的国药医馆，便是当年杭城中医药的半壁江山。

既然在历史上的清河坊，出现了这样的“中药长廊”现象以及特殊的药局文化，那么在此就有必要从这一现象来探讨其背后的时代原因与杭州城市，以及城市化发展过程中的特殊性。

总的来说，杭州药铺药局的兴盛局面有着得天独厚的自然原因与长久的历史传统。首先，历史上的杭州气候湿润温和，植被茂密，水网密布，经过长久的农业开发后土地肥沃，劳动力密集，适于药材的采集、培育和种植。因此，杭州在历史上即是“浙八味”、“杭十八”等名优药材的产地。早在南北朝陶弘景《神农本草集注》中即记载杭州(钱塘)盛产乌头、附子、天雄三种药物，到了南宋时期，杭州常见的药材更多达七八十种。直至明清时期，随着农业进一步发展细分，各种经济作物的种植得到了鼓励和推广，杭州药材栽培业又迎来了一个时期的发展。嘉靖《仁和县志》记载，共有“香白芷、紫苑、吴茱萸、麦门冬、千金子”等十三味药材在这一个时期被列为贡品。徐光启于《农政全书》中记载杭州出产“藁本、野园荽、鸡儿头苗、五不留行”。卢之颐《本草乘雅半偈》载杭州产“云母、术、白芷、吴茱萸、常山、鬼臼、茗、元胡、木鳖子、白头翁、苄麻”。《万历钱塘县志》又载杭产药材分草部七十一种、木部有十、石部有二、虫部有十，这近百种药材中，有许多仍用于现今的中医药治疗。同时，在市郊笕桥、彭埠、九堡和乔司一带早已形成颇具规模的药材产地，并在望仙桥附近有药船停泊处。[①] 时至清代，杭州出产的优良药材不断见诸方志记载。康熙《仁和县志》中记载杭州共有八十八种药材，而从《仁和县志》、《杭州府志》、《本草纲目拾遗》，甚至清末光绪三十四年九月的《杭州白话报》等文字资料中可以看出，像白芷、野术、芍药、浙贝、杭白菊、大生地、金菊花等药材，由于疗效显著，质量上乘，广受医者欢迎，甚至被列为清廷贡品。在种植和贩运上，光绪末年至民国初年，有一名为张万春的种植户在艮山门外打铁关租田千余亩种植浙贝，称为“万春农场”；康熙《仁和县志》载“地黄种有粗细不同，以水浸之……下沉者始名地黄。艮山门外

① 朱德明，李欣，范莉莉．古代杭州主要中药材的生产状况．浙江中医药大学学报：2008(1)：104—106．

多种此"。由此可以看出，有清一代，杭州的药材种植已经有专门化和集约化栽培的萌芽。而采摘下的新鲜药材，药农多将其担售至望仙桥，由当地行商定价后运往上海，行销全国。①

其次，从城市空间发展上来看，明代以来，尤其是在清中后期到民国这一段时间，在清河坊一带形成大型药店的集聚，亦有竞争赢利与便利民众等方面的考虑。元代之后，由于杭州城市布局的改变，古御街清河坊不再作为城市的中轴线出现在地图上，但这一地区的商业之繁盛，人口之稠密，在杭城内仍是首屈一指。进入清代以后，由于城墙和旗营将城市与西湖在空间上隔离开来，现今主城区重要的西湖商圈尚未形成，而纵贯南北的"大街"，即古御街，在 20 世纪初访问过杭州的美国领事弗雷德里克·D. 克劳德(Fredrick D. Cloud)眼中，即是杭州商业活动的中心，沿街地段具有极高的商业价值和营业空间。在其靠近城隍山(吴山)脚下的南部延伸段，即清河坊地区，则是最为繁华的商业区，杭州城内规模最大，最为著名的各色商店以及茶馆、酒楼、饭店都集聚于此。② 因此，从南宋时期一直延续至民国初期，御街以及清河坊一带的沿街坊巷与繁华商业圈所拥有的居民与参与商业活动的人群，他们的医药需求相当庞大，大量的药铺也在此落地生根。

除去本地清河坊一带的市场需要以及商业价值，另一个对药铺在清河坊集聚存在的现象有重要影响的，就是离清河坊不远的城隍山。在清代，城隍山可以说是杭州城内民间信仰的一个重地，这座并不高耸亦不险峻的小山之上，除了保佑杭州城市的城隍神以外，还有三十余座佛教和道教寺庙，对于杭州的市民而言，这座山峰具有重要的宗教意义。在这三十余座佛道教寺庙中，就有供奉药业祖师神神农的庙宇，每年杭州的药业行会集会以及公开祭祀，都会在此地举行。因此从民间信仰的角度来说，药铺的拥有者在行业保护神座下开张营业，应当有谋求神明保佑，并且祝祷店铺运作顺利的考虑因素。

同时，由于城隍山遍布庙宇道观，每年宗教节日与祭祀活动不断，一些较为盛大的宗教节日，往往因为上山参拜的信徒众多，会在山脚下形成形似庙会的商业社会活动。这些宗教祭祀活动和随之产生的商业性、社交性的聚会，会吸引大量居住在杭州城郊，平时极少入城来到清河坊一带的游客，而他们在前来参加活动时，会携带较多积蓄下的金钱，来购买一些剪刀、脂粉、丝线等杭州特色产品，

---

① 朱德明，李欣，范莉莉. 古代杭州主要中药材的生产状况. 浙江中医药大学学报：2008(1)：104—106.

② 汪利平，朱余刚，侯勤梅译. 杭州旅游业和城市空间变迁(1911—1927). 史林，2005(5)：97—106.

作为将贩卖日常丸散膏丹作为业务之一的药铺，自然也会抓住这样的时机，从参拜旅游的顾客身上盈利。以胡庆余堂为例，在清代，它的店址所在即是香客上城隍山的必经之路，其在1878年由胡光墉(胡雪岩)亲自主持的落成仪式，也正是顺应当年上香潮来临的时间。所以说，在过去，清河坊中医中药文化的繁盛与药铺的集聚出现，是在杭州当时的药材产业链，城市商业空间的分布与城隍山作为民间信仰重地的诸多因素共同影响下产生的结果，这也在一定程度上反映出了当时杭州这座城市的农副业、商业和宗教文化发展面貌。

在经历数百年风霜后，城隍山上已经不复庙宇繁盛时的香烟袅袅，清河坊一带也不再是杭州最为繁华的商业中心，但在这古老的"药铺一条街"上，仍有方回春堂、胡庆余堂等老字号药店留守在历史建筑内。今日在清河坊这一区域内的国医老字号，除了延续百年来杭州市民的好评，继续经营中医中药业务以外，还有一个重要的作用是弘扬和保留杭州的中医药文化。在如今高度城市化，设施生活现代化的杭州，人们已经很难在已经高度城镇化，或是已经并入杭州主城区范围的艮山、笕桥、彭埠、九堡和乔司等地找寻到当年生药种植田的遗迹，望仙桥一带也早不复农民肩挑药担、药船往来航行的场面；想要在杭州找寻当年药材生产贩售和中医中药兴盛的痕迹，最为直接和明显的，就是在清河坊保存完好的清代古建筑中营业至今的国医老字号。在人们更多地使用西医治疗手段来医治疾病的时代，具有独特"望闻问切"等治疗方法，拥有数千年药方药材和传承传统，有着与舶来的西医不同的本土历史意识、实用性与"天人合一"的自然主义辩证性有机统一的中医药文化就更加具有文化遗产性质的保护价值。同时，在现今城市人群沉重的生活压力下，以及在城市化的历史进程中，物质条件得到极大的满足，人们对更好的生态环境，以及人文生活质量的追求逐渐增强。出于这样的情况，中医中药养生保健成为了城市生活中热门的话题。游客来到清河坊，既可以体验杭州市井民俗风情，亦可以来到老字号药房，在了解一些历史文化精粹的同时为自己和家人选购一份健康，是一件两全其美的益事。因此，清河坊"中药一条街"的出现，以及现代在清河坊历史文化街区的保护开发过程中对这一个特色区块进行的保护和宣传，既保留了城市历史特色的原汁原味，也通过响应现代城市发展中市民对于传统文化在物质和精神上的需求，为老字号国医馆注入了新的活力，创造了新的城市文化记忆。

(二)"四拐角"与中山路的商业建筑：城市记忆的保留与修复

城市中的建筑，常常被诗意地成为"砖石的史诗"，这在某一侧面反映出城市历史建筑的存在与建筑风格类型，能够体现该建筑所存在时期的城市记忆。维特考尔(L. Wittkower)认为，建筑类型是特定时间内起作用的文化影响，通过比较不同的建筑类型，可以发掘并运用起这一类型的建筑曾经存在并起作用的文化影响。①

在中国，由于近代打开了国门的关系，西方新式的建筑文化、建筑类型和建筑材料开始进入这个古老的国家，对传统中式建筑的旧范式与旧体系产生了冲击。在这个过程中，一方面，中国数千年以来已经具有成熟独立系统的建筑文化会对西方建筑模式产生排斥和对抗，而另一方面，由于西方来华人士以及接受西式文化的中国人逐渐增加，在他们的实际需要上，这两种迥异的建筑文化与建筑模式开始了一定程度的互相融合，由此便在杭州出现了既有新式建筑，亦有中西文化融合于一体的“你中有我，我中有你”建筑的特殊情况。在中西文化融合激荡的近代，杭州的建筑也受到了欧风美雨的影响与洗礼。在鸦片战争到《马关条约》签订杭州开埠这一段时间，由于交通限制、上海的崛起与开放和杭州在长三角经济地位与城市影响力的衰落，西方列强的势力与西方文化对其影响尚属有限，因此只有例如胡庆余堂采用西式玻璃作为装修部分一样，杭州的少数建筑采用了一些西式建筑的装修方式或是细部建筑风格，总体来说，还是以过去传统的中式建筑为主。杭州开埠后，无论是商业建筑、民用建筑、宗教建筑和工业建筑，西式风格的影响逐渐凸显出来，尤其是 1927 年杭州建市前后，通过政府的大规模城市道路与街区改造以及商业巨子和各界名流的财富支持，杭州兴起了一股兴建新式建筑的风潮。由于杭州日租界地区不像上海、天津、汉口等城市的租界区面貌繁华，规划完整，界限明确，城区亦不像青岛、哈尔滨、香港等城市的建设规划全盘参照了西洋的方式，因此各种风格自由的西洋建筑与中西合璧建筑在市区范围内如雨后春笋般出现，像北山路与南山路，至今都还留存着大量外形优美、风格独特的西式房屋与中西“混搭”型建筑。在本节中，中山路的银行建筑以及以“四拐角”为代表的河坊街外围，则是此两类不同建筑风格在杭州流行发展的典型例子。

“四拐角”，这一个古怪的地名，来源于昔日清末民初清河坊地区的孔凤春香粉店、宓大昌烟店、馥香斋食品店②、张允升百货与万隆火腿庄五家著名商号。其中馥香斋食品店与张允升百货同其他三家店面各占据了河坊街中山中路口的一个十字路口四街角，因此老一辈杭州人便将这些老字号商店以“四拐角”作为代称。这些老店大多源于清代同治、光绪年间，当时店面的建筑风格尚是传统的中式建筑，这些老字号商店成为今天中西合璧的模样，是几个因素共同作用的结果。首先，民

① 祝莹．历史街区保护中的类型学方法研究．城市规划汇刊，2002(6)：57.

② 此处店名在不同材料中有颐香斋、气香斋等名，在此取用杭州出版社《中山中路的历史建筑与商业文化》所取之店名。据称由于“馥”字用于店名极其稀少，还起到了吸引顾客好奇上门的广告效果。

国初期1926年的一场大火，烧毁了当时这四家店铺的原有木结构店面房屋，使得经营者有了重建的需要；其次，杭州市政府其时正在实现江墅路（今中山中路）的拓宽及石板路改碎石路面的改造工程，顺应这一市政工程，老店新修的工作也就轰轰烈烈地展开；最后，杭州开埠以来西方文化长达数十年的传播洗礼，以及辛亥革命后现代建筑风格受到青睐和推崇，水泥建材的防火特性和时髦西洋式建筑对商品营销产生的积极影响，都导致了这些老字号商店在重建过程中选择新式建筑风格，而非回归传统中式建筑。

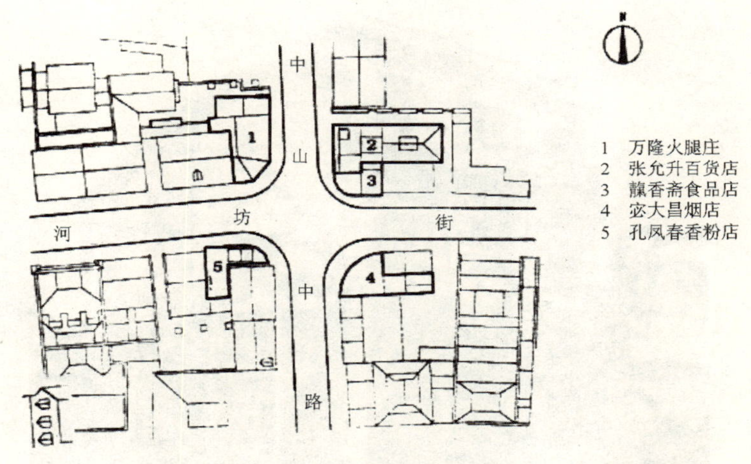

图4-4　“四拐角”老字号商店布局图①

但正如前文所说，西方建筑文化与建筑类型在给传统的中国建筑模式带来冲击和革新的同时，两者之间随着人们对西方文化的接受程度逐渐加深而产生了融合的化学反应。与一些城市中全盘西化的近代建筑不同，杭州的一些建筑虽然还保留着传统中式建筑的内核与结构，但在建筑的传统砖木结构外墙上加上了具有西式建筑风格的构建与外立面表皮。这类型的建筑，被形象生动地称为“洋脸面”，河坊街四拐角的五家老字号商铺，以及中山中路上的一些商店建筑，就是其典型的代表。

从单个建筑的风格来说，四拐角的老字号各有各的特色。作为当年四拐角五家老字号中唯一仍在原址开业的商户，万隆火腿庄旧址位于河坊街与中山中路交汇十字路口的西北角，现今为中山中路79号。1926年的大火烧毁了火腿庄原本

① 朱宇恒，魏刚.对历史建筑修复中“修旧如旧”原则的实践理解——以杭州“四拐角”近代建筑群为例.华中建筑，2007(1)：219—225.

前店后场的传统中式店铺，于是店主陈国华等人借杭州市政局推出道路扩建改建规划，新建沿街商铺的机会扩大店址，于 1928 年兴建起三层的扇形砖墙西式建筑。万隆的建筑外立面，使用西式阳台、楼顶宝瓶状露台栏杆、石质拱券与弧形对称山花装饰作为外部装修元素，但仍然在店前悬挂"万隆腌腊店"的中式招牌。在民国时期有关建筑种类的资料中，与四拐角采用"钢骨水泥"或"洋式水泥"的其他店铺不同，万隆火腿庄属于"实叠砖墙本瓦"类型[①]，可见在建筑选材上，它使用的并非是西式建筑建材，而是中国建筑较为常用的材料。

图 4－5　张允升百货商号与飘香斋食品店建筑外景[②]

从张允升百货号老板孙洁如于 1950 年 6 月亲笔撰写的材料中可以得知，被《杭俗遗风》推为"杭州线店之首"的张允升，于民国三年(1914)来到清河坊"四拐角"东北街角，即现今的中山中路 110 号开设了店址，并在 1926 年将经营范围从丝线帽子扩展成日常百货，并拆除了原店的石库门木结构建筑，改为假四层实为三层的西洋式商场。[③] 从外立面的装修上看，张允升与万隆一样使用了阳台和拱券门与西式栏杆的元素，在内部装修上，百货商店使用中庭采光，顾客可以在中庭外围

---

① 政协杭州市上城区学习文史委员会、政协杭州市上城区文史资料编委会．清河坊．杭州：浙江古籍出版社，2003：20.

② 朱宇恒，魏刚．对历史建筑修复中"修旧如旧"原则的实践理解——以杭州"四拐角"近代建筑群为例．华中建筑，2007(1)：219—225.

③ 张学勤，王利民．中山中路的历史建筑与商业文化．杭州：杭州出版社，2009：55—57.

雕花栏杆旁的走廊上挑选货物[①]。如今百货商号旧址虽然已经被改建为麦当劳餐厅，但洋快餐并未破坏传统街区内的历史建筑外立面与内部结构，游人们来到河坊街，还能够见到老建筑外墙上雕刻精美的拱券雕花、镂空阳台，以及店堂内部保存完好的雕花栏杆、木质楼梯与西洋彩色玻璃窗。尽管在房屋结构和建材上普遍西化，但从张允升彩色玻璃窗四周的中式门窗花饰上，仍能体现出中西合璧的独特风格。

图 4－6　宓大昌（左）与孔凤春（右）店面外景[②]

位于“四拐角”东南与西南角的是始创于清代同治年间的宓大昌烟店与孔凤春粉局。从平面图上比较，这两家店铺的建筑不及前几家装饰华丽，但占地面积却要宽敞得多。位于中山中路 66 号的宓大昌烟店为两开间三层西式建筑，建筑外立面较为朴实厚重，外形线条因为街角的地势而显得格外圆润，在其主体建筑为钢筋水泥混凝土结构的同时，店铺的侧房仍保留着中式的砖木结构，形成了中西建材与结构共存共生的面貌。位于河坊街 119 号的孔凤春粉局，属于三开间三层，平面呈“L”形的西式建筑，外墙为灰色水泥与白石子抹面，拥有形态独特的山花、西式露台与围绕二楼整层的室外石质阳台。然而尽管在外部建筑形态上是不折不扣的西洋

① 章臻颖．杭州近代建筑史及其建筑风格初解．浙江大学 2007 年硕士论文：74．

② 朱宇恒，魏刚．对历史建筑修复中“修旧如旧”原则的实践理解——以杭州“四拐角”近代建筑群为例．华中建筑，2007(1)：219—225．

建筑，孔凤春仍然保留着中式店铺“前店后场”的空间分布，店堂内部的中式柜台格局，也在近年的修复工作中得到了重现。

图 4-7　孔凤春粉局建筑修复后店堂内景①

正因为这些在河坊街与中山中路上的近代商业建筑在中西合璧的基础上风格装饰百花齐放，显示出杭州建筑在近代中西文化碰撞融合的过程中兼收并蓄、自由发展的城市建筑文化，在 2007 年 7 月，四拐角近代历史建筑群被列入杭州市政府公布的第三批市级文物保护单位之一。

与中西合璧的商铺建筑有所区别，在清末民初，出于“实业救国”等现实需要，民族资本主义工商业开始发展，作为民族资本主义工商业的发展保障，中国向西方引进了近现代的银行体系。为西式银行所兴建的西式建筑，也就顺理成章地在中国大地上出现，达到了建筑形式与建筑用途在形式和内容上的统一。在曾经作为杭州“金融一条街”的中山中路上，创办于清末民初的银行亦都选择建造西式的银行大楼。这些建筑的风格，可以用一个名词来加以描述——“折衷主义”。折衷主义亦称为集仿主义，是 19 世纪到 20 世纪初在欧美出现的一种建筑思潮。在交通、摄影、考古和信息传递等事业逐渐发展的历史背景下，它穿行于古典主义与浪漫主义之间，自由地在建筑上采用各种不同的式样和不同历史时期的风格，来给予人独特的建

① 朱宇恒，魏刚．对历史建筑修复中“修旧如旧”原则的实践理解——以杭州“四拐角”近代建筑群为例．华中建筑，2007(1)：219—225．

筑艺术美感体验。[1] 在本节中，将以中山中路 261 号的浙江兴业银行杭州分行旧址大楼，中山中路 271 号的盐业银行杭州支行旧址大楼，与浙江第一商业银行杭州分行旧址大楼作为例子来分别阐述。

为了保管和利用在保路运动中民众认购苏杭甬铁路建设股票的巨额实收股金，浙江铁路公司于 1907 年在中山路太平坊开设了一家公司附设的铁路银行。不久以后，为了厘清股权以及分开银行及铁路业务，铁路银行分离出公司成为独立的商业银行，根据"振兴实业"的办行宗旨，这所既是中国首个商业银行，也是浙江省内的第一家银行就改名为兴业银行。1915 年，兴业银行总行移至上海。两年之后，浙江分行购买了位于现今中山中路 261 号的土地，邀请中国建筑师沈理源在此设计建造浙江兴业银行杭州分行大楼，大楼于 1923 年落成，次年投付使用。此后九十余年，这座建筑历经历史风霜，曾一度在杭州沦陷时作为日伪杭州市政府大楼，以及抗战胜利后国民党杭州市政府的办公场所。[2] 如今，这座洋楼为工商银行羊坝头支行的办公大楼，由于房屋保存情况良好，无论是从建筑外部还是厅堂的装修设计，都还可以一窥当年历史原貌。

图 4－8　浙江兴业银行旧址（现为中国工商银行羊坝头支行）[3]

① 章臻颖，后德仟．杭州近代建筑折衷主义建筑类型解析．浙江工业大学学报，2008(4)：205.

② 张学勤，王利民．中山中路的历史建筑与商业文化．杭州：杭州出版社，2009：151—156.

③ 记者：肖俊健，摄影：徐潇哲．杭州老宅今天看．杭州日报：68 版，2009－9－30.

兴业银行杭州分行旧址大楼为钢筋混凝土结构，为三段式、五开间的三层西洋建筑，其对称的形制与厚重的花岗石材质，带给人庄严浑厚的古典主义美感。三层楼与地下层分别设计用于营业大厅及办公，阅览室，藏书室与金库。入口大厅两侧设有爱奥尼亚式双柱，二至三层亦有同一风格的壁柱出现在建筑外墙上。而在建筑局部，则可以发现巴洛克式的曲线山花，还能在角楼顶层发现宝瓶式栏杆。[①] 在同一座建筑上，隶属于不同历史时期的西洋风格建筑元素的"混搭"，即是流行于欧美的折衷主义建筑最具特色之处。

1948 年，《东南日报》刊登了这样一篇广告："本行遵照银行法关于银行种类之规定，改名为浙江第一商业银行股份有限公司，简称浙江第一商业银行。总行：上海福州路 123 号；杭州分行：中山中路 273 号。"这家公开改名的银行，即是民国初期的"浙江地方实业银行"。浙江地方实业银行前身为清政府的浙江官钱局，为了招揽民间资本，于 1909 年将其改组为官商合办的浙江银行。辛亥革命后更名为中华民国浙江银行，直到 1915 年银行改名浙江地方实业银行。1923 年，浙江地方实业银行分裂为商业银行性质的浙江实业银行与官办银行性质的浙江地方银行，浙江实业银行在今中山中路 193－3 号建起三层西式大楼，即是如今的浙江第一商业银行旧址大楼。[②]

图 4－9　浙江第一商业银行旧址[③]

① 章臻颖. 杭州近代建筑史及其建筑风格初解. 浙江大学硕士论文：2007：76.

② 李楠楠. 民国时期杭州新式建筑风格流变研究. 杭州师范大学硕士论文，2012：33.

③ 张学勤，王利民. 中山中路的历史建筑与商业文化. 杭州：杭州出版社，2009. 100.

浙江第一商业银行旧址上的西式大楼，虽然同样采取的是西方折衷主义建筑风格，但相对于兴业银行以古典主义元素作为建筑主体的情况，浙江第一商业银行的大楼正面与侧面的转折采用了简洁流畅的流线型，使得拐角处的转折效果不至于太过突兀，而房屋外侧不再使用类似兴业银行华丽的穹隆式屋顶与巴洛克式的山花、涡卷、柱头雕饰与屋顶钟楼，取而代之的是较多相对简朴的几何形与花叶浮雕。在这一座建筑上，古典风格的线脚、立柱与墙面雕饰退出了建筑的主体地位转向象征性装饰，装饰派艺术流线型造型的应用展现了中国建筑师在采用西方折衷主义风格设计建筑时，从古典向现代建筑模仿的变化。[①]

盐业银行杭州支行位于今中山中路271号，1930年2月，邵姓业主将此处地皮转卖给盐业银行，1931年7月建成四层的盐业银行杭州支行大楼。[③] 这座以红砖为主的钢筋水泥建筑，在一二层主要采用了希腊式的仿科林斯式立柱，正门前有古希腊式三角形山花，但在三四层的外墙上，出现了中式建筑中常见的额枋元素。[④] 这与浙江兴业银行大楼和浙江第一商业银行大楼的全盘西洋式折衷主义风格有所不同，由此可以看出，随着西方建筑文化的不断输入，建筑师们在学习设计与过去迥异的新式建筑时，也开始认识到传统文化在本土建筑中的意义。20世纪初期中国著名建筑师柳士英曾说：“盖一国之建筑物，实表现一国之国民性，希腊主优秀，罗马好雄壮，个性之不可亡，在示人以特长……欲增进吾国在世界上之地位，当从事于艺术运动，生活改良，使不放弃其生存。使中国之文化，得尽量发挥之机会，以贡献于世界，始终不放弃其生存价值。”此时的中国建筑设计师，已不像西方建筑文化传入初期那样固守传统建筑范

图4-10　盐业银行杭州支行旧址[②]

---

① 李楠楠.民国时期杭州新式建筑风格流变研究.杭州师范大学硕士论文，2012：40.

② 张学勤，王利民.中山中路的历史建筑与商业文化.杭州：杭州出版社，2009：162.

③ 张学勤，王利民.中山中路的历史建筑与商业文化，杭州：杭州出版社，2009：161.

④ 李楠楠.民国时期杭州新式建筑风格流变研究.杭州师范大学硕士论文，2012：40—41.

式，亦不像西方文化大行其道时完全模仿西洋建筑。在对两种不同的建筑文化进行选择、融合、扬弃之后，建筑师们吸收了西方建筑文化的材料、结构与建造技术，在设计建造房屋时仍然采用了一些中式的传统建筑元素，使建筑作品呈现出中西结合的折衷主义风格，达到了东西方建筑文化的和谐统一。

如今，在清河坊以及中山中路上的民国西式商业建筑，有的进驻入新的店铺，有的被各式机关或公司租用，但总的说来，在近年来制定的保护条例下，通过市政部门的保护修复工程与文保部门的监督，这些历史建筑都还保留着昔日的风貌，并没有因为城市的基建发展与旅游开发而受到大的破坏。杭州市保护并修复这些建筑，并非出于俞平伯先生辩驳的“为火腿茶叶香粉店做新式广告”的商业目的，亦不仅仅是希望推动旅游产业的发展。除去当事人与经营者的记忆以外，这些深受西方建筑文化影响的商业建筑，即是中山路以及清河坊中所提及的企业经营历史、经营方式、经营作风和经营理念的凭依。通过对城市记忆中历史空间和现实空间的重合，人们将对于旧时代中山路的历史想象转移到现存的遗迹，从旧时商铺的变迁联想到如今杭州城市发展过程中中山路的巨变，假如这些行为缺乏了现有的商业建筑这样一个记忆的依托，就会成为无根之木，要研究和追溯就更是无从谈起了。同时，从兴建于民国时期的这些商业建筑上体现出的建筑风格变化与建筑文化的融合，可以看出杭州城市的建设者和建筑设计师们，接触、接受、运用西方建筑文化并最后与中式传统建筑文化融会贯通的过程。这作为民国时期的杭州在城市近现代化的过程中接触西方，学习并吸收西方文化精华与建设经验改造发展城市的一个缩影和历史见证，值得被保留、传承与借鉴。

图 4－11　盐业银行杭州支行旧址大门

（三）御街二十三坊：对旧街区的观念变化与城市记忆保护

对于杭州的普通市民来说，一条南北纵贯杭城的中山路，承载的是不同时代杭州市民的城市生活记忆。一个明显的例子，可以说是现代杭州城市中最具有历史底蕴的街区之一，最近新成为旅游热点的“南宋御街二十三坊”。御街二十三坊在中山南路西侧，整个街区以太庙遗址为核心，覆盖万松岭隧道以北、伍公山麓以南、中山南路以西、紫阳山麓以东范围，占地面积约4万平方米，主要包括十五奎巷、城隍牌楼、四牌楼、白马庙、太庙巷等23条坊巷。这些坊巷大多得名于南宋时期，其中许多院落建于清代、民国或新中国成立初期，街区内还保留着乾隆上山御道、施公庙、普福庵等不少历史遗痕。[②]

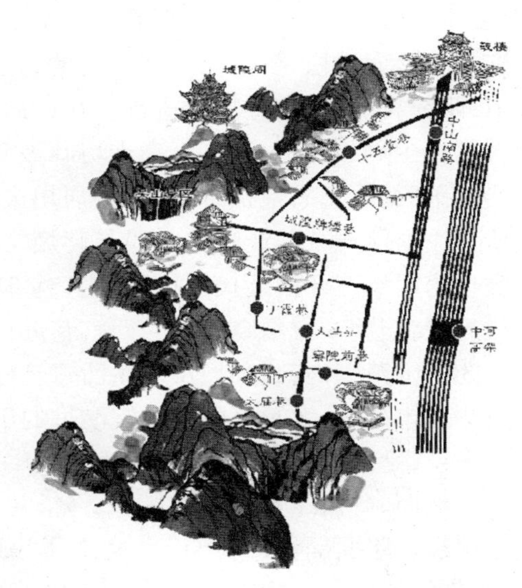

图4-12　御街二十三坊示意图[①]

在尚未得名“御街二十三坊”前，吴山脚下的这一片街区属于杭州典型的老旧城区，街巷路面陈旧破损，卫生与雨污落水管道设施落后的旧宅院内入住了“七十二家房客”，可以说是20世纪末的旧城改造运动中重点治理并拆旧建新的区域。在较早时间前，御街二十三坊所在街区由于人口密集，院落内家庭聚居拆迁情况复杂等原因，在杭州主城区20世纪八九十年代的城市改造中幸存了下来，形成了被吴山和外围的现代高楼大厦所包围的情况。那么为何在搬迁政策更成熟，技术条件也具备的如今，二十三坊街区的旧街巷没有被拆除，成为时髦的都市建筑群？笔者认为，这是由于杭州城市的管理者与建设者们，对于城市老区的价值有了新的认识，这主要可以体现在对老区历史文化价值的发掘与对老区独有的社区文化和城市记忆的重新重视与保护。

毋庸置疑，紧邻南宋御街，背靠城隍山麓，南宋太庙遗址周围的这一片杭州老街区，具有极高的历史文化价值。在这几百亩土地上，自宋室驻跸钱塘以来，不仅是杭城人烟最为繁盛、商业最为兴旺的地段之一，亦是十里天街两侧达官显贵、名

① 计慎忆，许晓燕，魏皓奋. 重现南宋市井风情“御街二十三坊”明年5月亮相. 今日早报，2011-12-7，新华网.

② 朱丹阳. 御街·二十三坊——看看老杭州的市井生活. 都市快报，2012-5-7：B16版.

士文人所集中居住活动的区域，历代在此曾经出现过南宋的三省六部官衙、左右丞相府、玉牒所和封桩所，元代的御史南台，明代的都察院、巡按院等重要机构，如今在坊巷之间存留，可以供游客寻访的，还有南宋太庙遗址、康熙乾隆二帝登吴山御道、阮公祠、紫阳泉等历史遗迹。在民居建筑上，有太庙巷内杭州硕果仅存的中西合璧式山岬园林——潜庐，高士坊巷被划入杭州市第六批历史建筑的传统砖木民居院落“德馨堂”，包括了有“东方居里夫人”之称的著名核物理学家吴健雄兄长住所与原浙江司令部及总统府职员蒋焕文居所的燕春里民国石库门建筑群，以及由类型为两层三开间近代小楼的严官巷61号和由两幢中西合璧样式的别墅楼房组成的严官巷63号结合而成的严官巷近代建筑群，这些房屋集中出现在御街二十三坊的街区范围内，犹如城市的生活建筑标本馆一般，在整体上反映了自清末到现代杭州城市建筑，尤其是民居建筑演进的历史脉络，对杭州的建筑史与城市发展史研究来说，是珍贵的参考资料。

然而，御街二十三坊被保护、修缮并重新开发的意义尚不止于此。在御街二十三坊经过路面翻修，整治百余处民居涉及万余平方米的老宅墙面、屋顶以及石库门，修缮配备了卫生管道设施和优化景观绿地的工程后，街区内的老杭州人们仍然可以在他们祖祖辈辈生活了多年的街区中继续生活。在前一章中，笔者以运河小河直街历史文化街区为例，分析了原住民在保护传承历史文化街区的生活风俗、社区传统与城市记忆上所起到的重要作用。这与在二十三坊，老住户和老街坊对于保存原汁原味的杭州市井生活面貌与城市记忆的作用具有很多相似之处，因此笔者在此便不再赘述。而与运河边的历史街区相比更加明显的是，杭州市政府保留二十三坊的老街区和老居民，还可以保护旧式杭城的社区邻里生活文化。在杭州旧式的社区中，日常信息的传播与社区内居民对于某些事件的意见交流，并非依靠电话、电报等现代通信方式，亦很少使用报纸、海报等消息传播媒体，通常他们是通过水井这样的信息中转集聚中心来彼此交流和沟通。俗语中传播消息最快的“井头，桥头，河埠头”三处，与“市井”一词，亦可以看出水井在过去城市居民的生活中的地位。在御街二十三坊街区，现在依然完好地保存有紫阳井、四眼井等可供取水的古井，居民小街坊们在井边取水洗衣做饭，夏日在井边聚会纳凉，通过这些日常活动过程中的言语与情感交流，居住在同一片区域的市民们就可以增进彼此之间的感情纽带，产生对居住社区的认同感与归属感。此外，费孝通曾经在《当前城市社区建设的一些思考》中指出：“地缘群体最基本的是邻里，邻里是指比邻而居的互助合作的人群。邻里在农业区发展成村和乡，在城市则发展成胡同、弄堂等。”[①]而

① 费孝通.当前城市社区建设一些思考.群言，2000(8).

帕克在其著作《城市社会学》中写道："(邻里)的周围界限较为明确，内部组织比较完整，它牵一发而动全身的灵敏反应，我们完全可以把它理解为一种由实际作用的社会精神。当地的一些头面人物，无论他在城里多么专横跋扈，他在自己邻里中心必须与同伴永远和平相处，因为他的权力是邻里赋予的。他同邻里相处必须十分小心，以诚相待，不敢稍有相欺，因为他们在当地有着共同利益。"①以二十三坊街区的原住民为代表，在居住环境紧密相连，又在日常生活中发展出社区大家庭的归属感与亲近感的老街坊们，会在日常生活中像真正的家人一般守望相助，彼此团结，在邻里与社区中形成"老吾老以及人之老，幼吾幼以及人之幼"，和谐温馨的良好道德氛围。但随着城市化进程的加快，一座城市的占地面积越来越大，人口基数越来越大，人口流动与迁移也愈发频繁。同时，发达的交通与通讯网络使得人们有了更多可以注意的事物与情感寄托，单元化商品式的公寓住宅强调了每个家庭的私人边界，这一切都使得传统邻里的亲密情感和道德准则受到了破坏与冲击，而在意识到迅速发展扩大的城市导致居民在情感道德维系上的弱化以及良好的社区氛围对社会和谐的重要性，城市的管理者们开始重新审视旧城区老街坊之间的日常互动与亲密关系，希望其能够对如今的现代城市中由户籍制度或在同一商品房小区内聚居而形成的新式社区有所帮助。这也就是御街二十三坊的原住民以及居民们之间原有的生活联系，邻里文化被一并保存下来的原因所在。

三、中山路及清河坊古风及民俗元素的运用之辩

毫无疑问，中山路与清河坊的保护与复兴开发，是建立在这两个区域深厚的历史文化基础之上。因此无论在前期的复兴保护过程，或是后来的旅游开发，都会围绕着杭州本地的民俗特色与历史人文积淀这两个中心来进行，显著的表现就是街道设施、建筑外立面与景观风格的复古化、怀旧化，以及在旅游街区内商业的民俗卖点与定期举办的民俗活动。这些元素的运用，无疑会吸引对其感兴趣的游客，拉动中山路以及清河坊旅游经济的发展，可以达成历史街区保护—发展—创收—保护的良性循环。但是应当意识到，在这两处开发的历史文化区域中，有不少新建的，为满足游客需要而改造，甚至是"创造"的历史元素。它们究竟如何展现在游人面前，其存在对于正在城市化进程中的杭州发展旅游产业，保护城市固有历史文化有着怎样的利与弊，这些内容的相关细节将在本节中加以讨论。

---

①　[美]R. E. 帕克，E. N. 伯吉斯，R. D. 麦肯齐. 城市社会学. 宋俊岭，吴建华译. 北京：华夏出版社，1987：6.

（一）仿古河坊街：城市记忆仿造的利与弊

如今提到清河坊，外地游客通常联想到的，是吴山广场一侧，竖立着石牌坊的仿古步行长街。沿街的仿古建筑中各式旅游纪念品商店与特产商店日夜招徕游人，并在街道中央设置民间工艺绝活展示亭，在靠近中山中路的路段还有美食一条街，为来访者提供了观光、购物、饮食、休憩的多方面休闲体验。这一整条长街将南宋、明清以及民国文化串联起来，包含了中医中药、民间工艺、老字号商业文化、茶文化以及饮食文化等元素，用“建筑为形、文化为魂、旅游为龙头、商业为主体”的手段，来确立这一条仿古商贸旅游街道“保护商业风貌、延续民族产业、挖掘古都文化”的改造定位与开发原则。

显而易见，打造河坊街这一条仿古街道，对于杭州城市的发展来说具有有利的一面。首先，在中国近年来高速的城市化过程中，很多城市采取学习西方现代城市的发展道路，并大面积扩展城区范围。在这样的建设理念之下，城市的老城墙、城门，以及旧城区被拆除，在充斥着鳞次栉比的现代建筑与道路的市区中，单个的历史建筑可能因为文物保护的相关条例法规而被保留下来，但其所在历史环境下的城市整体面貌已经荡然无存，文物和城市记忆与当地的联系也被工程建设所切断了。在城市物质文化高度发展的同时，城市居民和管理者们开始意识到所居城市的传统历史文化内涵对于每个城市来说独一无二，是市民以及访客认识、了解并重视这座城市的重要手段，成功的仿古街区在这时便满足了人们的实际需要，既通过复原旧式的建筑与街道将昔日城市历史面貌展现在市民与游客面前，满足他们怀旧的需求，避免了城市在建设和发展过程中的同质化。为了营造古色古香的氛围，仿古街道上还常常会安排传统店铺，展示民俗技艺，这在某种程度上，也起到了文化传承与保育的作用。同时，仿古街区一般设置在城市本来就具有单个历史文化建筑的附近，复古的氛围与环境可以为历史建筑提供传统城市格局与历史风貌的背景。拿河坊街来说，这条仿古街道连接了曾经作为南宋皇都御街的中山中路，一端有四拐角民国历史建筑群，另一端有城隍山、凤凰寺等积淀了千年人文底蕴的文化地标与古老建筑，在街边，还有方回春堂与胡庆余堂古色古香的店面，这些散落的杭州城市历史地标，就这样被一条长街串联起来。

其次，仿古街区是近年来城市推动旅游产业发展，推动杭州作为旅游型城市在新世纪的城市化进程的一大亮点。近年来，国家大力提倡在城市中发展第三产业，而旅游业作为“无烟工业”，具有低污染、高收益的优势，并可以提供更多的城市就业机会，合理调整城市空间，改善城市生态与人居环境，是在城市化进程中建设可持续发展城市的一条新路。在城市中发展旅游业有多种方式，可以利用自然的山水风光，亦可以发挥当地独特的人文风情，而在挖掘当地历史文化内涵后建设起来，并开发运作良好的仿古街区，可以作为城市旅游名片，成为可以吸引游客，制造就业机会的重要方式。2001年10月18日，河坊街举行开街仪式，这条全长460米的街道从此之后便游人如织。据杭州市旅游官方网站统计，作为集“游、观、住、吃、购、娱”为一体的仿古步行街，河坊街目前的年日均游客流量已经达到近10万人次，这其中旅客们作为消费者，给杭州的旅游经济带来的利益也同样可观。

然而，不可否认的是，作为仿古街道，河坊街所表现出的弊病也不容忽视。在笔者的实地调研过程中，认为较为明显的，是河坊街的街道建筑风格与商业氛围定位。在1999年，由于这一条老街尚保留有相当数量的历史建筑，并且蕴含了具有杭州历史特色的市井文化和商业文化，因此在有识之士的呼吁下，政府部门决定保留河坊街的旧貌古韵，将其打造成为杭州市一个新的文化旅游地标。然而如今的河坊街上，除去重点保护的一些历史建筑，老照片中的普通砖木民宅已经所剩无几，代替原有旧屋矗立在街道两侧的是整齐的仿古建筑。建筑上的窗棂、檐角、门板等元素本该是体现历史建筑时代特色与建筑风格的亮点，但这些新建的仿制品在这些方面却整齐划一，不分彼此，游人来到步行街，一望即知矗立在此处的，不过是一些“假古董”。《城市历史街区的复兴》作者史蒂文·蒂耶斯德尔就认为，老的建筑和城镇拥有价值是因为其本质上就具有美或“古董”的价值，历史建筑与历史街区具有的独特品质，能够令人回想起已经消失在现代工业化建造系统和工业化建筑中的，拥有真实记忆和个性魅力的古老时代。[①] 阿普尔亚德认为，为了获得物质方面的舒适感，廉价的产品和安全性，个性通常就会作为代价被牺牲。他指出：“老城市展示了人的尺度、个性化、相互关怀、手工技艺、美轮美奂和多样性这些在机器制造的，现代造型的城市中所匮乏的一切，后者只有单调重复和尺度巨大的特性。”[②]相似的评论出现在《城市文化》一书中，其作者指出过去的城市能够“利用不同时代建筑的多样性来避免因现代建筑的单一性而产生的专断感”[③]，而不是通过“不断重复过去某一精彩的片段”从而使得城市的面貌显得乏味而单一。作为现代街道整体开发工程中仿造的，以营造“古街”整体氛围，消除旧街道破败房屋和提供步行街商铺为目的的所谓“古街建筑”，就必然在工业化时代的批量建造下失去历

① ［英］史蒂文·蒂耶斯德尔．国外城市规划与设计理论译丛：城市历史街区的复兴．张玫英，董卫译．北京：中国建筑工业出版社，2006：11—12.

② ［英］史蒂文·蒂耶斯德尔．国外城市规划与设计理论译丛：城市历史街区的复兴．张玫英，董卫译．北京：中国建筑工业出版社，2006：12.

③ ［英］史蒂文·蒂耶斯德尔．国外城市规划与设计理论译丛：城市历史街区的复兴．张玫英，董卫译．北京：中国建筑工业出版社，2006：13.

史建筑原本的韵味。在这一点上，修缮开发晚于河坊街的运河沿岸的桥西及小河直街历史街区，占地面积较河坊街广，将附近的现代生活区与商业区通过河道、广场等缓冲区域和谐地融合在一起，而不会像单独的一条古风街道出现在现代城区中那样有突兀之感。在运河沿岸的历史街区中，大多数房屋选择了修旧如旧的修缮方式，将不同时期、不同风格的建筑都保存在街区的范围中，并且在一些建筑的仿古元素上，根据民居、商铺、宗教场所和社会机构等不同的建筑类型，选择了不同的展示方法。这就克服了历史街区修缮开发时新建筑千人一面的弊端，提升了作为旅游场所的历史文化街区的美学、建筑多样性、环境多样性、功能多样性等价值。

同时，在河坊街的商铺和摊贩所展现出的风貌，存在历史文化特色缺失的问题。在河坊街频繁见诸报章网页的宣传与游客的反馈中，可以发现将中医药与商业文化完美融合的胡庆余堂国药号，唱着地方曲艺“小热昏”卖梨膏糖的街头小摊，仿佛从《水浒传》小说中走出来挑着担子卖饼的“武大郎”，以岳家军传说为卖点的定胜糕铺，以及雇有身着长衫的茶博士用长嘴铜壶为顾客表演茶艺的太极茶道馆……这些具有浓郁杭州地方特色或有着脍炙人口的传说背景的店铺，给往来游客留下了深刻的印象，也成为河坊街打响杭州市井风俗商贸街的金字招牌。但是相对于坐落在河坊街上店铺、手工纪念品亭和流动摊庞大的基数来说，这几家特色明显的店铺就显得“势单力薄”。笔者在前往河坊街调研时，发现了与中式仿古步行商贸街的风格格格不入的南亚首饰店与日本料理餐馆，以及在大多数旅游景点的纪念品商店和街头小吃摊都可以见到，并不具有杭城古街商业文化特色的儿童玩具、玉石手链、羊肉串、糖葫芦等商品也被展示在店面里。这样一来，以复原古代神韵为旅游吸引点的河坊街就与城市中一般的商业街道无异。

诚然，与本身就具有历史积淀的城市历史街区不同，仿古街道想要寻求长期可持续的繁荣，并成为城市发展转型期旅游产业的一张金名片，就必须培养和积淀人文底蕴。但作为一条以旅游商贸作为核心建设目的之一的仿古街道，尽管它是在历史档案中闻名遐迩的街道基础上建立起来的，也不可能完全摆脱现代商业和旅游经济的影响，商家花费极高的租金租赁了店铺，就不得不从市场的角度寻找易于销售和顾客乐于购买的大众商品。因此，为了改变这一情况，河坊街的相关管理部门可以根据河坊街展示茶文化、传统中医药文化、传统饮食文化、老字号商业文化与老杭州市井生活文化等既定的目标来进行有针对性的招商，并对一些具有杭州地方文化特色，但可能在店铺租赁竞价等方面的竞争力不及一般商家的企业或者个人进行扶持和给予一定的优惠政策，并大力宣传已有的具有深厚人文积淀和地方特色，受到游客广泛欢迎的商家。在河坊街的商业文化已经形成良好的氛围并有了一定的人文积淀之后，再优胜劣汰，这样一来，河坊街走出仿古街道常见的商业缺憾，成为真正集旅游、商贸、文化、历史于一体的杭城名街的目标，就能够实现。

（二）"存在的历史"与"想看的历史"：清河坊民俗活动的传承与"创造"

如果说一条仿古街道的建筑和商户是可以直接反映其整体文化氛围的"硬件"，那么其中的民俗文化活动就可以称之为向来访者表现这条街道所要承载表达的城市历史记忆的"软件"。在河坊街，每年按时令举办的民俗活动并不鲜见，笔者仅在近年的报纸与网络新闻上略加搜索，就可以获得相当多的信息，在此，特选取几项作为例子说明。

在河坊街的一系列民俗活动中，传统节日或者固定节令的活动可以说是其宣扬杭州地方传统和古街历史文化底蕴的重头戏。其中春节时期的活动，就尤为系统、密集、精彩纷呈。在这一向是中国人民所重视的传统节日里，亲朋好友欢聚一堂，享受一年忙碌之后亲情、友情、假期、娱乐、美食的多重犒劳。在河坊街，从年初一到正月十五元宵节，几乎每一天都安排了相应的民俗活动，以此来表达市民对于新一年幸福吉祥的祈愿，也给杭州的新年带来新的旅游娱乐经济的增长点。

在2009年的《钱江晚报》上，就有这样一篇《河坊街春节花头透》的报道，详细列出了这一年新年假期时河坊街举办的民俗活动。尽管每一年民俗活动的安排可能会根据当年情况（如农历新年的生肖属相等）出现一些调整，但这样完整的时间表和活动详细内容，仍然具有很高的参考价值。

正月初一，皇帝拜大年：上午10:18开始，"皇帝"带着随从，地方官和街区商贾陪同，一路浩浩荡荡从鼓楼出发，途经中山中路、高银街、河坊街、安荣巷，最后到吴山广场。

正月初二，新春祈福大典：早上10:18分，在鼓楼城楼，"皇帝"领着随从及众商户到鼓楼城楼参加新年祈福大典。两张八仙桌上放有红枣、金橘、花生、豆子、五谷杂粮、鹅、猪头、鲤鱼、年糕、甘蔗、桂圆、青枣等各种寓意吉祥的贡品。祈福大典由专人主持仪式，仪式结束后，皇帝、皇后向百姓分发贡品。

正月初四，百姓品全牛宴：早上10点，在清河坊四拐角（河坊街和中山中路交叉口），主办方将推出一顿丰盛的"牛"宴，高银美食街11家商户，每家推出两道与"牛"有关的创新菜肴，厨师在现场介绍菜肴的创意和特点。邀请市民参与品尝，由参与者评出2009年最牛的三家餐饮店，分别授予"金牛"、"银牛"、"铜牛"荣誉称号，并按照等级给予奖励。有兴趣的市民也可以参加这项活动，当天早上9点，市民可以在现场排队，由工作人员按序发票，凭票参与。

正月初五，开市迎财神：早上10:18分，地点设立在河坊街、高银街。民间有正月初五是财神生日的说法。活动中，福、禄、寿、喜四星和财神爷途经高银街、河坊街，走访商户，遇上游客便拱手作揖，口称“恭喜发财”，并在街上向游客赠送新年礼品。

正月初六，八仙闹新春：当天的10:18—10:48，14:00—14:30，届时，清河坊的民间艺人装扮成八仙的模样，各显神通，施展踩高跷、旱驴、喷火、二鬼摔跤、骑单车等绝技。

正月初一至初六，牛年欢乐送：初一到初三，11:00—12:00，14:00—15:00；初四到初六，10:00—11:00，14:00—15:00，地点在清河坊街区。吉祥物“牛牛”身着唐装，拱手作揖，一路大摇大摆，口称“恭喜发财”、“新年快乐”，或摆出各种滑稽造型或与游客合影。

正月十五，元宵大放灯：地点设立在吴山广场、河坊街。届时将安排赏花灯、猜灯谜等活动。[①]

除去固定节令的民俗活动以外，河坊街还推出了各式各样的全民参与性质的活动。在夏季每个周六的晚上，街道就会上演《南宋皇帝巡街》、《胡雪岩请账房先生》、《王老虎抢亲》等民间大戏。观众不但可以观看这些剧目，还可以穿戴上各式古装，扮演帝王将相，或是披上喜服，体验一把做新郎新娘骑大马、坐花轿的瘾。到了金秋十月，相关的单位部门还会举办长度将近一个月的吴山庙会以及清河坊民俗风情节，届时市民可以在吴山美食节享受各类美食，亦可以观赏民间艺人的绝技绝活展示表演。

但是，从河坊街民俗活动的一些现场照片来看，其举办的民俗活动并非像上述报道中所意图宣传的那样，原汁原味地展现了杭州古代的民俗风情。从中国新闻网一篇关于河坊街新年拜太岁祈福的报道所附的照片看，照片中主持仪式的南宋“皇帝”身披金黄龙袍，“皇后”头戴京剧《贵妃醉酒》式的珠冠，身后的文武百官披汉代甲胄套明代官服，俨然是不同朝代和不同文艺作品人物形象的“大杂烩”；而河坊街夜游中的“轿夫”、“新郎新娘”、“员外夫妇”的装扮，与其说是再现古代杭州市民面貌，不如说是戏曲形象和影视剧中的“改良”形象的植入和展示。除了民俗活动表演和展示人员在形象上与史实存在的差异，河坊街仿古民俗活动的一些内容，也可以看出是来自现代人的“创造”而非来源于历史材料。以古籍中描写较多，在河坊街的民俗活动中也较为典型的“皇帝出巡”作为例子，在上文引用的河坊街新年活动报道中，正月初二，“皇帝”和“皇后”会率领“官员”和商家来到鼓楼祈福祭祀，并且将祭祀之后的供品分发给现场围观群众；在河坊街夏季夜游的《南宋皇帝巡街》这一出可供游客参与的剧目中，某位南宋皇帝“将皇后、大臣、武将、太监、宫女、

---

① 孙仲杰，刘焜. 河坊街春节花头透. 钱江晚报：A5版，2009-1-23.

外国使节都带到河坊街巡游，观赏街道繁华。河坊街街长与锣鼓队为皇帝一行鸣锣开道，向沿途的街坊邻里报喜。街上王星记、蒋同顺、太极茶道、回春堂等大商贾见皇帝驾到，都纷纷俯身相迎，奉上精美的扇子、美味的糕点、浓香的龙井茶……皇帝游兴十足，看到街上还有未曾见过的弹棉花手艺，也亲身体验了一把”……而从史实的角度出发，南宋皇帝离开宫廷，常见的原因是各种祭祀的需要。在出行前，御街会安排人员清道开路，《梦粱录》作者吴自牧对此详细回忆道“清道之神，乃三重。王出入，则八人夹道行，服武弁绯袍绣衫，执黑漆杖。按《周礼》，祀，‘条(音涤)狼氏，掌执鞭以趋避’之义也。愚详之，即半夜而过，连声告报两街看位，俱令灭灯烛者是也”。[①] 行进途中，皇帝后妃乘坐辂或辇，随同大量仪仗卤簿，根据不同的出行情况各有不同，在此不再赘述。若要论及历史上的南宋皇帝是否会“与民同乐”，《梦粱录》中记载元宵节时，“上御宣德楼观灯，有牌曰‘宣和与民同乐’。万姓观瞻，皆称万岁”[②]。这大概可以说是南宋皇帝除了御街出行以外与民间最为贴近的接触。因此，他便不可能以河坊街民俗活动中携带随从徒步而行这种形式来到城市内“与民同乐”。

自古以来，杭州市井就不乏多姿多彩的民间民俗活动。以年代较近的清人著作《杭俗遗风》为例，吴山一带在立春时有“香烟缭绕，直透云霄……家家设祀，爆竹之声不绝”的“太岁上山”活动，新年正月“城厢内外，所行龙灯，于十二日到庙点睛，恭谒挂红……斯为新年之一大阵场”的“龙灯开光”活动，重阳节“至城隍山、紫阳山登高，吃糖炒栗子、鸡豆，顺道游斗坛……文昌关帝火德等庙，均摆设灯谜，亦一雅集也”，更不要提正月城隍山和山下河坊街一带的民俗活动如何异彩纷呈。可以说，在一年的每一个特定节令，吴山一带几乎都会有相应的民俗活动举办，这其中既有当地政府的一定参与，也有完全由民间百姓自发组织的活动。这些活动大多围绕着专门节庆，特定行业人群，一年中某个时节的特殊景色，或某种民间信仰的祭祀以及相应社会活动展开，鲜活地展示了它们所在时代杭州城市居民的日常生活和宗教信仰，杭州城市在当时的面貌和一些行业的分布发展状况等珍贵的历史信息。

既然古籍中关于杭州清河坊和吴山地区的民间风俗活动有这样丰富的城市记忆可供参考，为何河坊街现有的民俗表演和活动仍然让“帝王将相”频频露面，选择添加诸多“改良”和“创造”元素，而非直接采取“拿来主义”？笔者认为，这是掺杂了大众对历史的想象的“想看的历史”和“存在过的历史”之间的差异和矛盾。作为没

---

① 吴自牧.梦粱录.丛书集成初编3220：卷三.北京：商务印书馆，1939：33.

② 吴自牧.梦粱录.丛书集成初编3220：卷一.北京：商务印书馆，1939：2—3.

有亲历历史上的民俗活动，也很少涉猎相关古籍及历史资料的普罗大众，他们可能只是了解河坊街是南宋皇城临安的一条重要街道，在这个基础上一般游客与市民所关注的“历史民俗”，与记录下古代杭州民间民俗活动的文人墨客以及现代的历史专业人士与历史爱好者所关注的，被确切记录下来，并有着鲜明时代特征的“存在过的历史”不同。仿古街道“创造”的“历史民俗活动”气氛热烈，引人眼球，逗人开心，招人参与，是基于商贸旅游的主要目的而建立的仿古街道上的消费主义“场景秀”，为了更方便游客产生熟悉感和代入感，这些活动的举办方索性将活动中涉及的人物形象和使用的道具套上了较之史料记载更为人所知的戏曲行头和影视剧道具。所以，观众们参观与消费的，并非是专业的史料知识、历史真实和从传统市井民俗中感受到的城市记忆，而只是符号化、脸谱化的城市历史和人文风貌。很多消费者们尽管不能对河坊街的历史如数家珍，但他们仍然乐意在这个充满了过去辉煌灿烂时代的“历史”符号的街道空间里消费并体验历史怀旧情绪，就像沃文特尔所指出的那样，“现代化的迅速发展以及过去的加速消失，强化了人们的怀旧感，是人们更怀念过去那种简单、安全和美好的生活环境，去寻找自己的历史渊源”①。在这种情绪的作用下，“创造性”的历史民俗展示只需要满足观众对于似曾相识的历史元素怀旧所得到的满足感，它展示人们“想看的历史”的使命就已经完成。作为一个增加河坊街游客和旅游消费的项目，这样的民俗活动的存在无可厚非，也无需从史实的角度太过苛责。但是从另一个角度来说，这种“想看的历史”与“存在的历史”在立场上是大相径庭的，游客和市民不需要去深入了解所在城市的历史价值和文化内涵，而是跟随着迎合旅游消费市场上的大众对于历史中帝王将相的猎奇心态，对“福、寿、财”的渴望，和对野史式男女情爱的追捧等口味而设定的民俗符号来达到娱乐的满足感。这对于以深厚的历史文化底蕴作为旅游产业发展对象之一，并以旅游产业作为城市化产业转型的中心之一的杭州来说，无疑是获利浅薄且具有危害性的。因此，如何在商品社会消费主义的潮流之下保护和发扬真正的历史文脉，并将其打造成为雅俗共赏、脍炙人口的旅游名片，还需要各方的共同探索与努力。

---

① 王军，骆小龙，夏健．基于消费主义的历史街区空间——以苏州平江历史文化街区为例．苏州科技学院学报，2011(4)：55—60.

参考文献

论文

[1] 李亚.中国古代公共游览的典范——论南宋西湖的景观功能与社会意义.中国园林,2004(3).

[2] 西湖综合保护工程简介.杭州科技,2009(1).

[3] 张建庭.改善环境　传承文脉　还湖于民——关于杭州西湖综合保护工程的思考.现代城市,2008(3).

[4] 杨小茹.自然与人文的交融——探索杭州西湖风景名胜区可持续发展的保护整治之路.中国园林,2008(3).

[5] 刘怡,王曦.城市意象——一种致力于创造城市特色的城市设计方法.青岛建筑工程学报,2004(1).

[6] 李金海.雷峰塔的倒塌及重建.浙江档案,2002(10).

[7] 张祖群.基于真实性评判的雷峰塔重建争论.江苏师范大学学报,2013(5).

[8] 叶鸿志.城市道路综合整治方法初探——以杭州"两纵三横"道路综合整治工程为例.建筑与文化,2011(4).

[9] 王国平.推进城市有机更新　走科学城市化道路——关于城市化挑战与杭州城市有机更新的思考.政策盼望,2008(5).

[10] 林正秋.南宋都城临安的商业.史学月刊,1982(3).

[11] 董军.南宋御街复原研究.山西建筑,2009(11).

[12] 陈国灿.论南宋江南地区市民阶层的社会形态.史学月刊,2008(4).

[13] 赵志荣."拼贴"与"有机更新"——浅论历史风貌地段的保护与更新.新建筑,1998(2).

[14] 沈坚.记忆与历史的博弈:法国记忆史的建构.中国社会科学,2010(3).

[15] 赵世瑜.传说、历史、历史记忆——从二十世纪的新史学到后现代史学.中国社会科学,2003(2).

[16] 王明珂.历史事实、历史记忆与历史心性.历史研究,2001(5).

[17] 朱德明,李欣,范莉莉,古代杭州主要中药材的生产状况.浙江中医药大学学报,2008(1).

[18] 汪利平著，朱余刚、侯勤梅译. 杭州旅游业和城市空间变迁(1911—1927). 史林，2005(5).

[19] 祝莹. 历史街区保护中的类型学方法研究. 城市规划汇刊. 2002(6).

[20] 章臻颖，后德仟. 杭州近代建筑折衷主义建筑类型解析. 浙江工业大学学报，2008(4).

[21] 何一民. 中国传统工商业城市在近代的衰落——以苏州、杭州、扬州为例. 西南民族大学学报：人文社科版，2007(4).

[22] 朱宇恒，魏刚. 对历史建筑修复中"修旧如旧"原则的实践理解——以杭州"四拐角"近代建筑群为例. 华中建筑，2007(1).

[23] 费孝通. 当前城市社区建设一些思考. 群言，2000(8).

[24] 王军，骆小龙，夏健，基于消费主义的历史街区空间——以苏州平江历史文化街区为例. 苏州科技学院学报，2011(4).

[25] 记者肖俊健，摄影徐潇哲. 杭州老宅今天看. 杭州日报：2009-9-30，68 版.

[26] 孙仲杰，刘焜. 河坊街春节花头透. 钱江晚报：2009-1-23，A5 版.

[27] 朱丹阳. 御街. 二十三坊——看看老杭州的市井生活. 都市快报：2012-5-7，B16 版.

[28] 孙仲杰，李冠男. 周六晚上去河坊街看大戏——看的不过瘾还可以自己演. 钱江晚报：2009-6-5，A12 版.

[29] 姜丽南. 杭州北山街历史街区保护研究. 浙江大学硕士学位论文，2005.

[30] 叶鸿志. 城市更新背景下城市道路综合整治的研究与实践. 浙江大学硕士学位论文. 2012.

[31] 李楠楠. 民国时期杭州新式建筑风格流变研究. 杭州师范大学硕士学位论文，2012.

[32] 张海燕. 杭州湖滨街区的环境景观研究. 浙江大学硕士学位论文，2005.

[33] 章臻颖. 杭州近代建筑史及其建筑风格初解. 浙江大学硕士论文，2007.

[34] 中国杭州政府门户网站. "两纵三横"五条道路原先通行能力普遍不足. 2008-9-22. http://www.hangzhou.gov.cn/main/zwdt/bzbd/szcf/T261246.shtml

[35] 杭州历史文化名城保护的根基是三面云山一面城. 杭州网转载杭州日报通讯，2003-4-29. http://www.hangzhou.com.cn/20030101/ca239731.htm

[36] 杭州发现完好南宋御街遗址. 新浪网转载. 今日早报：新闻，2008-3-27. http://vic.sina.com.cn/20080327/09103158.shtml

[37] 计慎忆、许晓燕、魏皓奋. 重现南宋市井风情"御街二十三坊"明年 5 月亮相. 今日早报：2011-12-7，新华网. http://www.zj.xinhuanet.com/newscenter/2011/12/07/content_24281009.htm

[38] 李静. 清河坊历史文化景区夏季民俗活动热闹开锣. 新华网杭州旅游频道主页，2008-8-4. http://www.zj.xinhuanet.com/hztravel/2008/08/04/content_14024204.htm

专著

[1] 张岱.西湖梦寻.北京：北京出版社，2004.

[2] 郑瑾.西湖治理史研.杭州：浙江大学出版社，2010.

[3] 叶光庭.西湖史话.杭州：杭州出版社，2006.

[4] 周密.武林旧事.杭州：浙江人民出版社，1984.

[5] 杭州市文化局.西湖民间故事.杭州：浙江文艺出版社，2000.

[6] 林正秋.南宋都城临安.杭州：西泠印社，1986.

[7] [宋]周淙.乾道临安志/宋·施谔.淳祐临安志.杭州掌故丛书.杭州：浙江人民出版社，1983.

[8] 何忠礼.南宋史及南宋都城临安研究.北京：人民出版社，2009.

[9] 李春棠.坊墙倒塌之后：宋代城市生活长卷.长沙：湖南人民出版社，1993.

[10] 吴自牧.梦粱录.丛书集成初编 3220.北京：商务印书馆，1939.

[11] 方建新.南宋临安大事记.杭州：杭州出版社，2008.

[12] [英]史蒂文.蒂耶斯德尔.国外城市规划与设计理论译丛：城市历史街区的复兴.张玫英、董卫译.北京：中国建筑工业出版社，2006.

[13] 周峰.元明清名城杭州.杭州历史丛编：之五.杭州：浙江人民出版社，1997.

[14] [意]马可·波罗著，冯承钧译.马可波罗行纪.南京：江苏文艺出版社，2008.

[15] [明]田汝成撰.西湖游览志.杭州：浙江人民出版社，1980.

[16] 林正秋.杭州古代城市史.杭州：浙江人民出版社，2011.

[17] 郑沄，邵晋涵.乾隆.杭州府志.乾隆四十九年刻本.

[18] 脱脱.宋史.北京：中华书局，2004.

[19] 杭州市社会科学院南宋史研究中心.南宋史研究论丛.杭州：杭州出版社，2008.

[20] [宋]灌圃耐得翁.都城纪胜.南宋古迹考：外四种.杭州掌故丛书.杭州：浙江人民出版社，1983.

[21] 杭州市清河坊历史街区保护办法.2000－12－29.

[22] [美]R.E.帕克，E.N.伯吉斯，R.D.麦肯齐.城市社会学.宋俊岭，吴建华译.北京：华夏出版社，1987.

[23] [美]施坚雅.中华帝国晚期的城市.叶光庭等译，陈桥驿校.北京：中华书局，2000.

[24] 韩大成.明代城市研究.北京：中国人民大学出版社，1991.

[25] 马时雍.杭州的街巷里弄.杭州：杭州出版社，2006.

[26] 政协杭州市上城区学习文史委员会，政协杭州市上城区文史资料编委会.清河坊.杭州：浙江古籍出版社，2003.

[27] 张学勤，王利民.中山中路的历史建筑与商业文化.杭州：杭州出版社，2009.

[28] [宋]孟元老.东京梦华录.北京：中国商业出版社，1982.

[29] 姚汉源.京杭运河史.北京：中国水利水电出版社,1998.

[30] 朱偰.中国运河史料选辑.北京：中华书局,1962.

[31] 陈述.杭州运河历史研究.杭州：杭州出版社,2006.

[32] 赵望秦,等.水经注选.古代文史名著选译丛书.成都：巴蜀书社,1991.

[33] 陈桥驿译,王东补注.水经注.北京：中华书局,2009.

[34] 魏嵩山.杭州城市的兴起及其城区的发展.历史地理：创刊号.上海：上海人民出版社,1981.

[35] 周峰.隋唐名郡杭州.杭州历史丛编之二.杭州：浙江人民出版社,1997.

[36] 孙忠焕.杭州运河史.北京：中国社会科学出版社,2011.

[37] 李伯重.唐代江南农业的发展.北京：中国农业出版社,1990.

[38] [日]斯波义信.宋代江南经济史研究.方健,何忠礼译.南京：江苏人民出版社,2000.

[39] 潘镛.隋唐时期的运河与漕运.西安：三秦出版社,1987.

[40] 李治亭.中国漕运史.台北：文津出版社,1997.

[41] 黄仁宇.明代的漕运.北京：新星出版社,2005.

[42] 彭云鹤.明清漕运史.北京：首都师范大学出版社,1995.

[43] 顾希佳.杭州运河风俗.杭州：杭州出版社,2006.

[44] 陈邦瞻.元史纪事本末.北京：中华书局,1979.

[45] 方行.中国封建经济论稿.北京：商务印书馆,2004.

[46] 卢华语.唐代蚕桑丝绸研究.北京：首都师范大学出版社,1995.

[47] [日]斯波义信.宋代商业史研究.庄景辉译.台北：稻禾出版社,1997.

[48] 魏颂唐,韩祖德,王宪煦.浙江财务人员养成所经济调查处编纂发行,杭州市经济之一瞥,杭州：浙江印刷公司,民国二十一年九月.

[49] 范祖述.杭俗遗风.上海：上海文艺出版社,1989.

[50] 彭勇.中国旅游史.郑州：郑州大学出版社,2006.

[51] 白寿彝.中国交通史.中国文化史丛书：第一辑,上海：上海书店,1937.

[52] 陈述.杭州运河历史研究.杭州：杭州出版社,2006.

[53] [宋]钱俨.吴越备史.五代史书丛编：卷十.杭州：杭州出版社,2004.

索　引

Y

Z

图书在版编目(CIP)数据

推陈出新：杭州历史文化的演绎/江涛，杨歌著. —杭州：浙江大学出版社，2015.12

（和谐与创造：杭州城乡一体化的文化研究/何俊主编）

ISBN 978-7-308-15334-8

Ⅰ.①推… Ⅱ.①江… ②杨… Ⅲ.①城市建设—研究—杭州市 Ⅳ.①F299.275.51

中国版本图书馆 CIP 数据核字（2015）第 274364 号

推陈出新：杭州历史文化的演绎

江　涛　杨　歌　著

责任编辑　叶　抒

责任校对　杨利军

出版发行　浙江大学出版社

（杭州市天目山路 148 号　邮政编码 310007）

（网址：http://www.zjupress.com）

排　　版　杭州林智广告有限公司

印　　刷　杭州日报报业集团盛元印务有限公司

开　　本　710mm×1000mm　1/16

印　　张　11.25

字　　数　212 千

版 印 次　2015 年 12 月第 1 版　2015 年 12 月第 1 次印刷

书　　号　ISBN 978-7-308-15334-8

定　　价　35.00 元

浙江大学出版社发行部联系方式：(0571) 88925591;http://zjdxcbs.tmall.com